AF532982

rowohlt
BERLIN

HELMUT LETHEN

# DIE STAATSRÄTE

Elite im Dritten Reich:

Gründgens

Furtwängler

Sauerbruch

Schmitt

Rowohlt · Berlin

2. Auflage März 2018

Satz aus der Dolly
Gesamtherstellung
CPI books GmbH, Leck, Germany
ISBN 978 3 87134 797 9

# INHALT

# EINLEITUNG: UNHEIMLICHE NACHBARSCHAFTEN

«Da sitzen sie in der Festsitzung der Deutschen Akademie, zu der Goebbels geladen hat. Die großen Dirigenten, die ordentlichen Professoren für Philosophie oder Physik, Ehrensenatoren noch aus den alten anständigen Zeiten, Pour-le-mérite-Träger der Friedensklasse, Reichsgerichtspräsidenten, kaiserliche Exzellenzen, Verleger, ‹erwünschte› Romanschreiber, Goethe-Forscher, Denkmalspfleger, Staatsschauspieler, Generalintendanten, der ehrbare Kaufmann, und alle ausnahmslos lassen das antisemitische Geschwätz des Ministers ruhig über sich ergehen.»

1943 rückt Gottfried Benn dieses Tableau deutscher Elite in den Blick. Als er den Bannfluch über die vor Goebbels versammelte Gesellschaft in seiner Schrift «Zum Thema: Geschichte» niederschreibt, ist er als Militärarzt in Landsberg an der Warthe stationiert. Nach der Niederlage in Stalingrad fällt er scharfe moralische Urteile, die er gemäß der nietzscheanischen Parole «Das Denken muss kalt sein, sonst wird es familiär» bisher stets vermieden hat:

«Sie alle ausnahmslos sehen die Lastwagen, auf die jüdische Kinder, vor aller Augen aus den Häusern geholt, geworfen werden, um für immer zu verschwinden: dieses Ministers Werk –: sie alle rühren die Arme und klatschen (...).»[1]

Ursprünglich sollte Benns Essay in den 1949 erschienenen Band «Ausdruckswelt» aufgenommen werden, wie einem Hinweis in der von Dieter Wellershoff herausgegebenen Gesamtausgabe zu entnehmen ist. «Doch wurden damals manche Bedenken wach; die Wunden schienen noch zu frisch. ‹Ich schleife Hektor nicht›, hat Benn damals, sich den Bedenken beugend, gesagt. So fand er sich bereit, die Arbeit noch unveröffentlicht liegenzulassen.»[2] Die Gründe für den Verzicht sind leicht nachzuvollziehen. Zu viele der Personen, auf die erkennbar angespielt wird, behaupteten weiterhin ihre Stellung.

Sie alle ausnahmslos, schreibt Benn, hätten ihre Empathie ausgeschaltet – die Grundlagenforscher der Kaiser-Wilhelm-Gesellschaft, Max Planck vermutlich unter ihnen, wie auch die Mitglieder des 1933 von Hermann Göring neu gegründeten Preußischen Staatsrats: der Generalintendant der Preußischen Staatstheater Gustaf Gründgens, der kunstaffine preußische Finanzminister Johannes Popitz und Wilhelm Furtwängler, der die Berliner Philharmoniker mit seiner «Magie» bezaubert. Der Chirurg Sauerbruch fehlt auf Benns Tableau, er muss womöglich in der Charité operieren; der Staatsrechtler Professor Carl Schmitt fehlt ebenso, was nicht verwundert, denn Benn besucht während des Kriegs zuweilen Schmitts Vorlesung an der Berliner Universität – will er ihn schonen?

Die Schärfe der Beobachtung verdankt sich dem Umstand, dass Benn dem Schicksal der hier Versammelten nur um ein Haar entronnen ist. Er ist ein gebranntes Kind, hat wie andere Avantgardisten dem Kult des Bösen gehuldigt. 1933 hatte er den «nationalen Aufbruch» begrüßt, von Hitlers Machtübernahme eine «anthropologische Wende» erhofft, die aus dem Deutschen einen spartanischen Typ machen werde. Am Tag nach dem Reichstagsbrand hatte er einem Freund geschrieben: «Hier herrscht Angst und Schrecken in der Literatur (...), die Autoren sitzen in Prag und im Ottakringer Bezirk und erwarten das Vorbeigehen dieser Episode. Was für Kinder! Was für Taube. Die Revolution ist da und die Geschichte spricht. Wer das nicht sieht, ist schwachsinnig.»[3] Im Rundfunk durfte Benn unter dem Titel «Der neue Staat und die Intellektuellen» die Emigranten verhöhnen. Schon im Juli 1933 aber wurden ihm die Mikrophone des staatlichen Rundfunks weggenommen, im darauffolgenden Winter strich man ihn von der Liste der Ärzte, die besondere Atteste ausstellen durften. Die farbigen NS-Halluzinationen seiner Essays von «Züchtung» bis zur «Dorischen Welt», die ihn von den tatsächlichen politischen Ereignissen fernhielten, wurden bald vom grauen Alltag absorbiert. Er hatte sich als nützlicher Idiot des Umsturzes erwiesen. Nun war er dem NS-Staat ausgeliefert.

Benn reagiert zunehmend mit Berührungsekel. Ende 1934 ist für ihn die Rückkehr in die «kalte Formenwelt» des Militärs ein letzter Ausweg. Als die Angriffe der SS beginnen, bewirbt er sich als Sanitätsoffizier in der Reichswehr. Seinen Rückzug begreift er als «aristokratische Form» der Emigration – die Uniform vermindert die Berührungsangst in Kollektiven, der Titel des Oberstabsarztes verspricht ein wenig Isolation. Losgerissen von den Resonanzräumen, die der Rundfunk für ihn geschaffen hat, getrennt von den literarischen Zirkeln und jüdischen Freundinnen und Freunden, entwickelt der Oberstabsarzt Benn im Austausch mit Geliebten seine ätzende Kritik an der Kultur des Dritten Reichs. Am 4. April 1937 schreibt er an eine Freundin: «Ich betrachte ausnahmslos u. alles, was ich irgendwo aus deutschen Gehirnen gedruckt sehe, von vornherein für allerletzten Dreck. Was heute Lizenz der Schriftleiter u. Lektoren passiert, muß Dreck sein (...). Heute hat überhaupt nur Zweck, mit ganz gefährlichen, rücksichtslosen, brutalen Mitteln vorzugehen, wenn man sich geistigen Fragen nähert. Was nicht direkt ins KZ Lager führt, ist albern.»[4] Lebensgefährliche Sätze.

In das Klima der Akklamation haben sich die Staatsräte unter den Festgästen, die Benn 1943 geißelt, integriert. Jetzt rächt sich der Dichter mit seiner Schmähung.

Als der Preußische Staatsrat im September 1933 unter dem Vorsitz Hermann Görings neu gegründet wurde, waren von den vier Staatsräten, auf die sich dieses Buch konzentrieren wird, nur der Dirigent Wilhelm Furtwängler und der Staatsrechtler Carl Schmitt anwesend. Warum man die beiden für das Ehrenamt auserwählt hatte, ist leicht ersichtlich.

Anlässlich der Eröffnung des Reichstags am 21. März 1933 dirigierte Wilhelm Furtwängler zum festlichen Ausklang des Tages in der Preußischen Staatsoper die «Meistersinger von Nürnberg».[5] Adolf Hitler war so begeistert, dass er Furtwängler schon nach dem ersten Akt in seine Loge bat, wo er ihm für dieses musikalische Fest der nationalen Wiedergeburt dankte. Göring konnte bei der Ernennung des damals schon weltberühmten Dirigenten zum Staatsrat also mit der Zustimmung des Führers rechnen. Als SA-Leute im Februar gegen den «kulturbolschewistischen Tannhäuser» des Dirigenten Otto Klemperer vorgegangen waren und Furtwängler daraufhin energisch gegen die Vertreibung jüdischer Musiker protestierte, hatte man ihn gewähren lassen. In seinem Konzept zur «Judenfrage im Musikleben» schrieb er 1933: «Den Hebel da ansetzen, wo er angesetzt werden muß – in der Meinungsmache der j(üdischen) Presse. (...) Außerdem gehören alle tendenziösen Judenschreiberlinge entfernt, soweit es geht. Aus aller Verwaltung gehören sie heraus, in freien Berufen, soweit ungewöhnliches Können vorliegt, müssen sie geschützt werden. Konzertleben ohne sie ist jedenfalls nicht möglich, ohne Operation, die mit dem Tode des Patienten endigen würde.»[6] Furtwängler war, wie sein

Biograph Eberhard Straub bemerkt, «so weltklug, sich an die klassische Regel Machiavellis zu halten, sich nie den möglichst freien Zugang zum Machthaber zu versperren».[7]

Auch Carl Schmitt erfreute sich einer großen Reputation, zu der ihm paradoxerweise auch einige seiner jüdischen Schüler verhalfen, die nach 1933 ins Exil gezwungen wurden. Einer von ihnen, Waldemar Gurian, heftete ihm den Titel «Kronjurist des Dritten Reiches» an. 1932 hatte Schmitt vor dem Staatsgerichtshof in Leipzig im Prozess um den sogenannten «Preußenschlag» Aufsehen erregt. Im Zuge einer Notverordnung war die sozialdemokratisch geführte Regierung des Freistaats Preußen durch einen Reichskommissar ersetzt worden. Schmitt vertrat das Reich gegen die Regierung Preußens und begründete erfolgreich die Verfassungsmäßigkeit des Staatsstreichs. Unter Juristen wurde die Entscheidung kontrovers diskutiert; Schmitts Plädoyer aber galt als Kabinettstück der Jurisprudenz. Ein Jahrzehnt lang hatte sich Schmitt für die Diktaturgewalt des Reichspräsidenten eingesetzt, nun war er im wichtigsten Prozess der Weimarer Republik als dessen Anwalt aufgetreten. Damit hatte er den Höhepunkt seiner öffentlichen Wirksamkeit erreicht.[8] Er begriff seine juristische Intervention als ersten Schritt gegen die Weimarer «Fehlkonstruktionen»[9] und eröffnete eine Serie von Publikationen, die die «Weiterentwicklung des totalen Staats in Deutschland» fördern sollten.[10]

Die spätere Verleihung des Staatsratstitels an den Chirurgen Ferdinand Sauerbruch und den Schauspieler Gustaf Gründgens war, an den Normen des NS-Staats gemessen, weniger erwartbar.

Sauerbruch wurde 1934 zum Preußischen Staatsrat ernannt. Er war der letzte Leibarzt Paul von Hindenburgs, der im selben Jahr verstarb. Als Wegbereiter der modernen plastischen

Chirurgie und der Thoraxchirurgie war er weltberühmt. Für Hitler war er kein Unbekannter; Sauerbruch hatte seinerseits den Starredner der Rechtsradikalen bereits 1920 in München kennengelernt. Der Chirurg hatte das tödliche Attentat auf Kurt Eisner, den Führer der bayerischen Räterepublik, begrüßt und die Verletzten des Hitler-Putsches von 1923 in seiner Klinik behandelt. Bei Machtantritt der Nationalsozialisten war er achtundfünfzig Jahre alt.

Um 1930 hatten Sauerbruch und seine Frau Ada eine Villa in der Koblanckstraße am Wannsee erworben. Auf dem Grundstück befand sich ein Pferdestall, was Sauerbruch als passioniertem Reiter sehr gelegen kam; er war oft hoch zu Ross auf der Straße zu sehen. Bei Ausritten begegnete er häufig seinem Nachbarn Max Liebermann, mit dem er sich bald anfreundete. 1932 wurde Sauerbruch von ihm porträtiert. Trotz der Repressalien, denen sich der jüdische Liebermann zunehmend ausgesetzt sah, blieb die freundschaftliche Beziehung der Nachbarn bestehen. Nach Liebermanns Tod im Jahr 1935 nahm Sauerbruch am Trauerzug in Berlin teil.

Am 8. Februar 1933 hielt Sauerbruch im Auditorium der Münchener Universität einen Vortrag mit dem Titel «Universität und Volk», in dem er seine Hoffnung zum Ausdruck brachte, der neue Staat werde die Entfremdung zwischen Volk und Universität überwinden. Im Herbst 1933 versprach er sich von der «deutschen Revolution» eine «Erneuerung deutscher Wesensart» und begründete das «Recht der Regierung zu eiserner Unerbittlichkeit».[11] Die Ernennung zum Staatsrat lag also dennoch nahe. Sauerbruch nahm sie unter der Bedingung an, nicht Mitglied der NSDAP werden zu müssen.

Gustaf Gründgens Ernennung 1936 war die unwahrscheinlichste, da er bei den Nazis den Ruf hatte, ein «Kulturbolschewist»[12] zu sein. Hermann Göring aber war 1932 von Gründgens' Darstellung des Mephisto tief beeindruckt gewesen, und so bat er den Schauspieler zu Beginn des Jahres 1934, die Leitung der Preußischen Staatstheater zu übernehmen. Im September wurde Gründgens Intendant. Zur Verblüffung der Theaterleute war der neue Prinzipal pflichtbesessen, geschäftskundig wie ein Bankier und sorgfältig wie ein Buchhalter.[13] Als Profiteur der nationalsozialistischen Wende zog er sich den Zorn der emigrierten Freunde zu. Er galt als «Görings Spielzeug».[14] Klaus Mann beschrieb ihn 1936 in seinem Roman «Mephisto» als «Clown zur Zerstreuung der Mörder».[15] Auch die Angriffe auf Gründgens mögen Göring dazu bewegt haben, den aufgrund seiner homosexuellen Freundschaften gefährdeten Künstler durch die Verleihung des Staatsratstitels unter seinen persönlichen Schutz zu nehmen. Zwei-, dreimal im Jahr ließ sich der Generalintendant in die Schorfheide chauffieren, wo sich sein Mentor am Großdöllner See, umgeben von Jagdgebieten mit grasenden Wildpferden, Wisenten und Elchen, die Luxusresidenz Carinhall hatte erbauen lassen.

Dieses Buch soll durch unheimliche Nachbarschaften der Festgesellschaft führen, die Benn 1943 geschildert hat. Vier Männer der im Lande verbliebenen Kulturelite stehen im Mittelpunkt: Furtwängler, Schmitt, Gründgens und Sauerbruch wurden als Ikonen mit internationaler Reputation in die Riege prominenter Nazis eingegliedert. Sie sollten den Ruf entkräften, das Dritte Reich sei ein Rückfall in die Barbarei. Ein aufsehenerregender Schachzug der Propaganda.

Für die vier ehrenwerten Staatsräte bildete das Dritte Reich eine Umwelt, in der sie ihre Prunksucht ausleben und sich lustvoll an der Macht festsaugen konnten. Hier wurden ihre herrschsüchtigen und selbstverliebten Neigungen, aber auch ihre aggressiven oder widerständigen Möglichkeiten ausgereizt. Hier spielten sie ihre Hellsicht in Zynismen aus, verbargen ihre Sanftheit und verfolgten die Perversionen ihres Ordnungstriebs. Man erlebt, wie sich die vier zuweilen in ihren Disziplinen, Sprachspielen ihres Berufs oder privaten Obsessionen so verkapseln, als gäbe es das Dritte Reich nicht.

Nach dem Krieg ging von jedem der vier Staatsräte weiterhin eine große Faszination aus. Lässt sich an diesen Idolen der frühen BRD der Zusammenhang von luzider Theoriebildung und Lebensblindheit erklären? Findet der Hochmut ihres Scharfsinns eine Entsprechung in ihrem Mangel an sozialer Empathie? Sind ihre Phantasien des Widerstands nur Begleiterscheinungen der faktischen Komplizenschaft? Ihr Schicksal: Sie wollten ihr Leben führen – und wurden geführt.

Gottfried Benn bleibt im Buch der unsichtbare Beobachter des brillanten Quartetts; der preußische Finanzminister Johannes Popitz, wahrscheinlich Erfinder des NS-Staatsrats und den vieren freundschaftlich verbunden, ist bis zu seiner Hinrichtung als Hochverräter gespenstisch präsent; Ernst Jünger interveniert als Skeptiker; mit Werner Krauss wird das Schicksal eines Intellektuellen der Zwischenkriegszeit vergegenwärtigt, der traumverloren in die Widerstandsgruppe «Rote Kapelle» gerät und, auf seine Hinrichtung wartend, ein Buch über den spanischen Jesuiten Baltasar Gracián schreibt, mit dessen «Handorakel» alle vier Staatsräte vertraut sind.

Ich konnte kein Dokument finden, das bezeugt hätte, dass sich Gründgens, Furtwängler, Sauerbruch und Schmitt jemals zu viert getroffen haben. Umso reizvoller war es, ihre Treffen zu erfinden. An Originaltönen herrscht kein Mangel, aber die Fiktion spricht lauter. Einbildungskraft setzt das Wechselspiel von Transparenz und Dunkelheit im Austausch der vier in Szene, wirft Licht in die toten Winkel ihrer Weltanschauung und versieht ihre Charaktere mit einem Körperbau, wie man eine Beigabe ins Grab der Toten legt. Vier Staatsräte erhalten die Gelegenheit, die «Scham im Ofen des Bösen zu verbrennen»[16].

Im Juni 2016, während ich an diesem Buch arbeite, lese ich im Wiener «Kurier», dass in München Objekte aus der Sammlung des amerikanischen Arztes John K. Lattimer unter den Hammer kommen. Er war es, der die Leiche von Hermann Göring nach dessen Selbstmord untersucht und den Messingbehälter, in dem der Reichsmarschall das Zyankali versteckte, an sich genommen hatte. Der Rufpreis des Behälters wird auf fünfundzwanzigtausend Euro geschätzt. Später lese ich, dass Major von Brauchitsch, einer von Görings Adjutanten, Gustaf Gründgens im Januar 1941 für alle Fälle eine Kapsel mit Zyankali angeboten hat. Auch andere Objekte werden versteigert: etwa Teile der Stricke, mit denen der Österreicher Ernst Kaltenbrunner, letzter Chef des Reichssicherheitshauptamts, und andere Nazigrößen am 10. Oktober 1946 in Nürnberg hingerichtet wurden.

Überreste der Täterwelt zirkulieren auf dem Marktplatz der Gegenwart.

# I. DER STAATSRAT

# DER GROSSE ABWESENDE

Im ganzen Land ist geflaggt. Kultusminister Bernhard Rust hat schulfrei gegeben. Am Freitag, dem 15. September 1933, findet in der Aula der Berliner Universität die feierliche Eröffnung des neuen Preußischen Staatsrats statt. Die öffentlichen Amtsgeschäfte werden für die Dauer der Zeremonie unterbrochen, damit Beamte, Angestellte und Arbeiter an den Rundfunkgeräten den «geschichtlichen Akt in der preußischen Staatsentwicklung» verfolgen können.[1]

Die Schlagzeile des «Völkischen Beobachters» wird am darauffolgenden Tag von einem «Wendepunkt im preußischen Staatsleben» künden.[2] «Wenn heute die Glocken läuten (...), ist das ein sichtbares Zeichen dafür, welchen Wert die neue Staatsführung auf die Schöpfung des Preußischen Staatsrats legt», meldet die «Vossische Zeitung» in ihrer Morgenausgabe.[3] Auch in der «Frankfurter Zeitung» liest man eine Eloge auf den Gründungsakt: «Über die schöne Barockfassade der neuen Aula am Kaiser-Franz-Joseph-Platz, in der um 11 Uhr der feierliche Staatsakt zur Eröffnung des Preußischen Staatsrats stattfand, waren wie lange Bänder preußische und Hakenkreuzfahnen gespannt.»[4] Der «Völkische Beobachter» wiederum berichtet: «Überall das gleiche Bild – eine harrende Menschenmenge, Kopf an Kopf, gebändigt in ihrer Begeisterung durch die Sperrketten der SA. Sturmfahnen flattern, oft bauscht sich ein Trauerflor um die Fahnenspitzen. Die jüngsten Fahnen Preußens erzählen ihre Geschichte. Die Musik reißt nie ab, von Kapelle zu Kapelle gleiten die Melodien. – Der Weg der preußischen

Staatsräte gleicht einem Triumphzug.»[5] Die «Frankfurter Zeitung» stimmt in den Jubel ein und verzeichnet mit rückhaltloser Empathie die Initiationsriten der Gründungsfeier: «Kurz vor 10 1/2 erscheint das preußische Kabinett, von Heilrufen begrüßt. Im ersten Wagen fahren Ministerpräsident Göring zusammen mit Stabschef Röhm. SS-Führer Himmler und Finanzminister Popitz folgen in weiteren Wagen unter den Klängen des Präsentiermarsches. In einem ersten Ritual wird die neue Fahne der preußischen Schutzpolizei – auf grünem Grund der schwarze Adler – dem Heer der ‹Blutfahnen› der nationalsozialistischen Bewegung eingefügt. Das grüne Fahnentuch wird in magischer Berührung mit der ‹Blutfahne› geweiht: ‹Der Mann kann fallen, die Fahne nie!› Fanfaren schmettern, als Göring an der Spitze der Staatsräte in die Aula einzieht, er hat das einfache braune Amtskleid der SA angelegt.»[6]

Das gesamte diplomatische Korps, die Reichsminister und die Staatsminister der Länder wohnen dem Staatsakt bei. Unter den neuen Mitgliedern des Staatsrats überwiegt «die Fülle der Braunhemden» das «Schwarze des Gehrocks».[7] Die Staatsräte werden von Göring auf ihre Aufgaben eingeschworen, erheben die Hand zum Schwur. Dann ruft Göring die einzelnen Staatsräte namentlich auf, um ihnen die Berufungsurkunde zu überreichen. Alle Zeitungen berichten von der tiefen Ergriffenheit, die die Versammlung erfasst, als Hermann Göring die Festansprache hält.

Der preußische Staatsrat war in der Zeit der Weimarer Republik ein Vertretungsorgan der preußischen Provinzen gewesen, eine Zweite Kammer in Preußen. Er hatte beratende Gesetzgebungsbefugnis; gegen Ende der Weimarer Republik war Konrad Adenauer als Vertreter Rheinpreußens Vorsitzender. Im Mai 1933 nahm Hermann Göring als neuer Ministerpräsident Preußens die Umgestaltung des Staatsrats vor. Er entließ die alte Belegschaft und ernannte den Stabschef der SA Ernst Röhm, den Reichsführer SS Heinrich Himmler, die Gauleiter der NSDAP in Preußen und seine Staatssekretäre zu Mitgliedern des Rats. Außerdem wählte er Vertreter der Kirchen und der Wirtschaft, der Wissenschaft und der Künste aus, um ihnen dieses Amt anzutragen.[8] Das Militär war unterrepräsentiert.

Der «Westdeutsche Beobachter» widmete den Berufungen schon am 12. Juli 1933 unter der Schlagzeile «Kölner Universitätsprofessor Dr. Carl Schmitt in den Preußischen Staatsrat berufen» mehr als die Hälfte der Titelseite. Auch ein Foto des neuen Ratsmitglieds war zu sehen.[9] Schmitt selbst begründete die Umbildung des Staatsrats bald darauf in seiner Broschüre «Staat, Bewegung, Volk»: «Zu dem neuen, für den nationalsozialistischen Staat artbestimmenden Führergedanken gehört als natürliche Ergänzung die Einrichtung eines Führerrats. Dieser steht dem Führer mit Rat, Anregung und Gutachten zur Seite; er unterstützt und fördert ihn, hält ihn mit der Gefolgschaft und dem Volk in lebendiger Verbindung, aber er kann dem Führer keine Verantwortung abnehmen (...). Führer und Führerrat (...) haben in dem Preußischen Staatsrat, dem großen konstruktiven Werk des preußischen Ministerpräsidenten Göring, die erste anschauliche und vorbildliche Gestalt gefunden.»[10]

Welchen Grad von sachlicher Kompetenz der mit dem Gesetz vom 7. Juli 1933 neu geschaffene Staatsrat für sich beanspruchen durfte, lässt sich der Liste der Mitglieder im September 1933 entnehmen:

Bischof Wilhelm Berning, Gutsbesitzer Ernst Brandes, Gauleiter Helmuth Brückner, Staatssekretär Bruno Claussen, SS-Gruppenführer Kurt Daluege, Minister Walther Darré, SS-Sonderkommissar Georg von Detten, SA-Gruppenführer Karl Ernst, Gauleiter Friedrich Karl Florian, Gauleiter Albert Forster, Staatssekretär Roland Freisler, Professor Arndt von Freytag-Loringhoven, Staatskapellmeister Wilhelm Furtwängler, stellvertretender Gauleiter Arthur Görlitzer, Rechtsanwalt und Notar Rüdiger von der Goltz, Staatssekretär Ludwig Grauert, Gauleiter Josef Grohé, Oberpräsident Carl von Halfern, SA-Obergruppenführer Edmund Heines, Oberpräsident Philipp Prinz von Hessen, Reichsführer der SS Heinrich Himmler, SA-Obergruppenführer Dietrich von Jagow, Oberbürgermeister a. D. Karl Jarres, Gauleiter Rudolf Jordan, Gauleiter Wilhelm Karpenstein, Minister Hanns Kerrl, Gauleiter Erich Koch, Gauleiter Wilhelm Kube, Oberpräsident z. D. Wilhelm Kutscher, Staatssekretär Paul Körner, Staatssekretär Friedrich Landfried, Stabsleiter der PO der NSDAP Robert Ley, General a. D. Karl Litzmann, SA-Obergruppenführer Karl-Siegmund Litzmann, Gauleiter Hinrich Lohse, SA-Obergruppenführer Viktor Lutze, SA-Obergruppenführer Max Luyken, Generalfeldmarschall August von Mackensen, Landesbauernführer Wilhelm Meinberg, Oberpräsident Kurt Melcher, Reichsjungstahlhelmführer Elhard von Morozowicz, Landesbischof Ludwig Müller, Ministerialdirektor Erich Neumann, SA-Brigadeführer August Wilhelm Prinz von Preußen, Minister Johannes Popitz, Bankdirektor Friedrich Reinhart, SA-Stabschef Ernst Röhm, Minister Bernhard Rust, mehrfacher Aufsichtsratsvorsitzender Anton Schifferer, Professor Carl Schmitt, Minister Kurt Schmitt, Reichsleiter Walter Schumann, SS-Gruppenführer Siegfried Seidel-Dittmarsch, Gauleiter Gustav Simon, NSDAP-Landesführer Alois Spaniol, Staatskommissar Albert Stange, stellvertretender Gauleiter Peter Stangier, Bankdirektor Emil Georg von Strauß, Staatssekretär Wilhelm Stuckart, Gauleiter Otto Telschow, Gauleiter Josef Terboven, Aufsichtsratsvorsitzender Fritz Thyssen, Vizeadmiral a. D. Adolf von Trotha, SA-Obergruppenführer Curt von Ulrich, Erbhofgerichtspräsident Gustav Wagemann, Gauleiter Josef Wagner, Gauleiter Karl Weinrich, SS-Gruppenführer Fritz Weitzel, Geheimer Regierungsrat Theodor Wiegand, Staatssekretär Werner Willikens, SS-Gruppenführer Udo von Woyrsch.

In der «Unterhaltungsbeilage» des «Völkischen Beobachters» erschienen am 16. September 1933 fünfundsechzig Porträtfotos der neu ernannten Staatsräte.[11] Vielleicht lässt sich diese Bilderreihe als «Übungsatlas» zur «Schärfung der physiognomischen Auffassung» nutzen. Eben dazu wollte Walter Benjamin einmal die Porträtfotos von August Sander heranziehen.[12] Sander hatte die Personen allerdings in den Aktionsradien ihrer Berufe fotografiert: die Sekretärin im Sekretariat mit Schreibutensilien, den Konditor mit dem Rührkessel in der Backstube, den Handlanger unter der Last von Ziegelsteinen, die auf seinen Schultern ruhen. Die Passfotos der Staatsratsseite setzen dagegen der physiognomischen Übung enge Grenzen: Sie sind durch Namen, Titel und Berufsbezeichnung, die ihnen beigegeben sind, fixiert. Wir sehen nur fünfundsechzig im Archiv verwitterte Köpfe auf brüchigem Zeitungspapier, ein

Schneetreiben von Physiognomien, passgerecht standardisiert und im Bruchteil einer Sekunde eingefroren. Schon angesichts der aus der Mode gekommenen Frisuren darf man vermuten: Diese Männer sind alle tot. «Sie tragen ihre Leichenstarre zur Schau wie ein Komiker sein Hütchen», bemerkte der Kunstwissenschaftler Rudolf Arnheim einmal zu den Physiognomien, die George Grosz dem Bürgertum abgewann.[13] Und so ist es schwierig, einzelne Figuren mithilfe der Physiognomik zu charakterisieren: SS-Gruppenführer Daluege sieht in die Kamera, als wäre sie der Feind; SA-Gruppenführer Karl Ernst gibt sich gnadenlos. Sind es selbst gewählte Charaktermasken? Generalfeldmarschall von Mackensen posiert in Husarenuniform und wirkt wie ein Museumsstück; Stabschef Ernst Röhm hat sich gefällig mit Po-Scheitel ablichten lassen; Staatssekretär Dr. Roland Freisler fällt aus der Reihe, meidet Augenkontakt.

Konzentrieren könnte man sich auf physiognomische Einzelheiten, die zeitgenössische Handbücher herausstellen,[14] doch auch damit käme man nicht weit. Sind die Lippen hart, kalt oder geschweift, wirken sie wie der Pfeil, der kraftlos vor dem Ziel niedersinkt, oder fest aufeinandergepresst, wie man die Brennnessel fest anfassen muss, wenn man sie nicht spüren will? Ironiker mit gekräuselter Oberlippe sind nicht zu finden, nur die messerschneidedünnen Lippen der Grausamen, wenn man Rückschlüsse von Funktionsbezeichnungen auf den Charakter zulässt. Wirken die Augenhöhlen wie eine kompakte Mauer, ist laut Physiognomiehandbuch ein Ahnungsloser zu vermuten, tief liegende Augen lassen auf Späher oder Scharfschützen schließen. Grüblerisch Veranlagte mit herabgesenkten Augenbrauen sind nicht zu entdecken. Zornige, deren Augenbrauen sich an der Nasenwurzel herabziehen, müsste es mehr geben.

In der zweiten Reihe neben Bischof Berning: Furtwängler, aufrecht wie ein Zinnsoldat. In der fünften Reihe, neben Fritz Thyssen als leutseligem Vertreter der Wirtschaft, Professor Carl Schmitt – lächelt er sibyllinisch? Jeder Kopf ist eine Frage, solange man die Geschichte der Person nicht kennt. Der Fahndungsblick des Rassenkundlers wird es einfacher gehabt haben: Profile, die dem jüdischen Stereotyp entsprachen, sind verständlicherweise nicht zu finden, das Spektrum des «nordischen» Typs ist dagegen erstaunlich, ja grotesk.

Eines zeigt die Versammlung der Günstlinge sehr deutlich: Die Erwartung, hier könne sich «eine Stätte sachlichen Erörterns von Verwaltungsfragen und damit ein Gegengewicht gegen den Parteibetrieb bilden», auf die sich Carl Schmitt in seiner Nürnberger Rechtfertigung berief,[15] war von Anbeginn zum Scheitern verurteilt. «Dass Hitler und Göring wirklich sachliche und expertokratische Beratung durch ‹neutrale Größen› suchten und sich staatsethisch dem Wohle des Ganzen verpflichtet fühlten», konnte Schmitt nicht ernsthaft annehmen.[16] Die Berichte über die Eröffnungsfeier belegen, dass rationale Konzepte des Staats, deren Umsetzung sich Presseorgane wie die «Vossische Zeitung» (der Staatsrat, so hieß es dort, stelle «die erste große Übertragung des Führerprinzips in den verfassungsmäßigen Staatsaufbau dar»[17]) und wahrscheinlich auch Finanzminister Popitz und Carl Schmitt erhofften, schon am 16. September 1933 im Trichter magischer Rituale mit «Blutfahnen» versanken. Aus den Mitgliedern des Staatsrats, als «Gefolgschaft» eingeschworen, war ein Funke der «strengsten Sachlichkeit», die Schmitt ihnen zubilligte,[18] schwer zu schlagen.

Von den *Glorious Four*, auf die sich dieses Buch konzentriert, werden in den Berichten nur Professor Carl Schmitt und Staatskapellmeister Wilhelm Furtwängler genannt. Ferdinand Sauerbruch kommt, wie eingangs erwähnt, 1934 dazu, Gustaf Gründgens erst 1936. Die Liste der Mitglieder zeigt, in welch illustrem Milieu man sich als Staatsrat befand; umso erstaunlicher, dass Carl Schmitt auf den verliehenen Titel so stolz war. Noch 1951 trug er in sein Tagebuch ein: «Für drei Dinge danke ich Gott: Erstens, dass ich ein Mensch bin und kein Tier. Zweitens, dass ich ein Mann bin und keine Frau. Drittens, dass ich preußischer Staatsrat bin und kein Nobelpreisträger.»[19]

Zur Rechtsstellung aller Staatsräte gehörte es, dass Göring persönlich für sie einstand. In der Ernennungsurkunde wurde förmlich festgehalten, dass er seinen besonderen Schutz zusicherte. Für zwei von den vieren sollte diese Schutzklausel lebenswichtig werden. Allerdings hinderte sie Göring nicht daran, im Juni 1934 drei Mitglieder des Staatsrats ermorden zu lassen: neben Ernst Röhm den SA-Gruppenführer Karl Ernst und den SA-Obergruppenführer Edmund Heines. Der preußische Ministerpräsident konnte die Staatsräte ihres Amtes entheben, wenn er ihnen «die Anerkenntnis unverletzter Ehrhaftigkeit oder eines der Würde des Staatsrats entsprechenden Verhaltens» versagte.[20] Der offiziellen Amtsenthebung bedurfte es nicht, der Führerstaat konnte die Staatsräte ohne vorherige Begründung umbringen lassen.

Görings Staatsrat tagte insgesamt nur viermal: zweimal im Jahr der Gründung, am 16. September und am 12. Oktober, einmal im Jahr darauf, am 18. Juni, und das letzte Mal im Jahr 1936, am 5. März. Abstimmungen fanden nicht statt; Göring wollte Verfahren vermeiden, die an Gebräuche des Parlamentarismus erinnerten. Vor seiner Ortsgruppe Köln-Braunsfeld hielt Schmitt fest, dass dieses autokratische Verfahren die «strengste Sachlichkeit» der Beratung garantiere. Erst der Ausschluss der Öffentlichkeit und der Wegfall der Abstimmungsrituale würden klare Entscheidungen ermöglichen – die ohnehin «allein beim Führer» lägen.[21] Der Preußische Staatsrat solle ein Organ des Führerstaats sein. Nur: Der Führer hatte ihn offenbar nicht nötig. Er fehlte denn auch bei der feierlichen Eröffnung. Seine Abwesenheit konnte indes niemanden überraschen. Kurz vor Gründung des Staatsrats hatte Hitler auf dem Nürnberger Parteitag verkündet, dass die NSDAP nicht der «Konservator» der Länder in einem föderalen Staat, sondern ihr «Liquidator» sein werde.[22]

Die triumphale Eröffnungsrede Hermann Görings gleicht darum in vielen Passagen einem Eiertanz. Zu offensichtlich kollidierte die Gründung seines Staatsrats mit der Idee des Führerstaats, und so beendet Göring die Rede mit einer beschwörenden Formel: «Der Preußische Staatsrat ist eröffnet, er ist eröffnet mit dem Rufe: dem Führer unseres Volkes, des Reiches Kanzler ein dreifaches Siegheil.»[23]

Göring lässt, wie die «Frankfurter Zeitung» berichtet, seinem Temperament freien Lauf, und er verflucht noch einmal die schwarze Zeit des Parlamentarismus, in der die «Feigheit der Zahl und die Anonymität der Majorität» herrschten. Die Gründung des Staatsrats besiegele die «Todesstunde des Parlamentarismus». Daran zu erinnern sei nötig; denn «die letzten Monate sind wie im Fluge vergangen. Schon fast vergißt das leicht vergessende Volk, was vor wenigen Wochen war.» Jetzt soll der Staatsrat als «Bindeglied» das Volk zur Mitarbeit heranziehen. «Der Staatsrat, so wie er heute ist, darf ich sagen, ist mein eigenes Werk.» Aber er sei auf dem «Prinzip des Führers» aufgebaut. Die Verantwortung trage er, Göring, allein – er sei dazu von seinem Führer berufen worden.

Die Staatsräte stimmten, wie die «Frankfurter Zeitung»

mitteilt, begeistert in die Heilrufe auf den Führer ein. Sie erhoben sich und sangen, den rechten Arm zum Hitlergruß erhoben, die erste Strophe des Deutschlandlandlieds und das Horst-Wessel-Lied – wobei Furtwängler die «Gefolgschaft» um Haupteslänge überragte. «In erster Linie», so der Bericht der Zeitung, versammelte der Staatsrat «Herren, die durch ein Jahrzehnt hindurch Kampfkameraden gewesen waren».[24]

Über die praktische Arbeit des Staatrats wissen wir fast nichts.[25] Archivbestände, die den Gang der Beratungen dokumentieren, sind nicht erhalten. Die Hauptarbeitsleistung des Staatsrats war die Verfassung der Preußischen Kommunalgesetze im Dezember 1933. Ansonsten zeigt die große Resonanz seiner Gründung in der Presse, welchen Schein er erweckte: Der Staatsrat sollte den Erhalt eines preußischen Staatsgedankens garantieren. Neben dieser symbolischen Funktion lag, pragmatisch gesehen, das größte Verdienst des Rats darin, dass er die Eingliederung Preußens in das Dritte Reich erleichterte. Da Preußen bald kein Staat im alten Sinne mehr war, sondern nur noch ein Verwaltungskomplex, war sein Bestandsrecht ohnehin beschränkt. Seine Tätigkeit endete, wie oben angedeutet, im Frühjahr 1936. Wurde er offiziell aufgelöst? Er wurde einfach nicht mehr einberufen.

Die Idee, die Tradition des Preußischen Staatsrats fortzusetzen, um die Bewegung der NSDAP an die Tradition einer staatlich gerahmten Verfassung zu binden,[26] stammte wahrscheinlich von Johannes Popitz, dem preußischen Finanzminister. Popitz wollte einen einheitlich gegliederten Staat schaffen, der «sich mit der Zeit den Gesetzen wahrer Staatlichkeit fügen müsse».[27] Er scheint tatsächlich zwei Jahre lang die Hoffnung gehegt zu haben, er könne Göring «zum Staatsmann erziehen und dann durch ihn dem Regime die Giftzähne ziehen».[28] Wenn es sich dabei um eine nachträgliche Rechtfertigung handeln sollte, könnte diese Version zur «Staatsrat-Legende»[29] gehören, die Carl Schmitt bei seinen Verhören in Nürnberg in die Welt setzte. Schmitt rückte dort Göring als Vater des Staatsrats ins Zentrum der Aufmerksamkeit und versuchte mit diesem Manöver, von seiner eigenen Rolle als Komplize von Hans Frank abzulenken, der später als Generalgouverneur im besetzten Polen durch besondere Grausamkeit auffiel («Wenn wir den Krieg einmal gewonnen haben, dann kann meinetwegen aus den Polen und Ungarn und dem, was sich hier herumtreibt, Hackfleisch gemacht werden»[30]) und in Nürnberg hingerichtet wurde. Ganz aus der Luft gegriffen scheint der Gedanke, die wilde Bewegung durch den Staatsrat zähmen zu können, allerdings nicht zu sein. Selbst der «Völkische Beobachter» hatte den Staatsrat am 16. September 1933 als «Grundstein für die neue Staatsverfassung im Dritten Reich» gepriesen.

Das Abendblatt der «Frankfurter Zeitung» überrascht am 17. September auf der Titelseite mit zwei gleichrangigen Schlagzeilen. Auf der rechten Hälfte der Seite wird unter der Überschrift «Die erste Staatsratssitzung in Potsdam» von der Zusammenkunft im Neuen Palais berichtet. Wieder hatte die Jugend schulfrei, an der Garnisonskirche stand eine hundertfünfzig Mann starke Ehrenkompagnie der SA-Stabswache, Stabschef Röhm schritt sie ab, die Rituale des Vortags wurden wiederholt. Auf der linken Seitenhälfte eine rätselhafte Schlagzeile: «Mensch, nicht Raubtier».

R. K., derselbe Redakteur, der tags zuvor die Reportage über die triumphale Eröffnung des Staatsrats verfasst hatte, beginnt seinen Artikel mit drei Sätzen aus Oswald Spenglers Buch «Jahre der Entscheidung», das vier Wochen zuvor erschienen ist: «Der Mensch ist ein Raubtier. Ich werde es immer wieder sagen. All die Tugendbolde und Sozialethiker, die darüber hinaus sein oder gelangen wollen, sind nur Raubtiere mit gebrochenen Zähnen, die andere wegen der Angriffe hassen, die sie selbst weislich vermeiden.»[31] Für R. K. ist die Verschärfung der Raubtierthese 1933 durchaus angesagt; die «Sozialethiker» sind niedergerungen, der Sieg der «weißen Rasse» ist greifbar nahe, die von Spengler gehasste «Masse» einer autoritären Elite unterworfen. Die vitalen Grundlagen sind gesichert, denn, wie es bei Spengler heißt, «etwas vom Barbarentum der Urzeit muß noch im Blute liegen, unter der Formenstrenge alter Kultur, das in schweren Zeiten hervorbricht»[32]. Zustimmend referiert der Redakteur Spenglers Zeitdiagnose: Die großen Raubtiere, Heroen der Zeit, sind «edle Geschöpfe», deren Kraft nicht von der Moral geschwächt wird. «Alles, was mit Rousseau dem abendländischen Geist widerfahren ist: die gesamte geistesgeschichtliche Entwicklung des 19. Jahrhunderts war nach Spengler eine Sünde gegen jenes Naturgesetz, dem Raubtiere allein unterstellt sind.»

Spengler erkenne nicht, wirft R. K. ein, dass das Raubtierhafte sich in einem unablässigen Kampf mit «nobleren Regungen» befinde; dieser Antagonismus sei das «Lebenselement aller Kulturstaaten». Allerdings dürfe die kulturelle Zähmung den Geschöpfen der Natur nicht die Schwungkraft der Aggression nehmen. «Tiefpunkte der geistigen Konjunktur» müssten durchschritten werden. Die Verpflichtung auf christliche Grundsätze könne in Zeiten erbitterten Kampfes und Aufbaus zeitweise auf Eis gelegt werden, aber nicht für immer; denn der Weg des Raubtiers dürfe nicht mit Spengler zu Ende gegangen werden. Auch Hitler habe vor kurzem in Nürnberg von «edler Vernunft» gesprochen.

Spenglers Raubtierthese wird also einerseits bestätigt, dann aber schränkt sie der Redakteur der «Frankfurter Zeitung» ein, indem er den Widerspruch zu «christlichen Prinzipien» hervorhebt, die er in Thomas Hobbes' Staatsgedanken besser aufgehoben sieht. Nicht auszuschließen, dass der Redakteur auch an den Preußischen Staatsrat die Erwartung knüpft, er könne aus dem «Tiefpunkt der geistigen Konjunktur» herausführen.

War es riskant für R. K., Spenglers Buch, das nach vier Wochen einen Verkaufsrekord erzielte (im September 1933 waren sechzigtausend Exemplare verkauft), etwas Positives abzugewinnen? R. K., das war Rudolf Kircher, als Journalist in der Weimarer Republik nicht unbekannt. Kurt Tucholsky lobte 1927 sein Buch «Fair Play», in dem Kircher den englischen Nationalcharakter aus dem Sport heraus erklärte. 1933 scheint Kircher der richtige Mann in der «Frankfurter Zeitung» gewesen zu sein. Seine Artikel geben Einblick in die ambivalente Haltung der Redaktion. In der Berichterstattung über den Gründungsakt des Staatsrats hatte Kircher sich regimefreundlich gezeigt; wusste er, dass die Partei eine Kampagne gegen Spenglers «Jahre der Entscheidung» starten würde? Hitler kam in Spenglers Buch nur als Schwellenfigur vor, die in absehbarer Zeit von größeren Cäsaren abgelöst werden würde. 1934 geißelte der Nationalsozialist Günther Gründel in seinem Buch «Jahre der Überwindung» Spenglers Menschenverachtung: «Spengler fordert seit Jahren von uns Deutschen, daß wir endlich hassen lernen sollten; aber es kommt darauf an – und wir alle wissen es –, daß wir vor allem *lieben* lernen ... An Stelle der Liebe zu Mensch und Volk und Kultur, die aus dem starken Denker einen großen Warner und Führer hätte machen können, setzte er aus herrschsüchtiger Eigenmacht die Entmutigungs- und Vernichtungswollust des Menschenfeindes.»[33] Spengler selbst notierte in sein Tagebuch: «Wenn sie mir auf mein Buch hin immer das vorhalten, daß ich die Menschen verachte, während Hitler alle Menschen liebt, dann spricht das eher für mich.»[34]

Die Gründung des Staatsrats und die Erwartungen, die an ihn geknüpft wurden, Spenglers Buch und der Kommentar in der «Frankfurter Zeitung» sind symptomatisch für das Ende der Frühphase des NS-Staats. Ähnlich wie Lenin 1917[35] begünstigten die Nationalsozialisten in den ersten Monaten ihrer Herrschaft Gesetzlosigkeit, Anarchie in der Verwaltung und ein unübersichtliches Dickicht von Gewaltmaßnahmen, um die übernommenen sozialen Körperschaften durchzurütteln und alte politische Bande aufzulösen. So sollten günstige Bedingungen für eine totale Kontrolle der neuen politischen Führung geschaffen werden. Das war aus Spenglers Sicht eine notwendige, aus Sicht des Staatsratserfinders Popitz eine notwendig begrenzte Raubtierphase des Umsturzes. Bis zum Herbst 1933 sollte dieser Prozess abgeschlossen, das Vertrauen in das Können der älteren Beamten, Offiziere und Unternehmer wiederhergestellt sein. Hitler wollte die im Frühjahr und Sommer freigesetzten gewalttätigen Kräfte so schnell wie möglich zügeln. Die SA war ein entscheidender Teil der Revolution gewesen, nun aber war sie entbehrlich.

Zu diesem Zeitpunkt spielte Göring eine entscheidende Rolle. Als preußischer Innenminister erhielt er die Kontrolle über die preußischen Polizeikräfte, und er sorgte dafür, dass Einheiten der SA und der SS offiziellen Polizeistatus erhielten. Mit ihrer Hilfe konnte er den politischen Terror und die Säuberung des Verwaltungsapparats von republikanischen Kräften forcieren. Das Problem, das die Selbständigkeit des preußischen Staats darstellte, wurde gelöst, indem die meisten Ministerien mit denen des Reichs fusioniert wurden; Göring wurde als Ministerpräsident mit eingeschränktem Verantwortungsbereich installiert. Er schuf in Preußen die ersten Konzentrationslager und rief eine ihm unmittelbar unterstellte politische Polizei, die Gestapo, ins Leben. Zudem setzte er Sonderkommissare der SA ein, die die Umwälzung des preußischen Verwaltungsapparats bewerkstelligen sollten. Zwischen Februar und Juli hatte Göring das erreicht, was man von Verwirrung und Terror erwarten konnte. Hitler hatte sich auf den «Jakobiner des Umsturzes» verlassen können. Oppositionelle aller Art waren entfernt, mundtot gemacht oder umgebracht worden. Nun musste nur noch die Dynamik der gewalttätigen SA, deren Terrorismus Göring gefördert hatte, ausgebremst werden. Das geschah Ende Juni 1934 beim sogenannten Röhm-Putsch.

Die Möglichkeit eines SA-Putsches gegen den Einfluss des alten Offizierkorps und liberaler Wirtschaftler war 1934 zwar nicht aus der Luft gegriffen, es bestand jedoch keine akute Gefahr, weder von Seiten der SA noch von Seiten der Reichswehr. Göring stellte mit Himmler und Goebbels eine Liste derjenigen SA-Führer zusammen, die auf Hitlers Befehl in einem «präventiven Schachzug» liquidiert werden sollten.[36] Die Aktionen, die später unter dem preußisch-stählernen Mantel der «Staatsnotwehr» verschleiert wurden, erhalten in der «Tageschronik» des Dritten Reichs den Charakter eines dramatischen Mafia-Unternehmens:

«30. Juni 1934. HITLER landet mit Goebbels und anderen um 4.30 Uhr in München, er fährt ins bayrische Innenministerium und reißt dem dorthin berufenen SA-Obergruppenführer SCHNEIDHUBER und dem SA-Gruppenführer SCHMIDT die Rangabzeichen ab; von dort fährt er um 5.30 Uhr weiter nach Bad Wiessee. Hier trifft er um 6.45 Uhr am Hotel ‹Hanselbauer› ein und läßt den ahnungslosen RÖHM verhaften (‹Du bist verhaftet›). Die übrigen SA-Führer werden ebenfalls aus dem Bett geholt und verhaftet. Alle werden ins Gefängnis München-Stadelheim gebracht. Hitler läßt von München aus das Stichwort ‹Kolibri› nach Berlin durchgeben; dies ist für Göring ein Zeichen, Verhaftungen und Morde in Berlin zu beginnen. Die Generäle SCHLEICHER und VON BREDOW, sowie KAHR, Gregor STRASSER, Edgar JUNG, von BOSE, Erich KLAUSENER (Leiter der katholischen Aktion), Albert PROBST und andere werden ermordet. (...) Hitler befiehlt dem Kommandeur seiner Leibstandarte, Sepp DIETRICH, die in München-Stadelheim Inhaftierten zu erschießen (...). 1. Juli (Sonntag). Der abgesetzte und verhaftete Stabschef der SA, Ernst RÖHM, weigert sich, sich mit der ihm vorgelegten Pistole zu erschießen. Daraufhin erschießen ihn der Dachauer KZ-Kommandant EICKE und der Kommandant der Dachauer Wachmannschaften Michael LIPPERT (...).»[37]

Im Tagesbefehl an die Reichswehr heißt es: «Der Führer hat mit soldatischer Entschlossenheit und vorbildlichem Mut die Verräter und Meuterer selbst angegriffen und niedergeschmettert.»[38] Es sind etwa neunzig Ermordete namentlich nachgewiesen, einige Forscher gehen aber von hundertfünfzig bis zweihundert Toten aus.

Die Entmachtung der SA, Trägerin der terroristischen Seite der Machtübernahme und selbst ernannter Kern eines «Volksheeres», wurde von Teilen der konservativen Funktionselite mit gemischten Gefühlen aufgenommen. Vertreter der nationalkonservativen Revolution waren liquidiert worden; die Ermordung von Erich Klausener belastete das Verhältnis zu den Katholiken. In der Bevölkerung dagegen erfreute sich die Mordaktion offenbar einiger Popularität. Mit Genugtuung registrierte man, dass es nun «denen an den Kragen ging, die zuvor die Bevölkerung durch ihr selbstherrliches Auftreten provoziert und nicht selten schikaniert und terrorisiert hatten».[39] Für einen Moment schien der Staat eine anarchische Kraft der Destruktion niedergehalten zu haben. Aber es handelte sich mitnichten um einen Fall von «Staatsnotwehr», wie Preußens Finanzminister Popitz in Einklang mit der offiziellen Begründung meinte.[40] Der Führer und seine Bande hatten Konkurrenten niedergemacht, ohne dass es ein Indiz für eine zweite Revolution gegeben hätte. Von Staatsräson konnte keine Rede sein.

Als Carl Schmitt 1938 sein Buch «Der Leviathan» schrieb, hatte er die Hobbes'sche Hoffnung, mit dem Staat die «Schrecken des Naturzustands» überwinden und die «Sicherheit des zivilen staatlichen Zustands» herstellen zu können,[41] aufgegeben. Nicolaus Sombart hat Schmitts «Leviathan» als einen «melancholischen Abgesang auf den Glauben an den ‹Souveränen Staat›» bezeichnet, nicht ohne hinzuzufügen, dass in ihn das Zugeständnis eingeflossen sei, «dass die Juden in Sachen Staat die Schlaueren gewesen sind».[42] Der Nazi-Konkurrent Otto Koellreutter, der Schmitts Entmachtung vorangetrieben hatte, schrieb denn auch in seiner Rezension «Leviathan und totaler Staat»: «Die Staatsauffassung von Hobbes hat unserer Zeit nichts mehr zu sagen.»[43]

Die Gründung des Preußischen Staatsrats im September 1933 hätte ein Widerlager gegen die schnelle Zentralisierung des Führerstaats bilden können, wenn die von Göring geschaffene Institution Machtkompetenzen besessen hätte. Ihre Einrichtung signalisierte eine gewisse Konsolidierung der Verwaltung, beruhigte Teile der alten Elite, zähmte die Gauleiter und wurde von Hitler offensichtlich als Aushängeschild preußischer Seriosität drei Jahre lang toleriert. Mit dem Staatsrat schien ein gewisses Maß an Staatsnormalität zurückgekehrt zu sein. Finanzminister Popitz hoffte, ein Organ geschaffen zu haben, in dem die «Gesetze wahrer Staatlichkeit» walten würden.

Ein Zugang zum eigentlichen Machthaber, den Carl Schmitt sich in dieser Zeit erträumte, war über den Korridor des Staatsrats nicht zu gewinnen. Das sollte sich bald herausstellen.

# THE GLORIOUS FOUR IM DRITTEN REICH

Als Bernhard Minetti seinen neunzigsten Geburtstag feierte, huldigte ihm die Berliner Akademie der Künste, Senatoren verneigten sich vor ihm, Schauspielerkollegen «legten ihm ihre Liebe zu Herzen».[44] Die Elite der deutschen Theaterkritik war fasziniert von Minettis kantigem Schädel, in dem sie die eingemeißelten Spuren seiner Verstrickung im NS-Regime zu erkennen glaubte. Die Nachrufe beklagten den Verlust des letzten «konservativen Anarchisten»[45], der eine durch harte Form gebändigte Wildheit und einen Hang zum Perversen mit minimalistischen Gesten ausstellen konnte. Keiner habe es verstanden wie er, «die ganze Grausamkeit einer Rolle» zu offenbaren.[46]

Als Schauspieler durfte Minetti verkörpern, was in der Öffentlichkeit der Bundesrepublik verfemt war. Der alte Mann band, folgt man seinen Verehrern, eine sehr deutsche Wunschenergie. Anders als so viele soll er zu «unserer Geschichte»[47] gestanden haben, und er besaß, so hieß es, den «versteinerten, alle Katastrophen des Jahrhunderts spiegelnden Angstblick»[48], weil er «den Zeiten nie ausgewichen» war.[49] In seinem charakteristischen Schädel habe sich die Erfahrung zweier Weltkriege abgezeichnet. Dass er sich der offiziellen Wertschätzung im «Dritten Reich» nicht entzog und man ihn später ungestraft einen Denunzianten nennen konnte, habe ihn zwar einsam gemacht, aber doch mit einem ungeheuren Vermögen ausgestattet: die «eisige Ausgeschlossenheit alter Menschen» zu zeigen.[50] Man war sich einig: Minetti verkörperte monomanisch «ein Schrottleben in einer Schrottzeit».[51]

Der «Körperschauspieler» Minetti verachtete nicht ohne Respekt die «Kopf-Schauspielkunst» eines Gründgens. Sein eigener Kopf war auf der Bühne nicht zum Reflektieren da, darum sprach die Kritik von seinem Schädel als dramatischem Gegenstand, den Minetti gezielt einsetze. Er sei «ganz vibrierende Statue» gewesen, was von den Nazis sehr geschätzt wurde, wie Gerhard Stadelmaier in der «Frankfurter Allgemeinen Zeitung» mutmaßt.[52] Für die Schauspielerkollegen seiner Generation war er nach 1933 ein Mann, in dessen Gegenwart man besser den Mund hielt; Minetti hatte die Nähe der Mächtigen gesucht. In den fünfziger Jahren soll selbst Gründgens bekannt haben: «Ich habe eigentlich vor den Großen nie Angst gehabt. Nicht einmal vor Göring oder Goebbels (...). Ich habe nur Angst vor Minetti gehabt.»[53] Marianne Hoppe, Gründgens' Frau in der Nazi-Zeit, beklagte dagegen den Tod des großen Schauspielers lakonisch: «Er war eine Erscheinung! Schluss, aus.»[54] Von dem Regisseur Veit Harlan wird berichtet, er habe an einem Samstag der Familie verkündet: «Kinder, heute keine Nazi-Witze, Minetti kommt zum Tee.»[55]

Die jungen Schauspielerinnen und Schauspieler, mit denen Minetti in der BRD zusammenarbeitete, liebten die Formbeherrschtheit seiner Artistik, die die Interventionen der Moral bei der Modellierung ihrer Rollen wegätzte. Aber nur schwer ließ sich seine Devise «Unter Verzicht auf Wirkung höchste Wirkung»[56] wiederholen. Das Publikum verehrte ihn trotz oder wegen seiner Verstrickungen in die Diktatur. Nie sei ein Ausgeschlossener nach dem Krieg so geliebt worden, vermelden die Nachrufe. Wenn er Grimms Märchen von der Leberwurst und der Blutwurst vorgetragen habe, sei es «im Parkett totenstill» gewesen.[57] Minetti sei geradezu in Person «die blutige Wurst» gewesen, «surreal von dieser Welt».[58] Die Faszination des Infamen gehörte zur Hypermoral einer Generation in der BRD, die sich die Rückkehr des Bösen nur auf der Bühne zu genießen erlaubte. Ja, das Unbewusste spiegelt sich auf der Bühne und ist rechts; die politische Öffentlichkeit überlässt man dem Über-Ich.

Von welchem der vier Staatsratsköpfe könnte Ähnliches behauptet werden wie von Minettis Schädel? Die Sehnsucht nach Monstren kann das Quartett nicht bedienen, Dämonisches umflackerte die ehemaligen Staatsräte in der BRD nicht: nicht den einsamen Professor im Sauerland, zu dem Philosophen, Historiker, Religionswissenschaftler und ein Verfassungsrichter pilgerten; nicht den Düsseldorfer und Hamburger Intendanten, dessen damals noch strafbare Homosexualität in Nordrhein-Westfalen und Hamburg stillschweigend geduldet wurde; nicht den Dirigenten, der als Kosmopolit durch die Welt reiste und immer fragiler wurde; ein wenig vielleicht den besessenen Chirurgen in der Charité, der vor seiner Entlassung der Wahnidee verfiel, immerfort schneiden zu müssen, obwohl er schon nicht mehr zurechnungsfähig war. Die Schriften des Staatsrechtlers zirkulieren – aus ihrem historischen Kontext gelöst, als ob ihnen dadurch ihre Unschuld zurückgegeben würde – durch die Gegenwart, von Liberalen gehasst, von Rechten genutzt. Daniel Barenboim trennt sich nicht vom Porträt Furtwänglers, Gründgens' reflektierte Artistik der Amoral fasziniert weiterhin, und Sauerbruch verkörpert noch immer das Idol des charismatischen Arztes in einer Epoche, die noch «Halbgötter in Weiß» kannte.

Könnte die Philosophische Anthropologie der Zwischenkriegszeit helfen, ein plastisches Bild der vier exzentrischen Männer zu zeichnen?

Berühmte Denker dieser Epoche wie Elias Canetti, Max Scheler, Helmuth Plessner, Arnold Gehlen, Ernst Cassirer, Norbert Elias, Carl Schmitt, Hans Freyer, Jakob Johann von Uexküll oder Martin Heidegger – sie alle dachten nach dem Zusammenbruch des Kaiserreichs über eine Neujustierung von sozialer Nähe und Ferne nach. Vertrautheitszonen mussten nach 1919 neu erfunden werden. Die Denker entwarfen neue Bilder von der Natur des Menschen in einem sozialen und politischen Raum, der durch Bürgerkrieg, instabilen Parlamentarismus und totale Mobilmachung gekennzeichnet war. Als größtes Desaster galt der Sturz in die Formlosigkeit der «amorphen Massengesellschaft». Dagegen mussten die Bürger sich wappnen. «Sich in Form bringen» lautete die Parole der politischen Anthropologen der Zwischenkriegszeit; an den Schriften Helmuth Plessners vor 1933 lässt sich das Selbststählungsmodell in groben Strichen erläutern. Es wirft auch ein Licht auf den Habitus unserer Staatsräte, deren Kindheit und Jugend in die Zeit des wilhelminischen Kaiserreichs fiel.

Der Reiz von Plessners Politischer Anthropologie in den zwanziger Jahren liegt in der harten Fügung, mit der er aristokratisches Verhalten der Höflichkeit in die Landschaft des Bürgerkriegs versetzt, um dem Bürgertum einen letzten Richtwert des Verhaltens zu zeigen. Plessner geht davon aus, dass souveräne Lebensführung in einer vom Krieg gezeichneten Gesellschaft bei aller Höflichkeit die Bereitschaft zur Gewaltanwendung einschließen muss. So steht in seiner Lehre die Tugend der Grazie, des Taktes und der Diplomatie unvermittelt neben dem Willen, scharfe Grenzen zu Feindeszonen zu ziehen, womit der Einzelne sich seiner Identität versichert.[59] Würde – ein hoher Wert der «satisfaktionsfähigen Gesellschaft» (Norbert Elias) im untergegangenen Kaiserreich – bedarf einer

Rüstung. Die Haltung der Ohnmacht, in der sich die Expressionisten noch gefallen konnten, hat im Nachkriegsklima der Niederlage ihren intellektuellen Reiz verloren.

Gegen die politisch angeheizten Bilder ursprünglicher *Gemeinschaft*, die völkische Bewegungen wie die NSDAP nutzten, setzt Plessner das positiv besetzte Bild der *Gesellschaft* als eines offenen Systems von Verkehrsformen einander fremder Menschen. Die Gesellschaft ist zwar von Feindseligkeit grundiert, dem Einzelnen aber bieten sich zahlreiche Spielmöglichkeiten einer selbstbestimmten Lebensführung.[60] Hier tritt der Mensch niemals in «Rohform» auf, sondern immer schon in seiner sozialen Rolle, und er definiert sich in der Interaktion mit anderen. «Das Individuum muß zuerst sich eine Form geben, in der es unangreifbar wird, eine Rüstung gleichsam, mit der es den Kampfplatz der Öffentlichkeit betritt.»[61] Um die Reibung mit den Fremden nicht tödlich zu verschärfen, muss der Einzelne permanent für das Gleichgewicht zwischen Vertrauens- und Misstrauenssphären sorgen und notfalls die Grenze zwischen diesen Sphären mit Gewalt verteidigen. Gelingt es ihm, diese Balance zu halten, ist er souverän; er kann seine Freiheit im entfremdeten Raum der Gesellschaft realisieren. Das entspricht, so der studierte Biologe Plessner, auch der biologischen Konstitution des Menschen, der *von Natur aus* ein Kulturwesen ist. Souverän kann er sein Leben führen, wenn er selbstbewusst die künstlichen Umwelten der Gesellschaft für sich nutzt. Um Situationen des Beschämtwerdens zu vermeiden, darf er dabei nie aus der Rüstung fallen.

Das Menschenbild, das Plessner vor der Machtübernahme der Nationalsozialisten entwirft, ist kühn. Zur Einsicht in die geistige Obdachlosigkeit des Menschen – «von Überwölbungen ist nichts zu erwarten, außer, daß sie einstürzen», sagt er

1931[62] – gesellt sich die Gewissheit, dass selbst der Körper des Menschen im Laufe der Evolutionsgeschichte nicht festgelegt wurde. Plessner entzieht der Vorstellung, der Mensch sei sich selbst als Naturwesen vorgegeben, die Basis, entwirft das Bild eines Menschen zwischen metaphysischer Leere und biologischem Abgrund, entfernt den Menschen aus Ursprungsmythen jeder Art, verneint die *Gemeinschaft* als Möglichkeit einer stabilen Verankerung, um ihn in die anonyme Öffentlichkeit der *Gesellschaft* zu werfen – diese bildet den «einzigen Möglichkeitshorizont» seiner Existenz. Das von Gott, Biologie und Gemeinschaft verlassene, rastlose Wesen kommt selbst in Institutionen jeglicher Art nicht zur Ruhe. Es gibt keine Entlastungsräume. Das unterscheidet Plessners Anthropologie von der Arnold Gehlens, der in den Institutionen der Gesellschaft von der Familie bis zum Staat die für jedes Individuum unabdingbare Entlastung erkennt.

Für Plessner ist die «Ungesichertheit» des Menschen jedoch kein Grund zur Panik. Seine Anthropologie vor 1933 ist von heiterem Nihilismus erfüllt. Rettung winkt, wie bereits angedeutet, in der Befolgung einer Parole, deren Echo in den zwanziger Jahren durch die Verhaltenslehren der unterschiedlichsten politischen Lager hallt: Man muss sich in Form bringen, wenn man auf dem Kampfplatz der Gesellschaft bestehen will. Nur in diesem Panzer wird der Mensch das notwendige «Vorwärts in unerbittlicher Härte» durchstehen. Selbst der Kampf um Leben und Tod muss «in Formen verlaufen».[63]

Der Wunsch nach Formverhärtung war nicht etwa typisch deutsch, sondern ein europäisches Phänomen der dreißiger Jahre. 1934 erläuterte der französische Kulturanthropologe Marcel Mauss, aus Kriegserfahrungen schöpfend, in seiner berühmten Rede über «Körpertechniken» den Wert der Erziehung zur «Kaltblütigkeit». Er selbst hatte seinen Körper im Extremsport schon daran gewöhnt: «Der hauptsächliche Nutzen, den ich heute in meiner früheren Bergsteigerei sehen kann, war die Erziehung zur Kaltblütigkeit, die es mir erlaubte, stehend auf einem winzigen Vorsprung am Rande des Abgrunds zu schlafen.»[64] Das konnte mit dem Einverständnis der vier Staatsräte rechnen. Diesen Schlaf kannten sie.

Gründgens machte aus Plessners Auffassung von der Natur des Menschen eine Schauspiel-, Schmitt eine Staatslehre, Sauerbruch panzerte sich in stoischem Berufsjargon, Furtwängler lebte im Strahlenkranz des Dirigentenpults. Wir werden es erleben. Die Ordnungsstruktur des starken Staats übte auf alle vier eine große Anziehungskraft aus. Das galt 1931 auch für den konservativen Plessner. «Man sollte sich um der Theorie willen hüten, in einer Epoche, in der die Diktatur eine lebendige Macht geworden ist, in der Rußland und Italien den Tod der Göttin der Freiheit verkündet haben, nach den Prinzipien des klassischen Liberalismus über Politik zu denken», heißt es zu Beginn seiner Schrift «Macht und menschliche Natur».[65] Doch Plessner wagt auch einen Blick auf die Kehrseite der Selbstermächtigung, die das Sich-in-Form-Bringen bedeutet. Zwar verfügt der Mensch über höfliche oder kriegerische Spielformen, er unterliegt in seiner Geschichte aber immer noch Schwerkrafts- und Fallgesetzen, ist ihnen «wie ein Stück Vieh unterworfen, mit Maß und Gewicht zu messen, bluthaft bedingt, dem Elend und der Herrlichkeit einer blinden Unermeßlichkeit ausgeliefert. Blind wie sie steigen aus ihr in seinem Bezirk die Gewalten der Triebe und stoßen ihn, letzten Endes ‹berechenbar›, in die Bahn der lebendigen sterblichen Dinge.»[66] Unversehens kippt die Selbstgewissheit des Formvollendeten in das Gefühl, ausgeliefert zu sein.

In Plessners früher Anthropologie geht es zu wie in einem Drama Shakespeares. Zwischen der Souveränität zur freien, nicht von der Moral gelenkten Entscheidung einerseits und dem dunklen Triebschicksal des «Naturdings» Mensch andererseits klafft Leere. Plessner füllt sie nicht mit dialektischen Denkfiguren oder raffinierten Vermittlungen. Auch Ideen der «Züchtung», mit der Zeitgenossen wie Gottfried Benn in diesen Jahren die Kluft zwischen den Herrenmenschen der weißen Rasse und ihren ungesicherten biologischen Fundamenten schließen wollten, liegen ihm fern. In der Erkenntnis der Leere zwischen der Selbstermächtigung, auf die seine Verhaltenslehre der Distanz zielt, und dem Erschrecken vor einem Schicksal, das den Menschen «wie ein Stück Vieh» behandelt, besteht die Radikalität von Plessners Schriften – vor der humanistischen Wende, die er in der Emigration vollzog. Im niederländischen Exil bezeichnete Plessner es 1936 als Aufgabe der Politischen Anthropologie, die deutschen Menschen, «nun völlig von Gott verlassen», vor der «Drohung, in der Tierheit zu versinken», zu schützen.[67]

Von Plessners Blickpunkt aus folgten viele Zeitgenossen dem Diktat, sich in Form zu bringen. Carl Schmitt schätzte Plessners Politische Anthropologie, denn sie stützte seine Formel von «Freund und Feind»: Wer sich in Form bringen will, muss einen Feind haben; ohne den Willen zur Vernichtung des Feindes, das hätte Schmitt schon 1924 in Plessners «Grenzen der Gemeinschaft» lesen können, gibt es keine Politik.[68] Gottfried Benn versprach sich 1933 von der Diktatur eine «anthropologische Wende», weil sie «gegen das naturalistische Chaos formprägende, konstruktive Prinzipien» zur Geltung bringe: Zucht und Ordnung.[69] Und noch 1934 wiederholte Benn, dass die «Welt-Eislehre» des Abendlandes Form verlange, die im starken Staat realisiert werde. Er wusste, dass er damit ein «vulkanisches Gebiet, die deutsche Gefahrenzone»[70] betrat, vor der er kurze Zeit später zurückschrecken sollte.

Aus dem Formzwang hat, wie wir sehen werden, jeder der vier Staatsräte auf seine Weise eine Tugend des Überlebens gemacht. In der Diktatur ging es ihnen meist gut, ihr Wirkungsgrad war größer als im Kräftefeld des Pluralismus der Weimarer Republik. Der NS-Staat ließ ihnen die Illusion, selbstbestimmt zu handeln, der Titel «Staatsrat» verstärkte ihre Selbsttäuschung. Aber der Riss, der durch Plessners Anthropologie geht, zeichnet sich auch im Leben der Formvollendeten ab. Keiner der vier der Staatsräte konnte sicher sein, nicht im nächsten Augenblick – man denke an General Schleicher 1934 oder die ihnen bekannten Widerständler 1944 – «wie ein Stück Vieh» ermordet zu werden. Sie wussten vom Massenmord. Wie hielten sie das aus?

Am 16. September 1933 hoben also zwei von ihnen, der Staatsrechtler und der Musiker, mit Gauleitern und Granden der Bewegung die Hand zum Hitlergruß. Nach dem Blutfahnenritual sangen sie das Kampflied der SA, das Horst-Wessel-Lied: «Die Straße frei / Den braunen Bataillonen / Die Straße frei / Dem Sturmabteilungsmann!», und wurden von Göring auf ihre Pflichten eingeschworen. Gehorsam verbürgt Schutz, mag Carl Schmitt in diesem Augenblick gedacht haben. Sicher aber ließen sich die Staatsräte bereitwillig von den Riten des Gründungsakts überwältigen. «In Stimmungen manifestiert sich erschütternd die unergründliche Faktizität der eigenen Existenz», hätte ihr Meisterdenker Martin Heidegger sie belehren können.[71] Erfuhren sie in der Stimmung der Staatsratsgründung die unheimliche Verlassenheit menschlicher Existenz jenseits allen Geredes, außerhalb der medialen Umwelt, wie Heidegger es sich erträumt hatte? Nein, sie beide, der Staatsrechtler und der Musiker, wurden mittels Imitation magischer Rituale in Stimmung gebracht, sich der «Gefolgschaft» einverleiben zu lassen; eine Prozedur, die den Gedanken an die Verlassenheit des Einzelnen auslöschen sollte.

Es ist schwierig, aus den individuellen Physiognomien der vier Protagonisten dieses Buchs Schlüsse zu ziehen. In tiefstem Grunde gleichgültig in den NS-Staat – ihren Resonanz- und Arbeitsraum – verstrickt, sind sie erfolgreich, geliebt, machtgeil, geistreich, umstritten, bekämpft und gefährdet. Lassen wir Porträts der vier erst einmal in verkürzter Form Revue passieren. Die Formvollendeten erscheinen dabei in kalendarischer Sachlichkeit:

*Gustaf Gründgens* (1899 bis 1963) ist von 1937 bis 1945 Generalintendant der Preußischen Staatstheater. Der Titel «Staatsrat» dient ihm als Amulett: 1936 von Göring verliehen, bietet er ihm Schutz vor dem homophoben Mob der SS. Auf dem Planquadrat der Bühne – nach eigenem Bekunden achthundert Meter vom Gestapo-Hauptquartier entfernt – ist er ein Souverän. Hier darf niemand aus der Form fallen. In der Darstellung von Herrscherfiguren und Intriganten kann Gründgens den Zeitgeist ausagieren. Seine Bühne fasziniert das Publikum als Simulationsraum und Experimentierfeld des Bösen, für Unterhaltung sorgen geistreiche Komödien. Völkisches Theater ist Gründgens' Sache nicht. Sein «Mangel an Tiefe» bewahrt ihn nach eigener ironischer Einschätzung davor, der völkischen Ideologie etwas abzugewinnen.[72] Als Generalintendant genießt er ein feudales Leben, findet darin Nischen, um Verfolgte zu retten. Sein Lächeln hat etwas vom «orphischen Zynismus an der Grenze des Jovialen», wie Gottfried Benn einmal den Habitus von Intellektuellen im Dritten Reich charakterisiert.[73] Unter den Würdenträgern des Dritten Reichs verehrt Gründgens nur den preußischen Finanzminister Johannes Popitz – wegen seines Sparsamkeitsregimes.

*Carl Schmitt* (1888 bis 1985), Staatsrechtslehrer, von 1933 bis 1936 Leiter der Gruppe Hochschullehrer im NS-Rechtswahrerbund, begrüßt als Einziger der vier den Titel «Staatsrat» als Rangerhöhung. Bis 1936 greift er aktiv ins Räderwerk der «Säuberung» von jüdischen Gelehrten ein. In der Weimarer Republik besitzen seine Schriften, etwa «Die Diktatur» von 1921 oder «Der Begriff des Politischen» von 1927, einen luziferischen Reiz für Intellektuelle aller politischen Lager. 1933 wird Schmitt von einem Gefühl erfasst, das er schon am 23. Februar 1923 seinem Tagebuch anvertraut hat: «Himmlische Angst, den Anschluss zu verpassen, mein Gott, die Zeit zu versäumen; der Luxuszug des Weltgeistes fährt ab und wir sitzen im falschen Zug: grauenhafte Verdammnis; das ist die himmlische Hölle.»[74] Im Dezember 1936 wird er von NS-Konkurrenten aus der Ämterhierarchie des Führerstaats gestürzt. Seine Idee vom totalen Staat trägt Schmitt 1938 in seinem Buch über Thomas Hobbes' «Leviathan» zu Grabe. Er wäre gern ein Souffleur im Ohr Hitlers gewesen, darum gefiel ihm die Charakterisierung als «Kronjurist des Dritten Reiches», die ihm ein emigrierter Schüler gab. In Entscheidungssituationen ist er nur Befehlsempfänger. Er ist kein Anhänger der Rassenbiologie, befürwortet aber die «Artgleichheit» des Volkes. Ekel ist sein intensivster Affekt, Antisemitismus verätzt stellenweise seine besten Denkmodelle. Seine Tagebücher geben Einblick in den raschen Wechsel vom messerscharfen «Begriffsrealisten» zu dem Mann, der in Tumulte der Sinnenwelt abstürzt.

*Ferdinand Sauerbruch* (1875 bis 1951), Chirurg, ärztlicher Direktor der Charité, gibt sich politisch naiv. Als Mediziner bleibt er den Körperwissenschaften des 19. Jahrhunderts verhaftet. Er schwärmt vom Ersten Weltkrieg als grandiosem Experimentierfeld für Chirurgen, ist berühmt für seine Konstruktion einer Unterdruckkammer bei Lungenoperationen und die Erfindung intelligenter Prothesen, mit denen er einen Beitrag zur Lösung des Mensch-Maschine-Problems geleistet zu haben glaubt: Ist die Form des Organismus lädiert, können Maschinenteile Abhilfe schaffen. Sauerbruch wirkt charismatisch als Arzt im Spital, glänzt als Star-Chirurg des Dritten Reichs und wird nebenbei – wahrscheinlich ohne Widerspruch – in das Euthanasieprogramm des Reichsforschungsrats eingehakt. Nach dem Tod Hindenburgs 1934 genießt er als dessen letzter Leibarzt eine gewisse Narrenfreiheit. Deutschnational, vom Bewusstsein der Unantastbarkeit erfüllt, verwendet Sauerbruch sich für zum Tod Verurteilte, stellt den Verschwörern rund um Stauffenberg sein Haus für Treffen zur Verfügung, lässt sich von Redetabus nicht einschüchtern. Der Titel «Staatsrat», der ihm 1934 angetragen wird, ist ihm eher lästig, hat für ihn keine Funktion. Es genügt, wenn ihn alle «Chef» nennen.

*Wilhelm Furtwängler* (1886 bis 1954), Dirigent und Komponist, ab 1934 Direktor der Berliner Staatsoper, besaß schon in der Republik den Spitznamen «Monopoleon», weil er es versteht, konkurrierende Dirigenten wegzubeißen. Arnold Schönberg hat ihn einmal den «Platzanweiser» genannt.[75] Die traditionell beanspruchte Immunität der Klassik erlaubt es ihm, sich in den geschützten Raum des Konzertsaals zurückzuziehen. Sein Orchester will er nicht dem NS-Regime überlassen. Anfangs protestiert er gegen die Entlassung jüdischer Musiker und verteidigt die Musik Paul Hindemiths, die als «entartet» gilt; im Umgang mit den Nazi-Größen aber verlernt er zuweilen den aufrechten Gang. Von 1935 an liefert sich Furtwängler ein Katz-und-Maus-Spiel mit dem NS-Regime.[76] Mal musiziert er demonstrativ mit deutschen Emigranten in Wien, Paris, Zürich, London und weicht offiziellen Verpflichtungen aus, dann dirigiert er wieder zu Hitlers Geburtstag. Hermann Göring hintertreibt seine Berufung 1936 zum Nachfolger Arturo Toscaninis als Chefdirigent der New Yorker Philharmoniker, Goebbels hält ihn für «ein Kind mit kleinen Bosheiten», das gern die Machtmittel des NS-Staats für sich einsetzt.[77] Sein Biograph Eberhard Straub bemerkt: «Wer seinem Feind so nahe ist [wie der Dirigent dem Propagandaminister], kann ihn nicht besiegen.»[78] Als Dirigent setzt Furtwängler auf «Tiefe» des Gemeinschaftserlebnisses im Konzertsaal weit unterhalb der politischen Oberfläche, womit er ebendiese nobilitiert.

Der Glaube, sie hätten sich selbst dazu entschieden, Würdenträger des Dritten Reichs zu sein, gehört zur Selbsttäuschung der Staatsräte.[79] Es war vielmehr der NS-Staat, der herausragende Männer – Schauspieler, Ärzte, Musiker, Physiker, Anthropologen, Ingenieure, Militärs und Rechtsgelehrte –, alle mit kleinen Abweichungen von der ideologischen Linie, auf seine Seite zog, um der eigenen Macht einen schillernden Ausdruck und größere Wirksamkeit zu verleihen. Ein außen- und kulturpolitischer Schachzug: Seht, die Elite bleibt im Reich.

Die vier Staatsräte waren Virtuosen auf ihrem jeweiligen Fachgebiet und distanzierten sich im Laufe der dreißiger Jahre auf je unterschiedliche Weise von der Ideologie des NS-Staats. Als Idole der im Reich gebliebenen Kulturelite aber bereicherten sie mit kleinen Dissonanzen den Sound der Diktatur.

Von einem «brillanten Quartett» zu sprechen ist fahrlässig und kühn, da, wie einleitend erwähnt, keine Quelle bezeugt, dass sich die Staatsräte je zu viert getroffen hätten. Sicher ist dagegen, dass sich Einzelne von ihnen zu verschiedenen Anlässen begegnet sind. Schmitt etwa hörte 1930 den «Don Giovanni» unter Furtwängler und war danach oft in der Staatsoper, wo er über Johannes Popitz leicht einen Platz in einer Ehrenloge bekam. Sauerbruch attestierte Furtwängler eine Entzündung der Halswirbelsäule, was diesem erlaubte, einer Parteiveranstaltung fernzubleiben. Gründgens sahen die drei oft auf der Bühne, private Treffen außerhalb des Theaters hat der Generalintendant offenbar vermieden. Sauerbruch und Schmitt unterhielten gute Kontakte zu Johannes Popitz und zur «Mittwochs-Gesellschaft», deren Mitglied Sauerbruch war. Nach 1938 trafen sich in diesem Gremium auch Köpfe des Widerstands.

# IN DEN NISCHEN DER DIKTATUR

Im Winter 1945/46 schreibt Carl Schmitt aus dem amerikanischen Internierungslager, in dem er festgehalten wird, an Karl Mannheim: «Der Geist hat seinen Stolz, seine Taktik, seine unveräußerliche Freiheit und, verzeihen Sie, sogar seine Schutzengel, und er hat das alles nicht etwa nur in der Emigration, sondern auch im Innern, in den Fängen des Leviathan selbst. Bisher hat er in Europa noch stets seine Krypten und Katakomben, seine neuen Formen und Methoden zu finden gewußt.»[80] Schmitt beansprucht für sich diesen Spielraum hellsichtigen Denkens in den Labyrinthen des NS-Staats. Das ist 1945 als Entlastungsargument verständlich; doch berührt die Behauptung ein grundlegendes Problem. In welchen Nischen der Diktatur kann man sich einen kritischen Austausch von den vier Würdenträgern des Systems überhaupt vorstellen?

Im Untergrund der «Krypten und Katakomben», wie Schmitt suggeriert, hielten sie sich jedenfalls nicht auf. Dort operierten Kräfte des Widerstands oder fanden Menschen, die untertauchen mussten, Unterschlupf. Hat die Struktur des NS-Staats politikfreie Zonen zugelassen – Raum für Gespräche im Hause des Finanzministers Popitz, im Garten von Sauerbruch oder in der Charité, auf Schmitts Reisen etwa nach Paris, wo er Jünger trifft, im Konzertsaal Furtwänglers oder auf Gründgens' Gut Zeesen?

Es gab Luft zum Atmen, adelige Exklusivsphären mit bürgerlichem Kriegerethos, Tanzdielen mit Swing-Musik, Trainingsräume für Sport und Technikkult, Keller für Radiobastler, unüberschaubare Gartensiedlungen, Konzertsäle mit weltberühmten Virtuosen, Ausstellungen französischer Impressionisten und Zentren des Konsums. Das ist nach dem Krieg lange Zeit vergessen worden, weil die Aufklärung über die Wirklichkeit des NS-Staats während der fünfziger und sechziger Jahre in Gerichtsprozessen stattfand, die, wenn auch massiv von der Zunft der Juristen blockiert, die Aufmerksamkeit auf die Terrorseite des Regimes lenkten.[81] Für den Einzelnen war es entlastend, sich das Dritte Reich als ein gigantisches KZ vorzustellen. Die Möglichkeit von Freiräumen impliziert das Vorhandensein von «Ermessensspielräumen», unterstellt Verantwortung. Nach 1945 war es daher vorteilhaft, sich nicht mehr an Freiräume des Überlebens zu erinnern. Dieses Dilemma der Erinnerungskultur wird in einem Aphorismus Heimito von Doderers treffend beschrieben: «Was an Schrecken oder Großartigkeiten von einer Zeit im Menschengedenken übriggeblieben und auf uns gekommen ist, sehen wir durch die weite Perspektive gleichsam zusammengedrängt. Damals war es verteilt und schwamm in der Flut einer ganzen Zeitstimmung, ja, es befand sich vielfach fast in der Schwebe des beinah Selbstverständlichen.»[82]

Die Forschung erklärt die Existenz von Nischen nichtkonformen Verhaltens im totalitären Staat inzwischen auf verschiedene Weise. Mal ist es die «polykratische Struktur» des Herrschaftssystems im Konkurrenzkampf der «Paladine», mal die mafiaähnliche Herrschaft lokaler Machthaber. Der «Teildissens» der deutschnationalen Eliten in Industrie, Natur- und Geisteswissenschaft gehört jedenfalls zur Diktatur. Im «gespaltenen Bewusstsein», das heißt der Fähigkeit der Bevölkerung, furchteinflößende Informationen von den Routinen des Alltagsbewusstseins abzuspalten, entdeckte Hans Dieter Schäfer den Grund für die Möglichkeit nonkonformen Lebens in der

NS-Diktatur. Lange Zeit, so Schäfer, hat die Forschung die Wahrheit abgewehrt, dass «die meisten Deutschen zu keinem Zeitpunkt die ständige Furcht vor dem Klopfen an der Tür in den frühen Morgenstunden kannten».[83] Er weist darauf hin, dass in der Anonymität der Großstädte während der dreißiger Jahre die propagierte Feindseligkeit gegenüber dem innerstaatlichen Feind selten in Erscheinung trat. «Die Deutschen bemühten sich um Höflichkeit, auch im Verkehr mit der Polizei, dem Finanzamt, der Post herrschte die selbstverständliche Korrektheit, die früher im preußischen Dienst außerhalb der Diskussion stand.»[84] Schäfer erinnert daran, wie sehr Imre Kertész über die Ungeheuerlichkeit verwundert war, dass «neben dem Wahnsinn» der Vernichtungsprozesse das alltägliche Leben weiterlief – «mit Kindererziehung, Spaziergängen Verliebter, ärztlichen Sprechstunden, Karriere. Und sonstigen Sehnsüchten, Glücks- und Unglücksgefühlen, zivilen Wünschen, dämmernder Melancholie, Wachstum, Erfolg und Erfolglosigkeit usw.»[85]

Die Kontinuität ziviler Standards des Lebens im Dritten Reich – der Sehnsucht nach Eigenheim, elektrischer Kaffeemaschine und Camping sowie der Liebe zu Konsumgütern, die weniger vom Staat als von privatwirtschaftlicher Eigendynamik gefördert wurde, der Anziehungskraft von Hollywood-Filmen und ihren Stars Clark Gable, Jean Harlow oder Joan Crawford, der unter Jugendlichen populären Swing-Bewegung – gilt Schäfer als Beleg für die luftige Struktur der Diktatur. Bis Kriegsbeginn war es offensichtlich nicht nötig, sich von Medien des westlichen Auslands hermetisch abzuriegeln.[86] Erst mit Kriegsbeginn wurden ausländische Informationsquellen systematisch gedrosselt. Im Laufe des Krieges förderte die äußere Bedrohung – vor allem die Bombardierung der Städte – den Zusammenschluss der Bevölkerung zur propagierten Einheit mit dem Regime. Nie war man der «Volksgemeinschaft» intensiver verbunden als in der Phase des Untergangs.

Mithilfe verschiedener Denkmodelle hat die Forschung die Existenz und die Funktion von Freiräumen in der NS-Diktatur vorgeführt. In seiner «Geschichte Deutschlands im 20. Jahrhundert» stellt der Historiker Ulrich Herbert fest, dass der «*Teildissens* zur Regimeführung» in bestimmten Bereichen als Kennzeichen der deutschen Elite während des Dritten Reichs angesehen werden kann.[87] Selbst manche Offiziere, die Vernichtungsmaßnahmen forcierten, empfanden sich nicht als Nationalsozialisten, weil sie etwa mit der Kirchenpolitik der Regierung nicht einverstanden waren oder die Partei «wegen ihres plebejischen Auftretens verachteten».[88]

Um zu veranschaulichen, was Teildissens bedeuten konnte, erzählt Ulrich Herbert von Franz Josef Schöningh, der nach dem Krieg die «Süddeutsche Zeitung» mitbegründet hat.[89] Schöningh war von 1935 bis 1941 Redakteur der katholischen Intellektuellenzeitschrift «Hochland», 1933 nachweislich Gegner des Nationalsozialismus. 1941 wurde er als Kreishauptmann im galizischen Ort Sambor eingesetzt, wo er, wie er nach Hause schrieb, für «die delikate Judenumsiedlung» zuständig war. Ihm zugeordnet waren Kräfte der Ukrainischen Hilfspolizei, die bei «Judenaktionen» für Straßensperrungen und das Ausheben der Gruben vor den Erschießungen sorgten. In seiner Amtszeit wurden bis Juni 1943 etwa zwölftausend Juden ins Vernichtungslager Belzec deportiert. Schöningh lebte in Galizien wie ein privilegierter Kolonialbeamter. Dabei machte er «aus seiner verächtlichen Haltung gegenüber den Nationalsozialisten keinen Hehl, aber da die von ihm mitgeleitete Verwaltung offenbar besser funktionierte als in den meisten anderen Regionen, erlitt er dadurch keine Nachteile».[90] Jedenfalls bestätigte Heinrich Himmler, dass Schöningh «in seiner fachlichen Arbeit, das heißt in Erfüllung der reichswichtigen Aufgaben», bewiesen habe, dass er «über ein überdurchschnittliches Format» verfüge.[91]

Herberts abgründiges Resümee: «Schöningh sah sich selbst, soviel wir wissen, nicht als Antisemit, im Gegenteil. Nachweislich half er in Galizien zwei jüdischen Bekannten, indem er ihnen falsche Papiere ausstellte, was ihnen das Leben rettete. Über die sogenannten Judenaktionen, die er täglich mit ansah, äußerte er sich nahezu nicht, weder vor noch nach 1945. Aber er war offenbar der Überzeugung, diese Geschehnisse aufgrund seiner inneren Distanz zum Nationalsozialismus als passiver Beobachter zu verfolgen, auch wenn er selbst daran beteiligt war. Als er an einem Tag im Juli 1942 mehr durch Zufall die Juden an seinem Amt vorüberziehen sah, die die von ihm geleitete Behörde selbst für den Transport ins Todeslager bestimmt hatte, schrieb er seiner Frau: ‹Als heute Gestalten an mir vorüberzogen, als ich diese Gestalten sah, dachte ich, ich sei im Traum.›» Für Schöninghs Haltung findet Ulrich Herbert nur eine Erklärung: «Indem er die Juden als Verlorene ansah, die unabänderlich dem Tode geweiht waren, schien sein eigenes Verhalten keinen Einfluss mehr zu nehmen.»[92]

Man kann in diesem Fall von einer «dunklen Seite der Empathie»[93] sprechen. Schöningh schottete sich von der Möglichkeit eingreifenden Handelns ab. Es genügt nicht, ein Opfer auf seinem Gang in den Tod mit Mitleid zu beobachten, um zur Tat stimuliert zu werden. Handlungsanleitende Empathie erfordert, dass ein Helfer «als Katalysator einer positiven Veränderung» hinzugedacht wird.[94] Um Kombattanten kümmerte

Schöningh sich nicht, und den Verfolgten zu helfen galt dem von Himmler Gelobten zu Recht als tödliche Selbstgefährdung, die er zweimal durch das Ausstellen falscher Papiere riskierte. In solche Aktionen durfte Empathie auf Dauer nicht ausarten. Wie überlegen müssen sich diese intellektuellen Kolonisatoren etwa einem kleinen hedonistischen Unternehmer wie Oskar Schindler gefühlt haben, der nicht Teil einer Kulturelite war.

Ist der Teildissens auf eine «Mentalität des Zulassens» zurückzuführen, wie sie Robert Musil 1921 als modernes Phänomen und typisch bürgerliche Haltung beschrieben hat? Eberhard Straub zieht die Quintessenz: «Die deutsche Bourgeoisie hat die Juden nicht verfolgt und vernichtet, sie ließ aber zu, dass sie verfolgt und vernichtet wurden.»[95]

Der Fall Schöningh ist ein Beispiel für individuellen Dissens. Aufschlussreicher sind die großen Institutionen der deutschen Eliten wie etwa die Kaiser-Wilhelm-Gesellschaft, Sammelpunkt weltberühmter deutscher Spitzenforscher.[96]

Im Januar 1936 feierte die Kaiser-Wilhelm-Gesellschaft (KWG) ihr fünfundzwanzigjähriges Bestehen. Max Planck, Präsident der Gesellschaft, erinnerte in seiner Festrede daran, welche unvergänglichen Verdienste für das Vaterland jüdischen Pionieren der Wissenschaft zukamen, die inzwischen im NS-Staat verfemt waren. Die «New York Times» würdigte die Rede als ein letztes Gefecht im Kampf um die reine Wissenschaft. Schon im März 1935 hatte sich Planck, für die Nazis ein Statthalter der «jüdischen» Relativitätstheorie Einsteins, in einem öffentlichen Vortrag im Berliner Harnack-Haus über die «Physik im Kampf um die Weltanschauung» unmissverständlich gegen eine «Deutsche Physik» ausgesprochen: «Eine Wissenschaft, die nicht fähig ist, über das eigene Volk hinaus zu wirken, verdient nicht ihren Namen.»[97] Hitlers wachsendes Interesse an effizienter Grundlagenforschung sollte die «Deutsche Physik» später ohnehin ins Abseits drängen.

Bei der ersten Zerreißprobe im Sommer 1933 hatte Planck es allerdings abgelehnt, einer von Otto Hahn vorgeschlagenen Protestresolution gegen die Entlassung der hundertsechsundzwanzig jüdischen Mitarbeiter der KWG zuzustimmen. Dennoch gibt es einige Dokumente, die von Plancks Kampf für eine relative Unabhängigkeit der KWG von der Reichsregierung zeugen. 1934 verweigerte er sich dem Aufruf der deutschen Nobelpreisträger, Adolf Hitler zu unterstützen. Am 29. Januar 1935 würdigte er in einer Gedächtnisfeier den «jüdischen» Nobelpreisträger Fritz Haber. Plancks Sohn Erwin, früherer Staatssekretär der Regierung Kurt von Schleichers und Freund des preußischen Finanzministers Johannes Popitz, war in den Widerstand verwickelt und wurde am 23. Januar 1945 in Plötzensee hingerichtet, obwohl der hochbetagte Max Planck Himmel und Hölle in Bewegung gesetzt hatte, um Reichsjustizminister Otto Thierack dazu zu bringen, das Todesurteil in eine Freiheitsstrafe umzuwandeln. Bereits am 25. Oktober 1944 hatte er sich mit einem Gnadengesuch an Hitler persönlich gewandt: «Als Dank des deutschen Volkes für meine Lebensarbeit, die ein unvergänglicher geistiger Besitz Deutschlands geworden ist, erbitte ich das Leben meines Sohnes.»[98]

Andererseits war Planck, wie Albert Einstein bemerkte, «stark traditionsgebunden in seiner Beziehung zu seinem Staat und zu seiner Kaste».[99] Eine aufschlussreiche Formulierung, weil darin sowohl «Staat» als auch «Kaste» als autonome Institutionen vom NS-Regime losgelöst werden. Das erklärt vielleicht die zwischen Obstruktion und Kooperation schwankende Haltung des Präsidenten: seinen Versuch, die «relative» Selbstständigkeit der KWG zu behaupten, und seine flexible «Taktik der Anpassung und Konsenssuche», für die der Direktor des Kaiser-Wilhelm-Instituts (KWI) für Biologie Fritz von Wettstein die Bezeichnung «Bambusstrategie» erfand.[100]

Die relative Autonomie von Teilbereichen der KWG, die zu den Hauptakteuren der deutschen Wissenschaft im Dritten Reich gehörte, wird von der Forschung[101] auf das «charismatisch aufgeladene System der Polykratie»[102] und die Dynamik der Konkurrenz zurückgeführt. Mit diesen Formeln werden bis heute die Freiheitsspielräume der Wissenschaft im NS-Herrschaftssystem erklärt. In den Anfängen des NS-Staats sah sich die KWG mit einem «unübersichtlichen, höchst beweglichen Institutionengefüge» konfrontiert, in dem unterschiedliche Entscheidungsträger die Politik «ihrer» Forschungseinrichtungen bestimmten.[103]

Am 12. Mai 1942 notierte Joseph Goebbels in seinem Tagebuch: «Der Führer ist ein begeisterter Anhänger der reinen Wissenschaft. Wir haben in der Heranführung der Wissenschaft an den neuen Staat sehr viel versäumt. Daß Männer wie Planck uns wenigstens reserviert gegenüberstehen, ist ein Verschulden von Rust [Reichsminister für Wissenschaft], das gar nicht wieder gutgemacht werden kann. Man möchte traurig werden, wenn man sich vorstellt, wie stark der Führer an den Aufgaben und Forschungen der Wissenschaft innerlich beteiligt ist und wie wenig unsere Forscher und Wissenschaftler sich darüber klar werden können, weil sie es nicht wissen.»[104]

Hitlers Interesse an der Grundlagenforschung ist so verständlich wie Goebbels' Hinweis darauf, wie wenig sich die Grundlagenforscher der Funktion ihrer Arbeit im Herrschaftssystem bewusst sind. Ein kurzer Blick auf einige Projekte der KWG kann den objektiven Nutzen ihrer Forschung für den NS-

Staat erhellen. Er entspricht nicht ganz der Auffassung der leidenschaftlichen Wissenschaftler, die glaubten, in Freiräumen zu arbeiten, und sich in dieser Haltung bestätigt fühlten, als sie 1945 erfuhren, dass ihre Projekte «mission targets» der Alliierten waren. Bald durften sie ihre Arbeit in den Laboren der NASA in den USA oder in Moskau fortsetzen.

Nicht schwer zu erschließen ist die Funktion des Kaiser-Wilhelm-Instituts für Metallforschung, das fast vollständig auf die Bedürfnisse der Rüstungsindustrie und der Wehrmacht eingestellt wurde. Dabei ging es etwa um Grundlagenforschung zur zerstörungsfreien Werkstoffprüfung in der Flugzeugmotorenindustrie und die Entwicklung von Messgeräten für die Kriegsmarine, die beim Aufspüren von Minen helfen sollten.[105] Hermann Göring förderte die «Freiheit der Forschung», weil er wusste, dass die Freisetzung dieser Ressource dem Militär zugutekam.[106]

Offen zutage liegt auch die Funktion des KWI für Anthropologie, menschliche Erblehre und Eugenik. Die NS-Politik wurde von Seiten der Wissenschaftler als «angewandte Rassenkunde» begrüßt.[107] Das KWI für physikalische Chemie und Elektrochemie, das KWI für medizinische Forschung und das KWI für Arbeitsphysiologie arbeiteten eng mit Kampfstoffabteilungen der Wehrmacht zusammen. Das KWI für Strömungsforschung in Göttingen entwickelte im Auftrag des Oberkommandos der Marine ein mathematisches Modell, mit dessen Hilfe die Ausbreitung von gasförmigen Kampfstoffen berechnet werden sollte. Das KWI für medizinische Forschung in Heidelberg erforschte neuartige Nervengase, was zur Einrichtung von Speziallaboren bei der Gasschutzabteilung des Heereswaffenamts führte.

Wissenschaftler in der KWG waren in Netzwerke von Militär, Staat, Industrie und Institutionen der Rüstungsforschung verwoben. Die Kriegspolitik zog ihre Energien auch aus den Räumen «politikfreier» Forschung, wie sie am KWG betrieben wurde. «Good science» diente dem NS-Regime am besten.[108]

Nach dem Krieg begründete Adolf Butenandt als zweiter Präsident der Max-Planck-Gesellschaft, der Nachfolgeorganisation der KWG, die Unschuld der Naturwissenschaft: Ihre Grundlagenforschung spiele sich per se in der Sphäre des Nichtmenschlichen ab, ihre Rationalität sei von der nationalsozialistischen Wissenschaftspolitik kaum berührt worden.[109]

Ob die Existenz von Freiräumen unter totalitärer Herrschaft durch ein «gespaltenes Bewusstsein», durch «Teildissens», eine «Mafia-Struktur» oder eine «Polykratie der Paladine» begründet wird, ihre Funktion ist damit noch nicht geklärt. Hans Dieter Schäfer hat mit der Formel «Sicherung der Macht durch Duldung einer politikfreien Sphäre»[110] auf ein Paradox der Freiräume hingewiesen. Armin Mohler, ein Schüler Carl Schmitts, hat es in seiner grenzenlosen Bewunderung für die Leistung der Deutschen, zwei Kriege gegen die ganze Welt geführt zu haben, zugespitzt: «Vielleicht war es gerade die labyrinthische Vielfalt Deutschlands, die den Deutschen eine solche Leistung ermöglichte: durch ein so gewachsenes Gehäuse fegt ein Sturm nie ganz durch; die Abschottungen schaffen Freiräume (‹Nischen› im Sinne Gehlens), aus denen immer neue Kraft gewonnen werden kann.»[111] Das Fazit Mohlers ist wider Willen fatal, aber es trifft den Kern: Die «politikfreien» Nischen im NS-Staat waren Energieversorger der Diktatur. «Den Regierenden, die den Krieg führten, hielten sie den Rücken frei und verstärkten den Zustrom an Know-how in Management und Technik.»[112] Das zeigt die Geschichte der KWG.

Über das Selbstbewusstsein derer, die ihr Leben der «reinen

Wissenschaft» gewidmet hatten, sagt die Untersuchung ihrer «objektiven Funktion» wenig aus. Ist der blinde Fleck ihres Wissenschaftsverständnisses die Quelle des Gefühls, ihre Arbeit nütze keinem politischen System? Gibt es eine Lust an der «unmenschlichen», das heißt unterhalb der Welt ethischer Normen stattfindenden wissenschaftlichen Obsession? Findet Grundlagenforschung immer in schlecht beleuchteten Stollen im Bergwerk der Macht statt?

Zu klären wäre außerdem, ob sich die gleichen Fragen an Geisteswissenschaftler stellen lassen, an Historiker, Literatur-, Sozial- oder auch Musikwissenschaftler. Wurden auch sie in die wechselseitige «Ressourcenmobilisierung» für die Politik eingespannt, oder waren sie im Vergleich zu den Naturwissenschaftlern der KWG von rührender Harmlosigkeit? Einen der aufschlussreichsten Sammelpunkte des «politikfreien» intellektuellen Austausches bildete die Berliner Mittwochs-Gesellschaft, um die es im folgenden Kapitel gehen wird.

## DIE MITTWOCHS-GESELLSCHAFT

Am Mittwoch, dem 26. Juli 1944, sechs Tage nach dem gescheiterten Attentat auf Hitler, kamen im halb zerstörten Haus des Schriftstellers Paul Fechter im Waldweg 32 in Berlin-Lichtenrade fünf Männer ein letztes Mal zusammen. Nur sie waren von der erhabenen Mittwochs-Gesellschaft übrig geblieben.[113] Eines ihrer Mitglieder, der einstige Generalstabschef Ludwig Beck, hatte nach dem missglückten Attentat am Abend des 20. Juli versucht, sich das Leben zu nehmen, und war erschossen worden. Der preußische Finanzminister Johannes Popitz wurde am Morgen des 21. Juli von der Gestapo verhaftet. Der ehemalige Botschafter Ulrich von Hassell wurde am 28. Juli in die Gestapo-Zentrale transportiert. Vom brillanten Quartett der Staatsräte gehörte nur Ferdinand Sauerbruch, der wahrscheinlich vom Vorhaben des Staatsstreichs wusste, der Mittwochs-Gesellschaft an.

Sechzehn Männer umfasste die Mitgliederliste des Gesprächkreises; wenn einer von ihnen starb, aus Gesundheitsgründen nicht mehr teilnehmen konnte oder aus Berlin wegzog, wurde auf Vorschlag ein neues Mitglied aufgenommen. Das Ensemble bildete in den Jahren von 1932 bis 1944 eine kleine, konservative Akademie der aus dem 19. in das 20. Jahrhundert hineinragenden Kulturelite – sofern sie in Berlin ansässig war. Mitglieder waren neben Fechter, Beck, Popitz, von Hassell und Sauerbruch der Mediävist Friedrich Baethgen, der Botaniker Ludwig Diels, der Jurist Bill Drews, der Meteorologe Heinrich von Ficker, der Anthropologe und Rassenkundler Eugen

Fischer, der General Wilhelm Groener, der Nationalökonom Bernhard Harms, der Physiker Werner Heisenberg, der Nationalökonom Jens Jessen, der Kirchenhistoriker Hans Lietzmann, der Philosoph Heinrich Maier, der Historiker Hermann Oncken, der Geograph Albrecht Penck, der Germanist Julius Petersen, der Kunsthistoriker Wilhelm Pinder, der Altphilologe Wolfgang Schadewaldt, der Orientalist Hans Heinrich Schaeder, der Bankdirektor Oscar Schlitter, der Philosoph und Pädagoge Eduard Spranger, der Altphilologe Johannes Stroux, der Kunsthistoriker Werner Weisbach, der Archäologe Theodor Wiegand und der Althistoriker Ulrich Wilcken.

Die Satzung der seit 1862 bestehenden Gesellschaft sah vor, dass man sich alle vierzehn Tage im Haus eines Mitglieds, das für geistige und leibliche Nahrung sorgen sollte, zur freien wissenschaftlichen Unterhaltung einfand – unter Ausschluss der Tagespolitik.[114] Zum Vortrag des Physikers Werner Heisenberg am 12. Juli 1944, in dem es um die Bedeutung der Kernenergie ging, traf man sich ausnahmsweise im Harnack-Haus, die Häuser einiger Mitglieder waren bereits zerstört. Die Grundgedanken des jeweiligen Vortrags musste der Referent des Abends schriftlich niederlegen und in einen Protokollband eintragen. Darin finden sich sowohl kurz gefasste Gedächtnisstützen als auch perfekt ausformulierte Vortragsunterlagen. Nur Sauerbruch weigerte sich, Protokolle zu schreiben. Man akzeptierte seine exzentrischen Züge.

War ein Protokollbuch voll, wurde es offiziell der Bibliothek der Akademie der Wissenschaften übergeben; die Spur der Gelehrten sollte dem Strom des Vergessens entrissen werden. Die Protokolle kamen ins Archiv, ein Glücksfall. Paul Fechter entnahm den Handschriften der Protokolle nach Art der zeitgenössischen Graphologie Charakterzüge der Vortragenden:

«Hassells große, energische Schriftzüge mit ihrer dekorativen, Seiten ausfüllenden Wirkung neben Becks klar gestrafften, zuchtvoll geführten Linien mit ihrer ganz leichten Neigung zum Absinken nach rechts, eine Schrift, die ebenso auf einen künstlerischen Menschen wie auf einen Mann der Tat schließen läßt, Wilhelm Pinders nervös zeichnerische Zeilen, zuckend wie sein Gesicht und zuweilen ebenso genial ausbrechend neben Pencks kleinen, intensiven Dokumenten einer Generation, die noch aus anderen Welten herkam als wir.»[115] Nur ausnahmsweise, bei größeren Festveranstaltungen wie Jubiläen des Kreises, verzeichnet das Protokoll «mit Damen».

Die Liste der Mitglieder in den Jahren ab 1932 lässt nicht vermuten, dass es zu einer fachspezifischen Auseinandersetzung der Experten kam. Dennoch war der Kreis stabil, er überstand mehrere Zerreißproben. Friedrich Meinecke, der von 1914 bis 1931 der Gesellschaft angehörte, sprach von der «gleichmäßig temperierten Wärme» des Kreises. Zugleich machte er auf einen unheimlichen Zug aufmerksam: Die «Ruhe und Behaglichkeit» der Männerrunde habe oft zu stark kontrastiert mit dem, «was uns allen im Grunde das Herz schwer macht».[116] Wenn es 1983, als ein Großteil der Protokolle veröffentlich wurde, hieß, sie läsen sich heute wie «eine geheime Geschichte des Geistes im Dritten Reich», man treffe hier auf eine Akademie humaner Gesinnung, so wird man in Rechnung stellen müssen, inwieweit das Gerinnsel humanistischer Bildung des 19. Jahrhunderts in Ritualen der Höflichkeit zerfloss, in Distanzregeln, Berührungsscheu, Respekt vor der fachfremden Disziplin, Kollegialität und Scheinheiligkeit verebbte.

Üblicherweise fanden die Gelehrten Schutz in der «Exterritorialität» ihrer Disziplin, die sie als einen Raum relativer Autonomie inmitten des politischen Spannungsfeldes betrachteten.[117] Die Empfindung der «Exterritorialität» löst sich in der Mittwochs-Gesellschaft nach 1933 jedoch langsam auf. Deutlich wird das an ersten Konflikten mit dem Rassekundler Eugen Fischer und an den Reaktionen des Kreises auf die erzwungene Emigration des jüdischen Kunsthistorikers Werner Weisbach. Ansonsten lässt sich anhand der Sitzungsprotokolle die Ruhe und Behaglichkeit des Kreises erahnen. Am 15. Februar 1939 etwa hält Hermann Oncken einen Vortrag über die deutsch-englischen Beziehungen der Gegenwart, und der Literaturhistoriker Paul Fechter fängt die friedliche Atmosphäre ein: «Oncken sah die Einzelgeschichte aus dem Zusammenhang der Weltgeschichte, temperierte das Reale an der Idee und das Ideelle am Realen; so hörte man dem etwas schwerhörigen alten Herrn jedesmal mit Vergnügen zu.»[118]

Da nur die eigenhändig verfassten Vortragsskizzen der Referenten überliefert sind und die Diskussionen nicht protokolliert wurden, sind wir, was gelegentliche Kontroversen in der Gesellschaft betrifft, auf die Erinnerungen Paul Fechters und Werner Weisbachs angewiesen. Auffällig ist, dass die politische Praxis, in die einzelne Mitglieder aktiv verstrickt waren, selbst in Konfliktfällen in der Regel nicht Thema des Gesprächs wurde. Kam es zu kleineren Normverletzungen, konnte Popitz vermitteln. War Sauerbruch etwa wieder einmal unvorsichtig gewesen und hatte in einem Vortrag in der Schweiz von seinem Freund Professor Albert Einstein gesprochen, so erzählt Paul Fechter, habe Popitz ihn leicht verzweifelt von unten angesehen und zu ihm gesagt: «‹Chef, Chef – was haben Sie nun wieder angerichtet?› Sauerbruch lachte; Popitz aber meinte: nun habe er wenigstens wieder für ein paar Tage zu tun.»[119]

Gespenstisch blieb offenbar in all den Jahren die Anwesenheit des Generals und ehemaligen Reichsministers Wilhelm

Groener. Er nahm an jeder der Sitzungen teil – und schwieg. Ein steinerner Gast, der, mit Fechters Worten, «in sich hineinlebte».[120] Als Reichsinnenminister im Kabinett Brüning war Groener eine zentrale Figur in der Endphase der Republik gewesen. Man sagte ihm nach, er habe eine Versöhnung zwischen Reichswehr, Republik und Arbeiterschaft angestrebt. Seit seinem Sturz im Mai 1932 verzichtete er auf politische Äußerungen. In der Mittwochs-Gesellschaft kehrte er zu Themen seines militärischen Berufs zurück.

Am 7. Juni 1933 lud Eugen Fischer die Gesprächsrunde in seine Wohnung im Kaiser-Wilhelm-Institut für Anthropologie, menschliche Erblehre und Eugenik nach Dahlem ein. Von Haus aus Anatom, war Fischer 1898 mit seiner Dissertation über die «Anatomie der weiblichen Urogenitalorgane des Orang-Utan» aufgefallen, 1933 publizierte er eine Studie über die «Rehobother Bastards», eine Volksgruppe in Deutsch-Südwestafrika. In seinen Feldforschungen versuchte Fischer den Nachweis zu erbringen, dass die Vererbung von Rasseeigenschaften den Mendel'schen Gesetzen folge. Er schloss aus seinen Ergebnissen, dass jede Kreuzung zwischen verschiedenen menschlichen Rassen auf Dauer für die «höherstehende» Rasse verhängnisvoll werden müsse.[121] Ein Gedanke, der vor dem Horizont der humanistischen Bildung im Gelehrtenkreis delikat oder peinlich gewesen sein könnte. Die Mittwochs-Gesellschaft musste damit umgehen.

Persönlich, das räumte Werner Weisbach noch im Exil ein, sei Fischer ein ehrenwerter Mann gewesen, wenn er auch wenig später als Rektor der Berliner Universität auf Weisung des NS-Kultusministeriums den Nestor der alten Geschichtswissenschaft, Hermann Oncken, entließ. In der darauffolgenden Sitzung der Mittwochs-Gesellschaft fehlte Fischer; danach nahm er wieder an den Treffen teil, als ob nichts geschehen wäre. Fischer wurde Richter am Erbgesundheitsgericht und Generalarzt für rassenbiologische Fragen. In diesen Funktionen begründete er die eugenischen Maßnahmen des Regimes. In der Zeitschrift «Das Heimatland» schrieb er: «Volkstum und Kultur sind rassen- und erbbedingt. Das ist der eigentliche Kern der nationalsozialistischen Rassebewegung. (...) Die Welt horcht auf, daß heute Männer ihr Volk wachgerüttelt haben und laut verkünden: zurück zu ihrem Rassebewußtsein.»[122] Nicht ohne Grund erhielt Fischer 1944 die höchste wissenschaftliche Auszeichnung des NS-Regimes: den «Adlerschild des Deutschen Reiches». 1952 wurde er Ehrenmitglied der Deutschen Gesellschaft für Anthropologie, 1954 Ehrenmitglied der Deutschen Gesellschaft für Anatomie.

Die schillerndste Figur der Mittwochs-Gesellschaft war Ferdinand Sauerbruch. Bei den Vorträgen der Verschwörer Popitz, Beck und Hassell war er immer anwesend; mit NS-Ideologen wie Eugen Fischer und Wilhelm Pinder geriet er heftig aneinander. Fanden die Sitzungen im Haus von Fischer oder Pinder statt, fehlte Sauerbruch. Als Reichsforschungsrat genehmigte er indes Experimente mit Senfgas in Konzentrationslagern, bei denen der Tod der Versuchspersonen billigend in Kauf genommen wurde. Es ist unklar, ob er über diese Folgen informiert war. Zu seiner Entlastung sollte die Verteidigung später anführen, Sauerbruch habe annehmen dürfen, dass die Experimente an Menschen vorgenommen wurden, die ohnehin zum Tode verurteilt waren.[123]

Am 26. April 1933, kurz nach der Machtübernahme der Nationalsozialisten, kam es anlässlich des Vortrags von Johannes Popitz «Über die jüngste deutsche Entwicklung» zu Spannungen im Kreis, die schwer zu «temperieren» waren. Popitz brach mit dem in der Satzung festgelegten Prinzip, keine tagespolitischen Ereignisse ins Zentrum der Gespräche zu stellen. Man wusste, dass er für Hermann Göring schwärmte. Jetzt rechtfertigte er Hitlers Machtübernahme: Eine wachsende nationale Opposition habe sich den «jeder totalen Idee entbehrenden Kräften» der Systemparteien Weimars entgegengestellt. Auf dem «Weg der Revolution» werde die nationalsozialistische Bewegung den «der Nation entfremdeten Staat mit seiner nur formalen, uneinheitlichen polykratischen Verfassung» und einer Beamtenschaft, «die keine Gesinnungsgemeinschaft mehr bildete», beseitigen. Es gehe um die Überwindung der pluralistischen Kräfte «durch rücksichtslose Ausnutzung der Aufhebung aller Freiheitsrechte», die diesen Kräften Spielraum verschafft habe. Noch nicht geklärt sei indes, inwieweit Persönlichkeitswerte und Privatinitiative erhalten bleiben würden und ob sich die Wandlung nach dem faschistischen Vorbild Italiens vollziehen oder sich auf eine «auf Verantwortungsbewusstsein und Wissen gegründete, mit dem Volk verbundene und ihm dienende Herrenschicht» stützen werde.[124]

Werner Weisbach erinnerte sich später an die zwiespältige Reaktion der Runde: Die Mehrheit habe spontan Beifall gespendet, «ein Mann wie Groener allerdings saß stumm und regungslos».[125] Die Mehrheit? Anwesend waren neben Weisbach und Groener der Jurist Bill Drews, der Meteorologe Heinrich von Ficker, der Anthropologe Eugen Fischer, der Kirchenhistoriker Hans Lietzmann, der Geograph Alfred Penck, der Chirurg Ferdinand Sauerbruch, Bankdirektor Oscar Schlitter, der Archäologe Theodor Wiegand und der Althistoriker Ulrich Wilcken. Die kleine Versammlung mag den Schatten des Staatsrechtlers Carl Schmitt gespürt haben, der auf die Ausführungen von Popitz fiel. Werner Weisbach jedenfalls hielt Popitz' Darstellung der «Revolution» für «frivolen Zynismus». Er war empört darüber, dass der Finanzfachmann die neue Staatsform «Herrendienst am Volke» genannt hatte.[126]

Als dem jüdischen Weisbach am 11. Mai 1935 mitgeteilt wurde, dass seine Aufnahme in die Reichsschrifttumskammer abgelehnt worden war, solidarisierte sich die Mittwochs-Gesellschaft mit dem Kunsthistoriker; bald darauf ging Weisbach ins Schweizer Exil.

Wie sich in diesem kleinen Wissenschaftskolleg, das sich in Höflichkeit, Diskretion und Gleichgültigkeit übte, nach 1939 Widerstand formieren konnte, ist nicht leicht zu erklären. Einige der Mitglieder konnten die «gleichmäßig temperierte Wärme» der wissenschaftlichen Scheingefechte, die Friedrich Meinecke im Kreis erfahren hatte, offenbar nicht länger aushalten. Ein Brennpunkt des Widerstands bildete sich um Ludwig Beck, der sich als Generalstabschef dem Plan Hitlers widersetzt hatte, die Tschechoslowakei in absehbarer Zeit zu zerschlagen, und am 18. August 1938 von seinem Amt zurückgetreten war; aber auch um den Diplomaten Ulrich von Hassell, den Nationalökonomen Jens Jessen und schließlich um Johannes Popitz.

Dass die Gesellschaft, wie die Gestapo nach dem 20. Juli 1944 feststellte, ab 1938 ein «Kristallisationspunkt» gegnerischer Kräfte geworden sei, lässt sich an den Themen der Vortragsserie in den Jahren zuvor nicht ablesen. Natürlich könnte man selbst Alfred Pencks Vortrag am 18. Januar 1939 «Über die Eruption der Nordleute (Wikinger)» durchaus aktuelle geopolitische und rassenkundliche Implikationen entnehmen. Der Geograph, wie Fechter sich erinnert, eine «mächtige Erscheinung mit scharfen Umrissen», begann seinen Wikinger-Vortrag mit der erzählerischen Brisanz einer Novelle: «Bei Beginn des 9. Jahrhunderts erscheinen plötzlich normannische Seeräuber an den deutschen, nordfranzösischen, englischen, irischen Küsten, wenig später an den mittelmeerischen; Wikinger setzen sich an den Südküsten der Ostsee fest und gelangen am Dnjepr bis ans Schwarze Meer. Überall kommen sie in Kielbooten, die sie in sehr vollkommener Form beim Einwandern in ihre seenreiche nordische Heimat entwickelt hatten und mit denen sie auf die offene See gingen, als sie die Landnahme vollendet hatten.» Nachdem Penck die abenteuerliche Geschichte von Eroberungen, Assimilierungen und Niederlagen der Wikinger ausgebreitet hatte, mündete sein Vortrag mit sanfter Stimme in einer hauchdünnen Provokation. Das Schicksal der Nordleute in Grönland sei ein lehrreiches Beispiel dafür, «wie rasch eine tüchtige Rasse degenerieren kann». Es sei darum ein großer Fortschritt, dass man seit einem Jahr «den nordischen Menschen nicht mehr als eigentlichen Träger des deutschen Volkstums» feiere. Man spreche einfach nicht mehr von ihm.[127] Nervenkitzel unter den Gelehrten. Eugen Fischer mag dazu genickt haben; seine Anthropologie im Institut der Kaiser-Wilhelm-Gesellschaft war anpassungsfähig.

Gelegentlich gelang es Johannes Popitz, die unterschiedlichen Sphären der Gelehrten zu verbinden. Bei jeder Premiere des Staatstheaters saß er mit seiner Tochter Cornelia auf seinem Stammplatz im ersten Rang. Paul Fechter berichtet: «Als Gründgens die ausgezeichnete Aufführung von Grillparzers ‹Bruderzwist im Hause Habsburg› herausbrachte und man bald nach der Aufführung wieder bei Popitz zusammenkam, hielt er einen seiner schönsten Vorträge über die Frage, ob für das deutsche Volk in der Zeit zwischen dem Augsburger Religionsfrieden und dem Ausbruch des Dreißigjährigen Krieges die Möglichkeit bestanden hätte, die ihm in seiner Geschichte gestellte Aufgabe der Staatswerdung zu lösen und die Katastrophe des Religionskrieges durch eine staatsmännische Tat zu vermeiden.»[128] So erlebte man im geselligen Kreis die «geistige Spannweite» des Finanzministers, der nach Ansicht Fechters «das Zeug besaß, auch in verworrenen Zeiten das Steuer eines Staates zugleich stark und klug zu lenken».[129]

Nur wenige Vorträge in den Jahren 1939 bis 1944 hatten einen explizit politischen Inhalt: Am 1. Februar 1939 hielt Eduard Spranger den Vortrag «Die Weltgeschichte ist das Weltgerichte»; am 24. April 1940 sprach Ludwig Beck «Über den Krieg»; am 11. Dezember 1941 Johannes Popitz «Über den Begriff ‹Reich›»; am 26. November 1942 Ulrich von Hassell «Über die Persönlichkeit Mussolinis»; am 17. Juni 1942 Ludwig Beck «Über die Lehre vom totalen Krieg»; am 28. Oktober 1942 Alfred Penck «Über die Verteilung der Menschheit auf der Landoberfläche»; am 2. Juni 1943 Johannes Popitz «Über die zukünftige Gestaltung der Sozialordnung»; am 14. Juli 1943 Jens Jessen «Über das Gesetz von der wachsenden Ausdehnung des Finanzbedarfs».

Am 28. Juni 1944 schließlich sprach Johannes Popitz «Über den Begriff des Staates». Ein Abgesang auf den preußischen Staatsbegriff, den er 1933 in der Mittwochs-Gesellschaft gefeiert hatte. Selbst Carl Schmitt sehe im Staat inzwischen nur noch eine zeitgebundene Organisationsform des 19. Jahrhunderts. Er selbst, Popitz, zweifele aufgrund seiner Erfahrungen im letzten Jahrzehnt an der «Ursprünglichkeit» des Staates und an der Vorstellung, dass – um das von ihm verfasste Protokoll zu zitieren – «alle anderen im Staat bestehenden Herrschaftsgewalten ihre Macht vom Staat ableiteten. Dem Staat stehe kein Monopol auf die Herrschaftsgewalt zu, wohl aber sei seine Herrschaftsgewalt den anderen im Staat bestehenden an echtem Wirkungsgrad überlegen.»[130] Dieser letzte Satz ist rätselhaft.

Dachte Popitz als Etatist und Chef eines großen Ministeriums an die auf legaler Grundlage handelnde Bürokratie, die anderen Mächten im Staat formal überlegen ist? Dachte er an die Geheime Staatspolizei, die ihn jetzt Tag und Nacht beobachtete? Ängstlich verklausulierte Sätze: Für den «Allgemeinbegriff des Staates sei der Zustand des Unterworfenseins unter die Herrschaftsgewalt allein dasjenige, was die zum Staat gehörende Menschengruppe zum Kollektivum» mache.[131] Der Allgemeinbegriff des Staates, das wird ihm Carl Schmitt vermittelt haben, ist inzwischen nur noch Schall und Rauch.

Politisch brisante Themen bleiben die Ausnahme und werden ausgeglichen von Vorträgen wie denen des Latinisten Johannes Stroux «Über den Römischen Witz und seine Theorie», des weltberühmten Botanikers Ludwig Diels «Über die Wüste Deutsch-Südwestafrikas», des Kirchenhistorikers Hans Lietzmann «Über die Volksfrömmigkeit im 4. Jahrhundert», des Germanisten Julius Petersen «Über Goethes Elsaß», des Philosophen Eduard Spranger «Über das Wesen der Lebensalter», des Kunsthistorikers Wilhelm Pinder «Über Sonderleistungen der deutschen Kunst» oder des Altphilologen Wolfgang Schadewaldt «Über die Gestalt des Homerischen Sängers». Vielleicht wäre den politisch unscheinbaren Vorträgen mithilfe der Hermeneutik Subversives abzugewinnen. Womöglich lag ihre Funktion aber auch nur darin, den Mitgliedern im lebensgefährlichen Berliner Alltag zwischen Bombardement und Überwachung eine Atempause zu verschaffen und den Schein der Exterritorialität ihrer Wissenschaft aufrechtzuerhalten.

Auffällig ist, dass sich unter den sechzehn Mitgliedern kein Soziologe befindet. Keine Spur der Max-Weber-Schule; was in Heidelberg, Frankfurt und Freiburg in den zwanziger Jahren entwickelt wurde, kam in der Mittwochs-Gesellschaft nicht vor.

Die neuen Medien des Rundfunks und Films spielten in diesem Kreis ebenfalls keine Rolle. Vertreter der naturwissenschaftlichen Disziplinen wie der Geograph Alfred Penck, der Botaniker Ludwig Diels und der Physiker Werner Heisenberg waren von größerem wissenschaftlichen Gewicht als die Geisteswissenschaftler. Bildete die Mehrheit der Gruppe eine Endmoräne der Wissenschaften des 19. Jahrhunderts? Bei der Verteidigung des Kunsthistorikers Weisbach demonstrierte der Kreis, dass es auch um Ehre ging. Es gibt kein Indiz dafür, dass die Akteure des Widerstands von Mitgliedern des Kreises verraten wurden.

Möglicherweise wandte sich im Fall von General Ludwig Beck und Ulrich von Hassell ein bürgerliches Kriegerethos gegen ein Regime, das das Regelwerk des Kriegshandwerks mit Füßen trat. Während die Angehörigen einer jüngeren Generation, aus der sich die Funktionselite des NS-Staats rekrutierte, nach dem Ersten Weltkrieg oftmals die Empfindung hatten, in einer normativen Leere zu stehen,[132] scheinen die Älteren auch nach dem Krieg in Wertesystemen des 19. Jahrhunderts Zuflucht gefunden zu haben. Das verlieh Letzteren eine prekäre Stabilität. Der Gelehrtentypus des 19. Jahrhunderts panzerte sich gegen die Abgründe der existenziellen Verunsicherung, der von dem Materialismus aller Disziplinen ausging. Man weigerte sich, wie die Jüngeren die Tabula rasa der normativen Leere zum Konstruktionstisch für eine neue Gesellschaft zu machen und die Langeweile parlamentarisch geregelten Ausgleichs durch Experimente gefährlichen Lebens auszuhebeln. Die Gelehrten kamen ohne den Heroismus des «verlorenen Postens» aus, wie er in Spenglers «Der Mensch und die Technik» anklingt: «Der Bürger muß auf dem verlorenen Posten ausharren, wie jener römische Soldat, dessen Gebeine man vor einem Tor in Pompeji gefunden hat, der starb, weil man beim Ausbruch des Vesuvs vergessen hatte, ihn abzulösen.»[133] Sie hatten diesen Heroismus im Kokon ihrer Disziplinen nicht nötig. Der Politische Existenzialismus, der gegen Ende der Weimarer Republik den Ernst des Lebens in der Feindberührung zu finden glaubte, lag ihnen ebenfalls fern. Zuweilen ging ihr szientifischer Habitus mit der Annahme einher, sich auf einem Lebensgrund zu bewegen, der sich gleichgültig gegenüber den Werten verhielt, mit denen sie ihr Leben gegenwärtig organisierten. Der Botaniker, der Geograph, der Latinist, der Papyrusforscher ... Sie alle scheinen sich den Sachinstanzen des «Lebens» in einer Demut gebeugt zu haben, die ihre subjektiven oder strategischen Gesichtspunkte ausgeschaltet hat. Das Ethos ihrer Disziplin wirkte wie eine Quarantäne, die es erlaubte, sich aus den politischen Kämpfen herauszuhalten. Ohne es zu wollen, bildeten sie einen Stabilitätsfaktor in der Diktatur. Doch ausgerechnet die Tugend der Ehre sollte in einigen seltenen Fällen die Kapsel der Gleichgültigkeit sprengen.

Und unsere vier Staatsräte? Sauerbruch ist überall zu finden. Als genialer Sonderling mit dem Handwerkethos eines medizinischen Bastlers auf höchstem technologischen Niveau, als Narr in politischen Gefahrenzonen. Gründgens verbrannte die Scham des Mitläufertums in seinen Simulationen des Bösen auf der Bühne. Finanzminister Johannes Popitz, mit Schmitt befreundet und mit Sauerbruch vertraut, wollte zu guter Letzt den Staat durch einen Staatsstreich retten.

In der umfangreichen Gästeliste von Carl Schmitt in seinen Berliner Jahren wird außer Popitz nur Jens Jessen genannt, zu anderen Mitgliedern der Mittwochs-Gesellschaft bestand offenbar keine Verbindung. Mit Eduard Spranger stand Schmitt seinerseits auf der Gästeliste zum Präsidentenessen der Kaiser-Wilhelm-Gesellschaft am 16. Januar 1934. In einer frühen Auflage seiner Schrift «Der Begriff des Politischen» hatte er Spranger neben Helmuth Plessner als Gewährsmann in Fragen der Anthropologie erwähnt. Von 1922 bis 1933 stand er in engem Kontakt zu ihm. 1933 entfernte er beide Namen. 1945 sollte Schmitt von Spranger, mittlerweile Rektor der Berliner Universität, einen Entnazifizierungsfragebogen vorgelegt bekommen, dessen Ausfüllung er verweigerte, was zum völligen Abbruch der Verbindung führte.

Furtwängler, Gründgens, Popitz, Schmitt und Sauerbruch waren jünger als die Mehrheit der Mitglieder in der Mittwochs-Gesellschaft. Ihr Handlungsfeld war nicht vorrangig der Wettbewerb der Disziplinen in der Universität. Sie waren Solitäre ihrer Zunft, Exzentriker in jedem Fall, standen in teils permanenter, teils gelegentlicher Tuchfühlung zu Entscheidungsträgern des Nationalsozialismus. Alle vier hatten einen hohen Unterhaltungswert im Dritten Reich. Nach dem Krieg zehrten sie von der Behauptung ihrer Unschuld.

# II. GEISTERGESPRÄCHE

## ERSTER TEIL

Gottfried Benn wäre ein scharfsichtiger Beobachter der vier Staatsräte gewesen, hätte er an ihren Treffen teilgenommen. Keiner hat so zielsicher wie er Herrenclubs im intellektuellen Milieu gezeichnet: in der Klinik, im Kasino, im Weinhaus und im Salon, Ordinarien oder Privatpersonen «mit regelrechter Männeratmung», «schlechtem Atem der Asketen, aus ermatteten Geschlechtlichkeiten».[1] Hier treffen sich Männer, um sich wechselseitig als Persönlichkeiten mit eigenem Gravitationsfeld, unvergleichlichen Meinungen und markantem Profil zu bestätigen. Notfalls gewöhnen sie sich einen kleinen Tick an (das nervöse Hin-und-her-Wischen des Fingers, den imaginären Taktstock, mit dem die Rede Struktur erhält, das Schlürfen des Weins, das den Kenner auszeichnet), um als unverwechselbar zu gelten. Ihre Begriffe sind Spielmarken im flotten Kommunikationsspiel. «Die Herren waren erregt und fliegend, sie bäumten sich vor Rede und Gegenrede, wurden zackig vor Stellungnahme und von Eigenstem rauh.»[2] Die Summe ihrer Verlautbarungen bildet einen sensomotorischen Bogen, der sie zusammenschließt.

Zu behaupten, dass die Staatsräte sich bei ihren Treffen, die im Folgenden stattfinden sollen, austauschen würden, wäre stark übertrieben. Sie bäumen sich nicht auf vor Rede und Gegenrede, werden selten zackig vor Stellungnahme; nur Furtwängler wird zuweilen von Eigenstem rau. Eher berührt es sie peinlich, wie fremd, ja, unausstehlich sie einander sind. Furtwängler zum Beispiel wartet meist auf die Stille zwischen den Sätzen, sein einziges Maß der Nähe zu anderen Menschen. Gründgens meldet sich, wenn es ihm passt, mit Migräneanfällen ins Schweigen ab, Sauerbruch wartet ungeduldig aufs Buffet, Schmitt hebt die Augenbrauen, wenn er nicht selbst doziert.

Ist es der «Staat», an dem sich die gemeinsame Leidenschaft der Staatsräte entzündet? Der Titel, den Göring ihnen verliehen hat, legt es nahe. Theoretisch hat sich nur der Staatsrechtler Schmitt damit befasst; auf ihn wirkt die Vorstellung, am neuen Staate mitschrauben zu können, wie eine Droge. Wenn er je die kristalline Härte des totalen Staats liebte, dann vielleicht bis zum Röhm-Putsch am 30. Juni und 1. Juli 1934. Mit der Losung «Der Führer schützt das Recht» rechtfertigte Schmitt die Ermordung vieler Opponenten,[3] zugleich räumte er die letzten Reste des Rechtsstaatsdenkens beiseite. Seine Verteidigung der Morde wurde berüchtigt, neu war sie nicht. Roland Freisler hatte schon einen Monat zuvor in der «Deutschen Juristen-Zeitung» die Mordnacht legitimiert, als er schrieb, Hitler habe Gericht gehalten, sein Urteilsspruch sei «aus der reinsten Quelle unserer deutschen Sittenordnung geschöpft».[4] «Der Führer schützt das Recht vor dem schlimmsten Missbrauch», schrieb dann Carl Schmitt über das Geschehen auf der Titelseite der «Deutschen Juristen-Zeitung». «Der wahre Führer ist immer auch Richter. Aus dem Führertum fließt das Richtertum. Wer beides voneinander trennen oder gar entgegensetzen will, macht den Richter entweder zum Gegenführer oder Werkzeug eines Gegenführers und sucht den Staat mithilfe der Justiz aus den Angeln zu heben.»[5] In der Broschüre «Strafrichter und Gesetz im neuen Staat», die der Frankfurter Ordinarius für Strafrecht Heinrich Henkel verfasst hatte, hieß es 1934 denn auch unmissverständlich, dass der strafrechtliche Grundsatz «Keine Strafe ohne Gesetz» nichts anderes als der Ausdruck liberalen Sicherheitsbedürfnisses sei. Der nationalsozialistische Strafrichter brauche sich daran nicht mehr zu halten.[6] Er ist Lakai des Führers. Die peinlichen Juristen sprachen sich gegen jeden «justizförmigen» Prozess des Souveräns aus. Damit entsprachen sie dem Willen Hitlers. Wenn von gewisser Seite juristische Bedenken gegen die Niederwerfung der Revolte vorgebracht würden, so Hitler in einer Ministerbesprechung am 3. Juli 1934, könne er darauf nur entgegnen, dass es sich um eine «militärische Meuterei» gehandelt habe, bei der ein nachträgliches «prozessähnliches Verfahren» ausgeschlossen sei.[7]

Rechtsgelehrte aller Länder reagierten auf Schmitts Artikel mit rigoroser Ablehnung. Seine «konservativ-nationale Maske» sei nun endgültig gefallen. Die Legitimierung der «Säuberungsaktion», der auch Verfechter der nationalkonservativen Revolution (General Kurt von Schleicher, Gregor Strasser, Edgar Jung, Erich Klausener) zum Opfer gefallen waren, empörte intellektuelle Weggefährten der Weimarer Zeit. Es sei eines Staatsrechtslehrers unwürdig, die «anti-liberale Entkomplizierung des politischen Denkens und Handelns» im neuen Deutschland mitzuverantworten, bemerkte Adolf C. Rudolf Brendel in seiner Schrift über den «christlichen Ständestaat».[8] Darin lasse sich auch eine gewisse «Tragik des Dämonischen» entdecken, des «Dämonischen, das auf das innere Gesetz der Selbstvernichtung des Bösen» zurückgehe.[9] Ein rätselhafter Satz, der zeigt, dass Schmitt der Juristenzunft und konservativen Christen schon immer unheimlich gewesen war.

Von diesem Zeitpunkt an gehörte die Idee des Staates, wie sie einer von Schmitts Lieblingstheoretikern, Thomas Hobbes, konzipiert hatte, nur noch zur «Blendarchitektur», die die Herrschaft der NSDAP mehr schlecht als recht verbarg.[10] 1938 verfasste Schmitt, wie schon angedeutet, in seinem Buch «Leviathan» einen Nachruf auf die Staatsidee. Von einem «Rechtsstaat» oder gar einem «Hobbes-Kristall», wie er den technisch-neutralen Staat einmal nannte, konnte schon lange nicht mehr die Rede sein. Der «Führerstaat» hatte zu einem Zustand geführt, den Hobbes als «vorstaatlich» bezeichnet hätte, einen «Zustand der Unsicherheit, in dem man schließlich seines physischen Lebens nicht sicher ist, weil die Berufung auf Recht und Wahrheit nicht etwa Frieden schafft, sondern den Krieg erst ganz erbittert und bösartig macht».[11]

Schmitts Kollegen im Quartett der Staatsräte erfahren den Untergang des Staatsgedankens weniger direkt. Offensichtlich lassen sie sich lange von dem staatsmännischen Gehabe Hermann Görings blenden. Jeder schleppt den Resonanzraum seiner Disziplin mit sich herum, die Staatsoper, den NS-Rechtswahrerbund, das Schauspielhaus, die Gauleitertagung, die Mittwochs-Gesellschaft, den Reichsforschungsrat oder die Charité. Jeder hat in seinem Fach einen fachspezifischen Stoizismus entwickelt. Eine Gleichgültigkeit gegenüber anderen Wirkungsräumen der Nazi-Diktatur, die zum Himmel schreit. Paradoxerweise empfindet sich keiner als Glied einer «Volksgemeinschaft». Alle vier bleiben Exzentriker auf den begrenzten Feldern ihrer Disziplin.

## ERSTER ABEND, SEPTEMBER 1936 AUF GUT ZEESEN.
## GUSTAF GRÜNDGENS ÜBER DEN SCHEIN

Drei Staatsräte auf dem Weg zum vierten.

Es versetzt sie in gereizte Stimmung, einem Schauspieler zu begegnen, der auf der Bühne Gesten der Frivolität oder der Verzweiflung genauso gut vorführen kann wie Zynismen teuflischer Machthaber mit Pokerface, der als Mensch jedoch womöglich eine Unperson, eine graue Figur, ein unbeschriebenes Blatt abgibt. Er soll ja auch ein großer Bürokrat sein, flüstern Insider. Gern hätte man die Einladung des frisch hinzugekommenen Staatsrats abgelehnt, wäre da nicht die Gefahr gewesen, den gemeinsamen Gönner Göring zu kränken.

Herrlich ist das Domizil des Intendanten schon, das müssen die Staatsräte, mit Gründgens' Horch-Cabriolet hierherchauffiert, zugeben. Ein feudaler Landsitz, der, wie man sagen könnte, «preußische Einfachheit» ausstrahlt. Vielleicht kennen die drei den Bericht des jungen Dramatikers Erich Ebermayer, der zwei Jahre zuvor den wahrhaft fürstlichen Empfang bei Gründgens beschrieben hat: «Eine lange gerade Allee führt auf das Schloss hin: unter alten Bäumen am Ufer eines verschilften Sees der schöne, einfache Bau mit Hof und breiter Freitreppe. Fontane ist das erste Gefühl, das man hier hat, Stechlin, die Mark, Urpreußen. Ich wurde vom Diener durch eine Art Ahnengalerie – es sind nicht Gründgens' Ahnen – in einen großen kühlen Raum, des neuen Schlossherrn Arbeitszimmer, geführt: ‹Herr Gründgens wird sofort erscheinen.› Ich blicke aus den Fenstern in den verwunschenen Park hinaus und über den stillen See weit in die märkische Landschaft. Dass man nur fünfzig Autominuten von Berlin entfernt ist, erscheint fast unglaubhaft. Eine Welt für sich ist dieser verwunschene Winkel, Ruhe ausatmend und die große Unveränderlichkeit durch die Jahrhunderte hin. Nur dass heute auf diesem Herrensitz preußischer Kanzler Deutschlands erfolgreichster Theatermann, der fünfundreißigjährige Herr des Preußischen Staatstheaters, sitzt. Leichte Schritte. Gründgens im Dressinggown, unter dem der Schlafanzug hervorschaut, nackte Füße in schwarzen Pumps, tritt federnd elastisch ein.»

Gründgens hat das feudale Herrenhaus bei Königs Wusterhausen, südöstlich von Berlin, 1934 von dem Erben des jüdischen Bankiers Ernst Goldschmidt zu einem verdächtig niedrigen Preis erworben. Der dabei behilfliche Anwalt war Mitglied der SA und wurde noch im Juli desselben Jahres ermordet. Gründgens fragte damals nicht viel; er nutzte die Gunst der Stunde und die Vorteile seiner Stellung. Musste Goldschmidt, dessen Gut noch mit einer Hypothek belastet gewesen war, nicht froh sein, überhaupt etwas dafür zu bekommen?

Das Haupthaus und die Nebengebäude besitzen fünfundzwanzig bis dreißig Zimmer, genau weiß man es nicht. Außerdem gibt es eine Scheune, einen Tennisplatz, Ställe, einen Gemüsegarten, ein Gewächshaus, Blumenbeete und Obstplantagen. Die Belegschaft der Preußischen Staatstheater besteht aus ungefähr 1450 Personen, ein fürstliches Anwesen für den Generalintendanten scheint daher angemessen.

Der Chirurg, der Jurist und der Dirigent, die Gründgens – diesmal nicht mit nackten Füßen und im Dressinggown, sondern im einfachen Zweireiher – begrüßt, sind sich da weniger sicher. Der Hausherr zeigt ihnen sein Schlösschen: im Erdgeschoss, entlang der Glasveranda, die drei Speise- und Empfangszimmer, im oberen Stock die beiden durch ein gemeinsames Frühstückszimmer verbundenen Appartements des Ehepaares sowie sein Bibliotheks- und zugleich Arbeitszimmer.

Strahlt Gründgens als Schlossbesitzer immer noch den gefährlichen Charme des Gemeinen aus, den die drei vom Weimarer Film und Theater kennen? Keine Spur, vorerst, findet Sauerbruch. Der Schein des Bösen täte mir auch gut, seufzt Furtwängler. Görings Spielzeug, denkt Schmitt. Der Jurist erinnert sich an Diderots Paradox des Schauspielers: «Weil er nichts ist, kann er alles sein.» Warum überhaupt maßt sich Gründgens in seinen berühmt-berüchtigten Rollen «fouchéhafte» Züge an, die Franz Blei ihm, Carl Schmitt, in dem Roman «Talleyrand oder der Zynismus» zugeschrieben hat? Der wahrhaft Böse, denkt Schmitt, spielt kein Theater, und er geht bis zum bitteren Ende, bis es todernst wird. Als Schauspieler hat ihm Gründgens ohnehin nur in der Rolle des Direktors im faustischen «Vorspiel auf dem Theater» imponiert. Als Regisseur verschmierte er Schillers «Wallenstein» total.

Außerdem hat sich Schmitt diesen Gesprächskreis nicht ausgesucht, er erwartet an diesem Abend viel Blendwerk, wenig Substanz. Noch am Vormittag hat er eine Stelle in Nicolas Farets «Maximen der Konversation» von 1634 gefunden, die ihn zumindest Hoffnung schöpfen lässt: «Gewiß ist es ein ärgerlicher Zwang für eine freie Seele, sich unter oft so verschiedenen und der eigenen so entgegengesetzten Gemütsarten aufzuhalten; und für einen einigermaßen gewandten und willfährigen Mann ist es schwer, nicht schließlich ärgerlich darüber zu werden, daß er sich so verstellen und sich oft Zwang antun muß. Aber er wird sich dann unter feinen Menschen, die wie er in jeglicher Hinsicht edelmütig sind, voll für diese schlimmen Stunden entschädigen.»

Furtwängler muss sich zusammenreißen, Gründgens als Youngster, immerhin ein Vierteljahrhundert jünger als er, nicht zu verachten. Das gleiche Kaliber wie sein junger Konkurrent Karajan – oberflächlich, erfolgsgeil, technikaffin.

Sauerbruch hat die Fahrt im Cabriolet genossen, was nun kommt, ist ihm egal. Maximen der Konversation bestimmt normalerweise er: der Operationssaal – Diktatur im Kleinformat. Hauptsache, sie können sich nach fünfzig Minuten im Fahrtwind schlosswürdig stärken.

Der irische Terrier Heros schnüffelt auf der Terrasse an den Hosenbeinen der Staatsräte. Als Gründgens, Hände in den Hosentaschen, Schultern hochgezogen, für einen Moment nicht hinsieht, stößt Schmitt, der selbst Hunde im Haus hat, das Tier weg.

Gründgens mag die karge Natur Brandenburgs, auf die sie von der Terrasse aus blicken. Sie hat etwas «Sachliches». Nun fragt er sich, wie er in diese peinliche Gesellschaft von Würdenträgern geraten ist. Zumindest ist er neugierig auf die Inkarnation des bösen Staatsrechtlers, der noch in seinem Rollenrepertoire fehlt. Wahrscheinlich eine Spielernatur, denkt Gründgens, wie alle Süchtigen davon besessen, in eine Sphäre einzutreten, in der das Spiel aufhört, Spiel zu sein. Er kennt die Angstlust von der Bühne.

Der Generalintendant lässt die Herren erst einmal ankommen und spielt mit der silbernen Spitze seiner Zigarette. Ja, sein Mephisto der Theatersaison 32/33 hat es Göring angetan. Die Premiere konnte erst mit einer Viertelstunde Verspätung beginnen, daran erinnert sich Gründgens noch. Vielleicht war der nagelneue Ministerpräsident Preußens nicht rechtzeitig mit seiner Toilette fertig geworden. Görings Auftritt, so hat man Gründgens berichtet, lief dann allerdings betont dezent ab. Solange das Licht im Saal brannte, hielt Göring sich diskret im Hintergrund seiner Loge auf. Erst als der Vorhang sich hob, setzte er sich, wobei er ein leises Ächzen hören ließ, denn es bereitete ihm Mühe, seinen Leib auf dem relativ schmalen Fauteuil in Ordnung zu bringen. Im Laufe der ersten Akte habe er, wie Zuschauer erzählten, ein pflichtgemäß ergriffenes Gesicht aufgesetzt. An der Stelle mit «des Pudels Kern» lachte der schwere Würdenträger laut und herzlich, während er beide Arme auf die rot samtene Brüstung der Loge stützte. Und als Gründgens' Mephisto endlich die Verse sprach: «So ist denn alles, was ihr Sünde, / Zerstörung, kurz, das Böse nennt, / mein eigentliches Element», habe der Schutzherr schmatzend, geradezu gutherzig, genickt. Gründgens in innigem Einvernehmen. Empathie war seinem Dienstherrn also nicht fremd. So war er, Gründgens, schließlich in diesen Kreis geraten.

Die Staatsräte sitzen auf der Zeesener Terrasse, sie sind ruhebedürftig. Ist der Schutz, der Göring ihnen gewährt, das Einzige, das sie verbindet? Hermann Göring, dieser «unglaubliche Gentleman», so Gründgens, dieser so «seltsame Mensch», diese «gewissermaßen gutmütige Verbrechernatur». Göring hat Gründgens seine altgermanische Schwertersammlung gezeigt, für den Regisseur nur Requisiten. Seine das deutsche Volk immer von neuem erstaunenden Uniformen: Kostüme aus dem Fundus der Operette. Adolf Hitler toleriert Görings Kostümierungslust, weiß später in Nürnberg Albert Speer zu berichten. «Wenn ich einfach bin», habe Hitler ihm gesagt, «dann muss meine Umgebung mit Orden behängt und prunkvoll ausgestattet sein. In diesem Rahmen wirkt meine Einfachheit stärker.» Darum habe er nichts an den «Blechläden», mit denen sich Göring behänge, auszusetzen.

Sauerbruch hat in der Mittwochs-Gesellschaft aus dem Mund des Botschafters von Hassell gehört, dass Graf Ciano, der italienische Außenminister, Görings Ausstaffierungslust als degoutant empfunden habe – etwa den berühmten Zobelmantel, den sonst nur hochklassige Prostituierte in der Oper trügen. Weiß Göring vom Spott der Generäle?

Gründgens amüsiert die kindliche Freude seines Mentors, sich zu verkleiden. Nur einmal, als Gründgens, im Vorzimmer wartend, den jungen Löwen, den sich Göring als Haustier hielt, hereinlaufen sah, wurde es brenzlig. Er hielt sich das Tier mit zahlreichen Kissen, die er ihm entgegenwarf, vom Leib und seufzte: «Generalfeldmarschall gut – aber Generalfeldmarschall und Löwe – das ist zu viel!»

Für die Gunst der Mächtigen erträgt man vieles. Ohne den Schutz von Emmy und Hermann Göring hätten Gründgens und seine Frau Marianne ihre klandestinen Aktionen, mit denen sie Schauspielerinnen und Schauspieler retteten, nicht arrangieren können – Gründgens selbst wäre zuvor womöglich vom homophoben Mob der SS umgebracht worden. In einem der beiden Kavaliershäuser von Gut Zeesen versteckt Gründgens seinen Sekretär Erich Zacharias-Langhans, den er als Halbjuden nicht mehr beschäftigen darf. Emmy Göring, die Gründgens als Schauspielerin Emmy Sonnemann protegiert hat, sichert ihm jetzt den Zugang zum Machthaber, so dass er mit Erfolg für die jüdischen Ehefrauen seiner Kollegen eintreten kann. Er ist am nächsten dran an der Macht, näher als Schmitt, der die Nähe des Schauspielers zum zweiten Mann im Staat ätzend findet.

Gründgens schätzt Sauerbruch im Handwerklichen, der Chirurg gilt als Meister des Skalpells. Die beiden anderen sind ihm suspekt. Brüderliche Zuneigung empfindet er eigentlich nur für den Erfinder des Staatsrats, Johannes Popitz. Der preußische Beamte, dem er als Intendant in allen budgetären Fragen rechenschaftspflichtig ist, wirkt auf ihn wie der Inbegriff der Sachlichkeit. Wenn Theo Lingen, einer von Gründgens' Star-Schauspielern, mit einem Leitz-Ordner zu ihm kommt, um alles zu belegen, imponiert ihm das außerordentlich. Gründgens ist nicht nur Schauspieler, er ist, zum Staunen seiner Mitarbeiter, auch ein geschliffener Bürokrat, in solchen Dingen sachlich bis ins Herz.

Wenn schon nicht über die mühevolle Verwaltung der Preußischen Staatstheater, so hätte es doch nahegelegen, wenn Gründgens an diesem Abend über seine berühmte Inszenierung des «Hamlet» gesprochen hätte. Er hat den Hamlet in sechs Spielzeiten über hundertsechzig Mal gespielt, und sie alle haben ihn gesehen. War es nicht die Sehnsucht jedes deutschen Mannes, *nicht* Hamlet zu sein? Hamlet, dem bei jeder Entscheidung die Phantasie in die Quere kommt, ein grüblerischer Zauderer zwischen Traum und Tat? Ja, Hamlet wäre ein brisantes Thema gewesen. Zumal Gründgens den dänischen Prinzen Zuschauern zufolge gar nicht als ewigen Zweifler dargestellt hat. Zeitgenossen erkannten in seiner Darbietung vielmehr den gleißenden Hohn eines Höllenfürsten. Er habe eine «drohende Schweigsamkeit» verkörpert, aus der blitzschnell die überraschende Tat hervorbreche, schrieb ein Kritiker. Gründgens' Hamlet hat keine Angst davor, Komödie zu spielen. Letzten Endes will er nur schlafen.

Ach was, denkt Furtwängler, Gründgens hat Hamlet doch nur als einen preußischen Leutnant mit neurasthenischen Zügen, als Draufgänger mit nervösen Störungen dargestellt. Das geringschätzige Urteil von Klaus Mann ist ihm zugetragen worden.

Der «Völkische Beobachter» hat defätistische Züge und

Dekadenz in Gründgens' Auslegung der Rolle entdeckt. Hamlet, ein Held «reinsten nordischen Blutes und Geistes», wie es dort hieß, werde bei Gründgens zu einem Nachfolger von Oscar Wildes Gentleman-Verbrecher Dorian Gray. Eine Anekdote macht die Runde: Die vernichtende Kritik des «Völkischen Beobachters» soll Gründgens noch am selben Tag veranlasst haben, die Flucht zu ergreifen und bei Nacht und Nebel in die Schweiz auszureisen. In Basel erreicht ihn Göring übers Telefon. Er bietet Gründgens Geleitschutz an, verbürgt sich, dass der über alles geliebte Schauspieler unversehrt bleiben werde. Bei einem Treffen in Berlin werden die unglückseligen Schreiberlinge des «Völkischen Beobachters», Goebbels' Tageszeitung, herbeizitiert und vom Reichsfeldmarschall dermaßen zur Brust genommen und mit KZ bedroht, dass Gründgens sie begütigend in Schutz genommen haben soll. Göring besiegelt seinen Gnadenakt, indem er Gründgens zum Staatsrat ernennt. Der vernimmt es am nächsten Tag aus der Presse. So weit die Fama von Flucht und Rückkehr des Intendanten.

Nur so ist überhaupt zu erklären, dass Gründgens als Nachzügler in den hehren Kreis der Staatsräte eindringen konnte, denkt Schmitt. Auf einem seiner Streifzüge durch die Stadt hat er in einem Schaufenster auf der Friedrichstraße eine schneeweiße Porzellanbüste der Königlichen Porzellan-Manufaktur entdeckt: Gründgens als Hamlet. Die Nippes-Devotionalie geschieht ihm recht! Hat er den Prinzen nicht als verzärtelten blonden Jüngling in düsterem Schwarz gespielt, der sich völlig seinem Sohnesgefühl hingibt, durch die Mutter bitter verletzt? Nichts ist dem Staatsrechtler so zuwider wie die Rückbindung von Konflikten an das Milieu der Familie. Ansonsten hält er es mit dem Aperçu: «Von allen Kennern des Hamlet ist Shakespeare der Wahrheit am nächsten gekommen.»

Sauerbruch kümmert Hamlet wenig. Ein Chirurg muss sich entscheiden und schneiden, basta. Eigentlich ist er nur mitgekommen, weil er gehört hat, dass Goebbels Marianne Hoppe zur idealen Nazi-Diva und zu seinem Bettschatz machen wollte.

Nun aber verblüfft der Schauspieler die Gäste – in die Landschaft blickend – mit dem ersten Satz seines kleinen Exposés: Künstlichkeit, meine Herren, ist der kürzeste Umweg zum Herzen der Menschen.

Diese Formel hat Gründgens mit der Zigarettenspitze in die Luft gemalt. Der Satz entschwindet mit dem Rauch in die Weite Brandenburgs. Just in diesem Moment, wie in der Komödie, bringt ein Diener den Champagner. Erleichterndes Gelächter. Gründgens' Eröffnungssatz darf man verstreichen lassen; Zigarettenrauch muss man nicht inhalieren.

Künstlichkeit, verkündet der Schlossherr in einem zweiten Anlauf, gehört zur Natur des Menschen. Auf der Bühne wird die Kultur seiner Verhaltenheit ausgestellt. Im Umgang mit den verdammten Mitmenschen sollten stets die Regeln der Distanz eingehalten werden. Seinen Schauspielern sage er immer: Machen Sie in Ihrem Privatleben, was Sie wollen, aber bringen Sie mir den Alltag nicht auf die Bühne. Der Mensch ist dem Menschen verborgen. Und das ist gut so. Er zeige es auf der Bühne.

Welcher Auftakt, welch dozierende Anmaßung, und erst das Gläserne seiner Stimme! Man sagt ja, Gründgens könne mit seiner Stimme peitschen und Messer schleifen und dann wieder miauen wie ein Kätzchen. Ausgerechnet die Staatsräte in dieser Runde, in der keiner dem anderen nahekommen will, auf eine Verhaltenslehre der Distanz einzuschwören ist so überflüssig wie peinlich. Doch Gründgens, mit dem Blick nach Heros suchend, der nach Schmitts Tritt die Runde meidet, setzt nach: Direkt und echt im Ausdruck sei schließlich auch das Tier. Käme es nur auf den Ausdruck an, der keinerlei Formzwang gehorcht, wäre die Natur besser bei den elementaren Lebewesen geblieben, die Gebrochenheit des Menschen hätte sie sich sparen können. Pathetisch, mit einer ausschweifenden Handbewegung hin zur brandenburgischen Landschaft einerseits und zum herantrottenden Heros andererseits: Wo finden wir in der ganzen Natur noch einen solchen Ausdruck reinsten Jubels, reinster Trauer wie bei einem Hund?

Ja, wo denn nicht?, murmelt Furtwängler vor sich hin. An diesem Ort wird die Musik wohl ganz vergessen.

Aha, denkt Sauerbruch. Man sieht schon, gemütlich wird dieses Gespräch wohl nicht.

Erste Tropfen fallen vom Himmel, und man begibt sich in eines der Empfangszimmer. Sauerbruch ist enttäuscht; das Buffet lässt auf sich warten, und Marianne Hoppe fehlt. Die ihr nachgesagte «nordische Attraktivität» hätte ihn gereizt, aber als Nazi-Diva kann er sie sich nicht vorstellen. Seine Frau, erklärt Gründgens, sei entschuldigt, sie filme in Tirol und lasse grüßen.

Marianne Hoppe hätte der Männergesellschaft gutgetan. In der Presse stellt man sie gegenwärtig den in Amerika und Deutschland erfolgreichen Filmstars Joan Crawford und Marlene Dietrich – Exemplaren nichtdeutscher Erotik – als Vertreterin der neuen Zeit, gesund an Leib und Seele, gegenüber. Nun hätte man sie gern erlebt, der Leinwand entstiegen, in harmonischer Kooperation einer Ehe, die die Staatsräte für unwahrscheinlich halten. Schmitt schmunzelt, als ihm ein Spottlied einfällt, das in Berlin kursiert und sich wie ein Ohrwurm eingenistet hat: «Hoppe, Hoppe Gründgens / die kriegen keine Kindgens; / Und wenn die Hoppe Kindgens kriegt / dann sind sie nicht von Gründgens». Nicht schlecht gereimt; Schmitt kennt sich aus.

Seine Zuhörer erinnern sich gut an Gründgens' Rolle in «Richard III.», inszeniert von Jürgen Fehling. In gelbem Ledermantel und mit rotem Pagenschnitt spielte er den zunächst zynischen, dann zunehmend leidenden König. «Ein einsamer Intellektueller auf dem Thron», hieß es in einer Kritik, «umgeben von einem blutigen Getriebe, das er verabscheut, ignoriert, nicht wahrhaben will.» Darüber hätte man doch sprechen können. Der dozierende Ton dagegen, den der Schauspieler hier anschlägt, ist schwer zu ertragen.

Unverdrossen fährt Gründgens fort: Wo die Natürlichkeit anfängt, hört die Schauspielkunst auf. Er wolle vom Schauspieler keine Tränen sehen, denn das Maß der Empfindung lasse sich gerade an dem Vermögen erkennen, diese zu bändigen. Ein Schauspieler darf sich nicht von Gefühlen davontragen lassen, sondern muss sie in eine geordnete Form zwingen: Das ist Kunst! Wer verlangt denn, im Theater die Welt genau so zu erleben, wie sie ist? Eins der verdammten Dinger reicht doch.

Ein riskanter Satz, eine kleine Atempause.

Der Film, so Gründgens weiter, täusche darüber hinweg, dass er durch eine gewaltige Apparatur hervorgebracht wird. Im Kino bewundern wir die Natürlichkeit eines Gary Cooper oder Clark Gable. Aber deren Lächeln ist auf den Zentimeter genau da eingebaut, wo die Dramaturgie des Films es erfordert. Der Filmschauspieler spricht frank und frei – bedient sich dabei jedoch aus einer Sprachkonserve, die drei Wochen zuvor hergestellt wurde. Selbst der realistischste Film ist weit von der Natur entfernt. Künstlichkeit ist ihm ebenso eigen wie dem Theater. Der Unterschied aber ist gravierend: Während dem Zuschauer im Kino nichts anderes übrig bleibt, als sich in die Apparatur des Filmstudios einzufühlen, besteht die Unsterblichkeit des Theaters darin, dass der Zuschauer – sozusagen medial prähistorisch – den letzten Menschen unmittelbar bei der Ausübung seiner Kunst beobachten kann.

«Sozusagen medial prähistorisch»? Die Herren schmunzeln, während Gründgens unbeirrt darüber doziert, dass Naturalismus den Sturz in die Formlosigkeit riskiere und die Pose des Natürlichen sich ohnehin nicht lange durchhalten lasse. Und dann pathetisch: Im Indirekten zeigt sich das Unnachahmliche des Menschen. Schein zivilisiert!

Hat Gründgens sich in Grundsätzlichem verheddert? Er sucht heiser nach einem Zwischenhalt: Es werde die Herren Gäste nicht erstaunen, dass er zu jener Sorte Mensch gehöre, die allen Glauben verloren hat – außer vielleicht den Glauben an das Unechte.

Mit matt rauchiger Stimme gesprochen scheint das trotz allem doch sehr authentisch, findet Furtwängler.

Gründgens: Meine Herren, Künstlichkeit ist der kürzeste Umweg direkt zum Herzen der Menschen.

Das hat er nun schon zum zweiten Mal gesagt. Zweimal ist entschieden zu viel. Eine kühle Pause tritt ein.

Schmitt hat den Verdacht – und dabei geht es ihm ausnahmsweise wie Furtwängler und Sauerbruch –, dass Gründgens die Sätze, die sie ertragen müssen, Quellen entnimmt, die er verheimlicht. Ein Plagiator hat ihnen noch gefehlt. Geniert er sich gar nicht? Halbseiden, wie erwartet. Schmitt denkt an Oscar Wilde. Oder zitiert Gründgens das alte Manifest von Helmuth Plessner aus dem Jahr 1924, das Schmitt einmal sehr geschätzt hat, mittlerweile aber lieber vergisst?

Sauerbruch spielt mit Heros. Furtwängler grübelt; es hat doch etwas Verkrampftes, hier das Gesprächsklima eines Lungensanatoriums in Davos zu imitieren. Keine Schneegipfel, nirgends, im Herzen der Mark Brandenburg! Keiner der drei hat erwartet, vom Galan der Berliner Szene mit Sätzen konfrontiert zu werden, die den Zynismus der Weimarer Scheinwelt nicht abgelegt haben.

Im rechten Augenblick taucht einmal mehr der Hausdiener auf, um Champagner nachzuschenken.

Ein Fehlstart, das wird Gründgens jetzt bewusst. Was wäre ein besserer Anknüpfungspunkt für die Herren? Er versucht es mit dem «Handorakel» des spanischen Jesuiten Baltasar Gracián, einer Sammlung von Maximen, Ratschlägen für Überlebenstechniken in der politischen Arena des spanischen Hofs aus dem Jahr 1647. Ein Kultbuch für viele Kollegen, links wie rechts. Das «Handorakel» kennen die Herren doch?

Selbstverständlich sei die Kenntnis des Handbuchs nicht, merkt Schmitt an. Der kleine Nicolaus Sombart habe ihm erzählt, dass er das Buch in der Bibliothek seines Vaters vergeblich gesucht habe. Vater Werner Sombart zornig: Protestanten hätten keinen Jesuiten nötig. Wenn es um Lebensweisheiten gehe, genüge ihnen Wilhelm Busch.

Auch Sauerbruch und Furtwängler kennen die spanische Verhaltenslehre. Die drei sehen im «Handorakel» einen handlichen Machiavelli der Lebenspraxis. Keinem von ihnen wäre es eingefallen, die Maximen wettbewerbsfähigen Verhaltens am Hof Philipps II. als Schauspiellehre zu lesen, wie Gründgens es jetzt offenbar tut.

Nur im Planquadrat der Bühne, so der Schauspieler, fühle er sich als Souverän. Dort weiß er genau: Wenn er einen bestimmten Satz sagt, geht eine Tür auf und eine Dame in einem grünen Kleid betritt die Bühne – und nicht etwa ein SS-Mann. Verhaltenes Einverständnis zeichnet sich auf den Mienen der Zuhörer ab. Gründgens weiter: Außerhalb der Bühne sei er, wie die Herren ja wüssten, abhängig von Popitz, von Görings Wohlwollen und Goebbels' Stillhalten. Auf der Bühne aber sei er Herr im Haus. Hier gelte Graciáns Devise: Das Sein des Souveräns bedarf des Scheins. Was nicht erscheint, ist hier nicht nennenswert.

Die Verbindung von Schein und Souveränität, wirft Schmitt ein, sei ein Kurzschluss. Schon im Barock blende die Rede von der Herrschaft des Scheins den Ernstfall aus. In Shakespeares Stücken dagegen werde die Fassade des zivilisierten Scheins urplötzlich von elementaren Kräften durchbrochen; die Selbstgewissheit der Machthaber werde zerstört durch Hass, Tötungslust, Langeweile, Aggression, dunkle Triebe, die sich nicht länger mit dem Schein höfischer Konventionen bekleiden lassen. In Ausnahmesituationen durchbricht die Kraft des wirklichen Lebens die Kruste einer in Wiederholung erstarrten Mechanik des zivilen Lebens. Der werte Herr Gastgeber, so Schmitt, habe sich offenbar zu leichtfertig Thesen Plessners zu eigen gemacht. Mit Plessners Konzept des Lebens im Schein der Konventionen und seinen neuerdings in der Emigration errichteten Scheinkulissen des Humanismus sei kein Staat zu machen. Die Dynamik des Staatswesens erhalte sich nur dadurch, dass von Zeit zu Zeit die Fassaden zivilisatorischen Scheins unter dem Ansturm dessen, was man als «barbarisch» habe ausgrenzen wollen, zerbrechen. Das brauche der Staat; das revitalisiere ihn. Gründgens habe doch als Mephisto pathetisch ausgerufen: «Denn alles, was entsteht, ist wert, dass es zugrunde geht.» Genau das sei das Schicksal ziviler Scheinwelten wie jener der Weimarer Republik.

Wird Gründgens in seinem schönen beigefarbenen Frühlingsanzug Schmitts Zurechtweisung wegstecken? Statt einfältigen Nickens geradezu knisternde Spannung in der Herrenrunde.

Gründgens' Replik: Sie müssen es ja wissen.

Graciáns Ratschläge für List und Verstellung sollen also, wie Gründgens vorschlägt, vor allem auf der Bühne umgesetzt werden?

*Nur* auf der Bühne, nicht im Staatsrat, wenn er denn einmal wieder einberufen werden sollte. Die Bühne erlaube es, so Gründgens versöhnlich, das Böse nachzuahmen, von dort könne man es in homöopathischen Dosen mit nach Hause nehmen. Der Ruf des Bösen, der ihnen von Emigranten angehängt werde, darin sind Gründgens und Schmitt sich ausnahmsweise einig, gründe doch nur auf der Lässigkeit, mit der sie, die Daheimgebliebenen, die feindseligen Missverständnisse der Exilanten wirken ließen, ohne sie zu dementieren. Sie müssten eben mit dem Doppelsinn ihrer Existenz im NS-Staat leben. Moralische Dementis sind unter ihrem Niveau.

Schläft Furtwängler? Als Gründgens pathetisch ausruft, die Seele könne ohne die kalte Luft der Diplomatie nicht atmen, verdunkelt sich das Mienenspiel des Dirigenten. Das könnte von Toscanini, seinem italienischen Konkurrenten vom New York Philharmonic Orchestra, stammen. Unmöglich, Beethovens Symphonien mit der kalten Luft der Diplomatie zu impfen. Ein Urgestein wie Beethoven steht jenseits aller Diplomatie. Übrigens, merkt Furtwängler jetzt an, habe er im «Handorakel» des spanischen Jesuiten die Sätze, die Gründgens zitiere, nie gelesen. Ob er sie erfunden habe?

Gründgens lacht.

Keckerndes Lachen der Lemuren, denkt Schmitt, ohne sich daran erinnern zu können, woher diese Formulierung von

Ernst Jünger stammt. Er ist Gründgens auf die Schliche gekommen, kennt die Quelle.

Langes Schweigen macht die Stimme rau, die Zunge schwer. Endlich meldet sich Sauerbruch zu Wort, um mitzuteilen, dasselbe sei ihm auch einmal zugestoßen. Niemand weiß, was er damit meint.

Ob Gründgens nicht Lust habe, fragt Schmitt, die Rolle des Großinquisitors von Dostojewski zu spielen. Nirgendwo werde das Scheitern der Friedfertigen schärfer analysiert. Eine nachahmenswerte Kritik an humanistisch gesinnten Reformern und weichspülender Toleranz.

Der Großinquisitor fehle tatsächlich in seinem Repertoire, antwortet Gründgens. Aber ihn interessierten mehr Akteure mit den Masken milchiger Unerbittlichkeit. Man kenne ja seine Rolle als König Karl von Frankreich im Jeanne-d'Arc-Film «Das Mädchen Johanna».

Der Schrei «Sie soll brennen!» sei ihm im Kino, gesteht nun Sauerbruch, durch Mark und Bein gegangen. Mit einem Mal nur noch Gemütsmenschen auf Gut Zeesen. Der Gedanke an den Kino-Gründgens als König Karl sorgt für Schüttelfrost.

Der nun diplomatisch: Jedermann brauche die Wärme einer Vertrauenssphäre, es gebe aber kein Naturrecht auf Wärme. Man müsse lernen, sich in der Kältesphäre des Staates – nicht zufällig habe Schmitt vom «Hobbes-Kristall» gesprochen – zurechtzufinden. Auf dem Feld des Politischen könne sich niemand den Luxus eines ungetrübten Gewissens leisten, da müsse er, Gründgens, ausnahmsweise Schmitt recht geben, und als Schauspieler tue er nichts anderes, als der Abwesenheit der Moral eine Bühne zu bieten. Scham bedürfe der Maske, sei immer eher ein Rückenakt.

Das ist mal wieder rätselhaft. Die Homophoben nicken

trotzdem einvernehmlich. Schmitt findet, dass man über Scham nicht reden kann. Jetzt vermissen die Herren wirklich Marianne Hoppe.

Die Runde zerbricht sich den Kopf darüber, ob die Parolen der Künstlichkeit, die Gründgens von sich gibt, zu seiner Hochstapelei gehören. Die Gäste stimmen ihm dennoch von Herzen, das heißt mit Pokerface, zu, als er jetzt sagt: Was übrig bleibe, wenn er aus der Rolle falle, sei uninteressant. Er habe schmerzlich erfahren, dass alles Psychische, das sich nackt hervorwage, das Risiko der Lächerlichkeit berge. Man kenne vielleicht Heinrich Manns «Professor Unrat». Durch Künstlichkeit gepanzert, hält man dagegen vieles aus. Er halte sich an Oscar Wildes Spruch: «Der Mensch sei am wenigsten er selbst, wenn er in eigener Person spreche. Gib ihm eine Maske, und er wird dir die Wahrheit sagen.» Kurz, die Maske schützt vor Bloßstellung und adelt die Seelen einer erlesenen Schar.

Der Chirurg beobachtet, wie Gründgens in seinem beigen Anzug versinkt. Außerhalb der Bühne, denkt er, eine Ausstrahlung wie der Schalterbeamte einer Bank. Er hat nur halbwegs aufgepasst, im Operationssaal muss er mit zerstreuter Aufmerksamkeit sein Umfeld für Handreichungen präsent haben. Beiläufig konnte er daher physiognomische Studien am schweigenden Furtwängler treiben. Er erinnert sich: Schläfen heißen im Englischen «temples». Nicht weil im Tempel geheimnisvoll Gedanken schlafen. Das englische Wort, hat er in einer Broschüre über Körperbau und Charakter gelesen, kommt vielmehr vom lateinischen «tempus», Zeit. Auf der Hautoberfläche der Schläfen wird der Pulsschlag sichtbar. Im Augenblick ist Furtwänglers Puls sehr verlangsamt. Sauerbruch faszinieren die Typologien der Physiognomik als Techniken, den Weg der Wahrnehmung abzukürzen. Er holt Luft: Wie sich die Beobachtung der Körperwelt mithilfe bewährter Schemata vereinfacht. Furtwängler zum Beispiel entspricht dem Typus des muskelarmen, zartgliedrigen *Leptosomen.* Sein zurückgehaltenes Becken, sagt das Lehrbuch, ist typisch für einen Mann, der peinlich genau auf gesellschaftliche Tabus achtet. Sein Brustumfang, ein Mittel zwischen dem Umfang des Einatmens und dem des Ausatmens, bleibt hinter dem Hüftumfang zurück. Der Hals lang, die Wirbelsäule beschreibt am Halsansatz eine Kurve, daher der nach vorn geneigte Kopf. Kahnförmige Schulterblätter, vermutlich. Gesteigerte Nasenlänge bei Rückbildung des Unterkiefers. Wenn Leptosome Anzüge tragen, hängen diese, selbst wenn sie vom besten Schneider anfertigt wurden, auf eigentümliche Art am Leib herab. Aus alldem ergeben sich Hypothesen über die Wesensart des Leptosomen: einmal gemütskalt, dann wieder überschwänglich, mit einem Wort «spaltsinnig». Sauerbruch, immer im Dienst seiner Profession, erkennt in Furtwängler einen undurchsichtigen «Empfindungstyp». Dabei muss man gar nicht in ihn hineinsehen, freut er sich, die Oberfläche des Körpers gibt hinreichend Informationen über sein letzten Endes geheimnisloses Inneres.

Gründgens' Monolog scheint sich sowieso nur noch an Schmitt zu richten. Der weiß, woher die Sprüche stammen, die Gründgens mit Schauspielergedächtnis zitiert. Bei Sauerbruch und Furtwängler breitet sich Unbehagen aus. Auf der Kinoleinwand fänden sie das Kälte-Evangelium vielleicht anregend. Doch wo bleibt das Echte in der Vertrauenssphäre ihrer Berufe, im Operationssaal der Charité, am Dirigentenpult der Berliner Staatsoper? Tätigkeiten ohne Maske. Gründgens' Sprüche seien zu «schauspieleraffin», merkt Furtwängler an. Mit ihm selbst haben sie nichts zu tun.

Die drei beobachten Gründgens' Ekelmündchen, schon nicht mehr ganz bei der Sache. Möglich, dass sie an ihren Staatsratsmonarchen Hermann Göring denken, an die seltsamen Maskierungen ihres Schutzherrn. Ein Schauspieler ersten Ranges, wer kennt ihn ohne Maske? Alle haben sie den Bericht von Hans Thomsen gelesen, der Carinhall einen Besuch abgestattet hat, bevor er seinen Dienst als Gesandter in Stockholm antrat. Sein Erstaunen über die rasche Folge der Kostümwechsel: «Morgens im ‹Wams› mit bauschigen weißen Hemdärmeln, am Tage mehrfach das Gewand wechselnd, abends bei Tisch im blauen oder violetten seidenen Kimono mit perlbesetzten Schlafschuhen ... Schon morgens einen goldenen Dolch an der Seite, der mehrfach gewechselt wurde, am Hals eine Agraffe mit ebenfalls wechselnden Edelsteinen, um den dicken Leib einen gleichen gleichfalls mit vielen Steinen besetzten Gurt, ganz zu schweigen von der Pracht und Zahl der Ringe.»

Gründgens bemerkt, dass die Herren mit den Gedanken anderswo sind. Also zurück zu Graciáns «Handorakel», mit dem er seinen Monolog begonnen hat. Zuletzt will er einige Maximen des Jesuiten in der vertrauten Schopenhauer'schen Übersetzung vortragen. Das berüchtigte Gläserne seiner Stimme grundiert die Sprüche: «Nie aus der Fassung geraten. Ein großer Punkt der Klugheit, nie sich zu entrüsten. Es zeigt einen ganzen Mann von großem Herzen an: denn alles Große ist schwer zu bewegen. Die Affekte sind die krankhaften Säfte der Seele, und an jedem Übermaß derselben erkrankt die Klugheit ...»

Furtwängler nimmt die Direktive schweigend hin, obwohl er sich erst kürzlich wieder einmal bei Goebbels schwer über die Unbotmäßigkeit eines Untergebenen entrüstet hat.

Dann Maxime Nr. 172: «Sich nicht mit dem einlassen, der nichts zu verlieren hat ...»

Alle stimmen zu, daran haben sie sich eisern gehalten; daran sind Freundschaften zerbrochen.

Jetzt zitiert Schmitt seine Lieblingsmaxime, Nr. 43: «Denken wie die wenigsten und reden wie die meisten. Gegen den Strom schwimmen wollen, vermag keineswegs den Irrtum zu zerstören, sehr wohl aber, in Gefahr zu bringen … Den Weisen wird man nicht an dem erkennen, was er auf dem Marktplatz redet: denn dort spricht er nicht mit seiner Stimme, sondern mit der der allgemeinen Torheit, so sehr auch sein Inneres sie verleugnen mag. Der Kluge vermeidet ebenso sehr, daß man ihm, als daß er andern widerspreche … Daher zieht der Kluge sich zurück in das Heiligtum seines Schweigens …»

Die vier Staatsräte atmen tief durch. Lässt ihnen die Gestapo Raum für die «Heiligkeit des Schweigens»? Vielleicht enthält ihr verborgenes Souterrain ja nichts als Schweigsamkeit.

Nach der nächsten Maxime, Nr. 289, die wieder Gründgens zitiert, möchten sowohl Sauerbruch wie Furtwängler die Séance für heute beenden: «Nichts setzt den Menschen mehr herab, als wenn er sehn läßt, daß er ein Mensch ist.»

Ja, was denn nun? Sauerbruch versteht die Welt nicht mehr. Offenbar ist der erste «Mensch», von dem die Rede ist, ein anderer als der, der man auf keinen Fall sein darf. Ein vertrackter Fall.

Zum Abschluss liest Schmitt Maxime Nr. 153 vor: «Keinen allzu deutlichen Vortrag haben. Die meisten schätzen nicht, was sie verstehen; aber was sie nicht fassen können, verehren sie.»

Man verabschiedet sich lachend. Kein Buffet. Die Devise, nicht den Menschen sehen zu lassen, klang doch eher nach Bertolt Brecht, den, so Furtwängler auf der Rückfahrt, er nur akzeptiere, weil der von ihm (wie wohl alle wüssten, gegen die Interventionen der Partei) geschätzte Komponist Hindemith – übrigens auch blutsmäßig rein germanisch, ein ausgesprochen deutscher Typus – eines von Brechts Lehrstücken mit Musik versehen habe. Wahrscheinlich eine Jugendsünde Hindemiths; aber immerhin auch dies im Dienst der Schulmusikpflege, mit der die verhängnisvolle Kluft zwischen Volks- und Kunstmusik produktiv zu überwinden sei.

Ob Furtwängler Lust hat, einmal selbst vorzutragen, bleibt nach diesem Abend ungewiss. Sich in der «Immunität» der deutschen Klassik einzurichten mache die Sache natürlich leichter, flüstert Schmitt bei der nächtlichen Heimfahrt Sauerbruch ins Ohr. Furtwängler, auf dem Beifahrersitz, sei wie Goethes Iphigenie «verteufelt human». Dass es eine Feuerschutzwand zwischen seiner Musik und der Politik gebe, den Glauben müsse man dem Maestro wohl lassen.

Sie nähern sich den Vorstädten Berlins.

## UNTERBRECHUNG: SCHATTENSPIELE

Am 15. Mai 1948 denkt Carl Schmitt darüber nach, wie Adolf Hitler als «fremder Gast» in den Tempel der Bildungselite eindringen konnte: «Aus dem Dunkel des sozialen und moralischen und intellektuellen Nichts, aus dem reinen Lumpenproletariat, aus dem Asyl der obdachlosen Nichtbildung stieg ein bisher völlig leeres unbekanntes Individuum auf, sog sich voll mit den Worten und Affekten des damaligen gebildeten Deutschland. Es wurde mit H. St. Chamberlain und Wahnfried introduziert und induziert. Damit war es in den Bildungstempel zugelassen. Es machte Ernst mit tierischem Ernst. Womit machte es Ernst? Mit den Affekten und Formeln, die sich ihm boten. Umgekehrt waren diese bisher ziemlich rein gedachten Affekte und Formeln überrascht und glücklich, ernst genommen zu werden. Nun hatte man es, den Ernstnehmer, den Ernstmacher, einen nichts als Realisator, einen nichts als Durchführer und Vollstrecker; den reinen Vollstrecker, der bisher so reinen Ideen, den reinen Schergen.»[12]

Schmitt ist verblüffend aufrichtig: Seine Disposition zum Antisemitismus war plötzlich «tierisch ernst» genommen worden, und er selbst, der Spieler, genoss das Glück, in die Kette der Vollstreckung eingegliedert zu werden. Allerdings baut er in seine Schilderung einen kleinen Schutzerker ein, der ihm Überblick verschafft und den Rückzug in die Unschuld gestattet. Denn alle Hitler-Parolen, mit denen Schmitt einmal einverstanden gewesen war – bis 1936 zitierte er zustimmend Passagen aus Hitlers «Mein Kampf» –, wurden ihm zufolge in den Mühlen bürokratischer Praxis, den «Lautverstärkern» der Presse und den Tötungspraktiken der SS bis zur Unkenntlichkeit vergröbert, korrumpiert, entstellt, ins Gegenteil verkehrt.[13]

Es wäre reizvoll, sich Aktionen und Aktionsradien der vier Staatsräte in einem Schattenspiel zu vergegenwärtigen. Mechanisch bewegte Puppen würden Schatten werfen und so das Burleske und Gespenstische des Ensembles anschaulich machen. Was wäre noch zu erkennen von mentalen Reserven oder geheim gehaltenen Widerstandsneigungen?

Schattenrisse erleichtern die Konzentration auf äußeres Verhalten. Sich die Umrisse der vier Gestalten vorzustellen hätte seinen Reiz. «Körperbau und Charakter», das Handbuch des Psychiaters Ernst Kretschmer aus dem Jahr 1921, wird sich in zweiundzwanzig Neuauflagen an Hochschulen und in Gutachten vor Gericht bis in die sechziger Jahre als Standardwerk physiognomischer Wahrnehmung in der Psychiatrie behaupten: der baumlange *Leptosom* Furtwängler, der *Pykniker* Schmitt, der *neurasthenische* oder *athletische* Gründgens. Sauerbruch, der in der Runde den Physiognomiker spielt und die Bande zur Räson bringen soll, kennt sich besonders gut aus, was die Verhältnisse von Körperbau und Charakter betrifft. Der handbuchgewaltige Kretschmer hatte durchaus einen Hang zur Erzählung; in späteren Auflagen seines Buchs schildert er, wie sich das Morden des Pyknikers von dem des Leptosomen unterscheidet, ganz zu schweigen vom athletischen Mord.[14] Man hat den Eindruck, seine Typologie der Körper entstamme alten Erzählmustern, in denen sich das Vorurteil im Leib Ausdruck verschaffte, bevor es wissenschaftlichen Rang erhielt.

Man muss die Physiognomien nicht erfinden. Furtwängler etwa bot sich den Zeitgenossen geradezu als Objekt physiognomischer Beobachtung an. So wurde seine Gestalt bei seinem

Salzburger Debüt 1937 wie folgt beschrieben: «Körperlich schmal und übertrieben lang; eine Glatze. Beim Dirigieren vom Kopf bis zu den Füßen vom Rhythmus der Musik buchstäblich durchschüttelt. Der Kopf sitzt überhaupt nicht fest und wird fortwährend mit verblüffender Beweglichkeit und Energie nach allen Richtungen hin und her geschleudert. Die Arme und Hände flattern förmlich zu beiden Seiten; die Knie schlottern; der Rumpf beugt sich tief nieder und richtet sich im nächsten Augenblick wieder kerzengrade empor: all das von oben nach unten und zugleich von links nach rechts, immer unfehlbar im Rhythmus der Musik, bis ein musikalischer Höhepunkt, ein heroisches Fortissimo ihn zur Unbeweglichkeit einer Bildsäule zusammenreißt. Dann steht er da wie aus Stein gehauen, den linken Arm in die Höhe gerissen, den Taktstock über das Orchester ausgestreckt. Es möchte manchmal grotesk anmuten (...).»[15] Eine Figur, wie den Phantasiestücken E. T. A. Hoffmanns entsprungen.

Die Ränder der Gestalten sind im Schattenspiel scharf umrissen, die Binnenflächen schwarz ausgetuscht. Die heimlichen Distanzierungen der Akteure, ihre verborgene Auflehnung gegen das Regime, der widerständige Subtext ihrer Reden, ihre nicht nach außen dringenden Aufwallungen des Zorns und der Trauer, ihr tief im Innern eingekapseltes Entsetzen, an das sie sich (außer Schmitt, der keinen Wert darauf legt) nach 1945 erinnern werden, saufen in der schwarzen Tusche der Schattenfiguren ab. Übrig bleiben die Bewegungen der Umrisse.

Hermann Göring, «der dicke Reichsmarschall mit Orden und Medaillen von der Schilddrüse bis zur Milz»[16], wäre ein Prachtexemplar im Puppenspiel, staatsmännisch als Renaissancefürst im Flutlicht an der Rampe, ein Finsterling beim Aufbau der Gestapo.

Lassen sichtbare Gesten unsichtbare Motive erkennen? Man sieht den Größten der vier 1943 in einem Berliner Industriebetrieb vor Kriegsinvaliden und NS-Funktionären Wagners «Meistersinger»-Vorspiel dirigieren. Metallarbeiter und -arbeiterinnen lehnen ihre Köpfe träumerisch an die Werkbank. Dirigiert er Wagner oder einen Militärmarsch? Folgt man nur dem Taktstock, lässt sich das schwer unterscheiden.[17] Als Furtwängler am 7. Dezember 1942 zur Wiedereröffnung der durch Bombenangriffe halb zerstörten Staatsoper die «Meistersinger» dirigiert, zeigen sich die Sänger, wie berichtet wird, zu Beginn der Vorstellung so bewegt, dass mancher nicht mit voller Stimme singen kann. Frau Goebbels muss hinausgeführt werden, weil sie, wie es im «Völkischen Beobachter» heißt, «in Tränen ertrinkt». Die «deutsche Gewalt» des von Furtwängler «edel und hehr angestimmten Vorspiels» hat sie zu sehr mitgenommen. Beim Festwiesen-Chor erhebt sich mit dem Führer die «gesamte nationalsozialistische Bruderschaft des Reichs».[18] Dann wieder provoziert Furtwängler bei einem seiner Wiener Auftritte die NSDAP-Vertreter. Der Konzertsaal ist mit Hakenkreuzen drapiert. «Furtwängler kommt herauf aus dem Künstlerzimmer, geht ans Podium, stellt sich vor die Musiker, guckt nach links, sieht die Fahne, guckt nach rechts, sieht die Fahne – und geht wieder weg. Nach zehn Minuten kommen Leute mit Leitern, gehen nach links und gehen nach rechts und nehmen die NS-Embleme unter dem Applaus des Publikums ab. Ein Löwenmut in dieser Zeit.»[19] Leicht zu zeigen ist aber ebenfalls, wie Furtwängler bei jedem Wehwehchen die Klinke von Goebbels' Vorzimmer putzt; immerhin muss er für drei uneheliche Kinder aufkommen. Ein Punkt, für den der Minister volles Verständnis zeigt.

Das Puppenspiel kann opake Gestalten bis in die Loge der

Staatsoper oder den Operationssaal der Charité verfolgen. Am 21. Dezember 1943 erscheint Oberstkriegsgerichtsrat Hoffmann in Begleitung eines Gestapo-Beamten in der Chirurgischen Universitätsklinik der Charité und verlangt stürmisch eine sofortige Besprechung mit Sauerbruch in Hinblick auf eine unmittelbar zu treffende Entscheidung, nämlich die sofortige Herausgabe und den Abtransport des unter Verdacht des Widerstands stehenden Hans von Dohnanyi, für den die Gestapo bereits einen Krankenwagen hat vorfahren lassen.[20] Mit diesem Anliegen konfrontieren die beiden Männer Sauerbruch immer stärker, bald schon im Ton einer «gebieterischen dienstlichen Forderung». Der Oberstkriegsgerichtsrat beruft sich auf den Chef des Oberkommandos der Wehrmacht, Wilhelm Keitel. So aber kann man dem Allgewaltigen, dem «Chef», nicht kommen. Sauerbruch weigert sich, seinen Patienten herauszugeben. Die Anwesenheit eines Oberstarztes der Luftwaffe, der eine Kontrolluntersuchung durchführen soll – er warte bereits auf dem Flur –, reizt den Choleriker zum Äußersten. Er wirft die Eindringlinge hinaus.

Die Bildhauerin Yrsa von Leistner, die zu dieser Zeit in einem von der Charité zur Verfügung gestellten Atelier an einer Büste Sauerbruchs arbeitete, stellte den Vorfall später melodramatisch dar.[21] Als sie in der Klinik erschienen sei, habe man ihr bedeutet, gleich wieder zu verschwinden, da Sauerbruch «ganz toll» sei und jeder «angepfiffen» werde, der ihm in den Weg komme. Kurz zuvor sei ein SS-Mann aus Sauerbruchs Zimmer gestürzt, Mütze und Mantel sowie einige Akten von Sauerbruchs Schreibtisch seien ihm hinterhergeflogen; seitdem sei der Geheimrat unauffindbar. Die Bildhauerin erzählt, sie habe Sauerbruch in ihrem Atelier angetroffen, wo er in melancholischer Stimmung seine eigene, noch unfertige Büste angesprochen habe: «‹Der da, nicht wahr, der ist kein böser Mensch. Weißt du, was sie zu mir gesagt haben (...): böser Mensch, haben sie zu mir gesagt. Zu mir, böser Mensch! Nicht wahr, du weißt, dass ich kein böser Mensch bin? Da drinnen› – dabei pochte er sich leidenschaftlich auf die Brust – ‹da drinnen bin ich kein böser Mensch.›»

Sauerbruchs Begegnung mit Graf Claus von Stauffenberg, der im Frühjahr 1943 bei einem Fronteinsatz der 10. Panzer-Division in Tunesien schwere Verwundungen erlitten hatte (er verlor ein Auge sowie eine Hand, zwei Finger der anderen und eine Kniescheibe), stellt sich im Schattenspiel besonders reizvoll dar. Der Chirurg bietet dem Grafen eine intelligente Prothese für seine Hand an und ist erstaunt, dass der Graf keine Zeit hat, sich darauf einzulassen; er wird andernorts gebraucht. Im Dämmerlicht der Verschwörung ließe sich das gut inszenieren. Gründgens' Limousine, die keinen Vergleich mit Görings Staatskarossen zu scheuen braucht, kann Eindruck schinden. Seine Flucht in die Schweiz nach dem Verriss seines «Hamlet» im «Völkischen Beobachter», das Telefongespräch mit Göring und die Rückkehr des Intendanten, nachdem der NS-Mentor für freies Geleit gebürgt hat. Und das Finanzgenie Popitz, die graue Eminenz in Hitlers Kabinett, dem Quartett freundschaftlich verbunden: gespenstisch seine Verschwörung, nicht im Untergrund, sondern im Rampenlicht des NS-Staats.

Die Verbeugung des Rechtsgelehrten Schmitt vor Hans Frank, dem Reichskommissar für das NS-Rechtswesen, am 15. November 1933 käme im Schattenriss gut zur Geltung: «Ich bin ihr Gefolgsmann», wird er sagen, das ist mehr als erzwungener Gehorsam.[22]

Von kalendarischer Sachlichkeit wäre Schmitts Bewegungstheater in den Tagen vom 3. bis zum 8. April 1933. In dieser Zeit schreibt er kein Arbeitsjournal; juristische Expertisen vertraut er dem geheimen Tagebuch nicht an. Wir erfahren nur, wann und wie lange er Fräulein Büttner seine Artikel diktiert hat. Dagegen verzeichnet das Tagebuch das Lavieren eines Mannes in den entscheidenden Tagen nach Hitlers Machtantritt.

Anfang April geht es um ein Treffen im Innenministerium, bei dem das Reichsstatthaltergesetz besprochen werden soll.

> *Montag, 3. April 1933.*
> (...) Sitzung mit dem armen Papen, der mutig und ehrlich ist, der Jude Landfried spricht schmalzig vom (...) Führer, scheußlich. Popitz überlegen und kalt und etwas grausam (...), schnell nach Hause. Zu Mittag gegessen, eine Stunde ausgeruht. Um 4 Uhr holte Popitz mich ab, wir fuhren zum Reichsministerium des Innern. Wieder diese scheußliche Atmosphäre. (...) Der Bürokrat hatte Bedenken, schlechter Eindruck, feige und schurkisch. Göring dagegen schwungvoll. Schmiß die Sache in einigen Minuten: der Reichskanzler, nicht der Reichspräsident, ist Staatspräsident Deutschlands. Großartig. Wir waren berauscht. Schnell einen neuen Entwurf diktiert und dann noch eine Stunde herumgelaufen, sehr erleichtert. Göring merkwürdig, aber nicht unsympathisch, hatte etwas Flämisch-Wilhelminisches, vielleicht der richtige Typus für diese Zeit.[23]

Dezisionist ist, wer sich im richtigen Moment den stärksten Bataillonen anschließt. Oder, wie Ernst Niekisch 1935 schreibt: «Man entscheidet sich nicht aufgrund gültiger Inhalte, sondern macht erst aus einer Sache etwas, indem man sich für sie entscheidet.»[24] Zwölf Tage später vergleicht Schmitt Göring mit einem «Schießbudendirektor» auf der Kirmes im Rheinland.[25]

*Dienstag, 4. April 1933.*
(...) Zum Potsdamer Platz. Ließ mir die Haare schneiden, herumgeschlendert, kann nichts mehr arbeiten. Dann zur Deutschen Gesellschaft (...). Erich Kaufmann kam auch hinzu. Der arme Popitz zwischen diesen schauerlichen Juden, ich hielt es kaum aus vor Ekel und Widerwillen. Alle haben Angst. Keiner sieht das Problem. Jeder hofft durchzuschlüpfen. Es ist grauenerregend. (...) Sprach noch einmal mit Papen, der ganz entzückend war, mir versprach, daß ich dieser Tage zu einer gemeinsamen Beratung mit Hitler eingeladen würde. Sehr aufgeregt und erhaben weggegangen. Beherrscht und moralisch, um diese Hebung zu verdienen. (...)[26]

*Mittwoch, 5. April 1933.*
(...) Über die Juden, die Popitz verteidigt. Kein guter Wein, um 3 todmüde nach Hause.[27]

*Donnerstag, 6. April 1933.*
Um 1/2 3 nachmittags zu Hause, einige Stunden im Bett. Bis gegen 1/2 7, hatte keinen steifen Kragen. Ließ mir telephonisch (...) welchen von Steinhardt kommen, um 1/4 8 im Taxi zu Popitz zum Presseempfang, sah Hitler und Goebbels. Sah beide genau. Große Aufregung. Hitler wie der gierige Stier in der Arena. Erschüttert von diesem Blick (...).[28]

> *Freitag, 7. April 1933.*
> Gut ausgeschlafen, eine behagliche Stunde, um 11 kam Duschka [Schmitts Frau]. Wir aßen im Hotel Continental etwas mit dem Kind Anima, die sehr lieb herumsprang. (...) Traurig nach Hause, ausgeruht. Nicht zu Abend, Anhalter Bahnhof, an den Münchener Zug, dann wieder (unleserlich) Spazieren gefahren, im Hotel Exzelsior (unleserlich) eine durchaus lächerliche Sache, kleine Schauspielerin, spricht hamburgisch, ekelhafte Geschichte.[29]

> *Sonntag, 9. April 1933.*
> Ununterbrochen korrigiert, scheußliche Arbeit, einige gute Einfälle, alles zu rasend und zu durcheinander, lächerliche Zustände. Gegen 4 Uhr zu Popitz, im Taxi herumgefahren, viel Geld rausgeschmissen. Gespräch mit Frau Popitz über Hitler, sie nennt ihn einen Christus, ein Genie, und sieht sein tragisches Ende voraus. Mischung aus Dummheit und Nerven (nicht entzifferbar). Mit Popitz über das Statthaltergesetz. Er war müde, erzählte von Hitler (Schuldbewußtsein gegenüber Tieren), Lackschuhe, blauer Anzug, keine Weste.[30]

So rieseln die Tagesreste, gebrochen durch die Gabelsberger-Kurzschrift, in Schmitts Kladde.

Das Jahr der Entscheidung als kinetisches Theater. Groteske Puppen auf einem Energiefeld, dem sie sich ausgeliefert haben.

Die Gestalt von Schmitt, bis 1936 Wanderprediger an der Seite von Hans Frank, die juristischen Institutionen, Fakultäten und Bibliotheken von jüdischem Personal und Gedankengut säubernd, wäre in einem Spiel, das nur die äußeren Umrisse zeigt, konturscharf nachzuvollziehen. Kurz vor seinem Sturz aus der Ämterhierarchie des NS-Staats, am 3. Oktober 1936, hält Schmitt bei der Tagung «Das Judentum in der deutschen Rechtswissenschaft» vor der Reichsgruppe Hochschullehrer des NS-Rechtswahrerbunds den Eröffnungsvortrag. Er beginnt mit dem Leitsatz des Führers aus «Mein Kampf»: «Indem ich mich des Juden erwehre, kämpfe ich für das Werk des Herrn», und dem Leitsatz des Reichsrechtsführers Dr. Hans Frank: «Die Rassengesetzgebung ist abgeschlossen; aber es bleibt die Aufgabe unserer unermüdlichen Erziehung, die Erkenntnis der jüdischen Gefahr im deutschen Volke wachzuhalten.»[31] Ein makabrer Höhepunkt seiner Anbiederung an den NS-Staat.[32] Schmitt warnt vor der «Virtuosität jüdischer Mimikry», vor der «Infektion», die von Marx und Heine ausgegangen und als «tödliches Gift» jüdischer Rechtswissenschaft immer noch wirksam sei.[33] Das Ranschmeißen nützt ihm nichts. SS-Konkurrenten halten seinen Antisemitismus für vorgetäuscht, eine opportunistische Maskierung seiner jüdisch angekränkelten Rechtslehre.

Die Äußerung von Bruder Jupp nach 1945 als Stimme aus dem Off: Glück gehabt, dass du nicht noch 1939 die rechte Hand von Frank warst, als er als Generalgouverneur in Polen die Vernichtung der polnischen Juden organisierte. Selbst das amouröse Verhältnis von Schmitt zu Brigitte Frank ließe sich in Umrissen einfach darstellen. Nichts für Historiker.

Ginge im Schattenspiel viel verloren? Regeln einer Historiographie, die vielfältige, brüchige Motivationen nachzuweisen versucht, würden grob verletzt. Man spart sich die Suche nach ambivalenten Motivlagen, zeigt Gesten statt innerer Zerknirschung, Aktionen statt mentaler Vorbehalte. Frei nach der Parole Bertolt Brechts: «Mit der Tiefe kommt man nicht vorwärts. Die Tiefe ist eine Dimension für sich, eben Tiefe – worin dann gar nichts zum Vorschein kommt.»[34]

Ein Stück mit einem Suchscheinwerfer, der das Geschehen abtastet wie die Flak den Himmel. Unterkomplex wie die Gewalt der anonymen *Geschichte*, die sich über den Köpfen und hinter den Rücken der vier exzentrischen Mandarine des Dritten Reichs voranwälzt. Für Dynamik auf kleiner Bühne wäre jedenfalls gesorgt. Ein doppeltes Reimpaar aus Schmitts Paralleltagebuch von 1930 könnte man als Transparent über die Szene hängen: «Der Vordergrund, der Vordergrund, / Der Vorder- nicht der Hintergrund / Ach ja. / Der Hintergrund ist ungesund / Drum lebe hoch der Vordergrund ...»[35]

Ausschweifend wäre das Schattenspiel allerdings nur im Fall Schmitt. Alle vier mögen ein geheimes Doppelleben geführt haben, aber nur Schmitt hat seines einem intimen Journal anvertraut. Auf Grundlage der Tagebucheinträge ließe sich ein Diagramm seiner von sexuellen Obsessionen gesteuerten Bewegungen im Berlin der zwanziger und dreißiger Jahre erstellen.

Eine enorme Anzahl an Kilometern wird abgelaufen oder abgefahren, Schmitt ist quicklebendig. Sein Credo in den Jahren der Entscheidung: «Solange einer rennt, ist er gerettet.»[36] Einige Jahre zuvor, am 30. Oktober 1922, hat Schmitt notiert: «Die Arbeit jeden Tages stößt mich immer weiter und lässt mir keine Zeit zu Reflexionen über mein Schicksal.»[37] Manchmal gleichen seine Bewegungen nun dem Lauf der Kugel im Flipperautomaten: Schmitt prallt auf juristische Konkurrenten wie Smend und Kelsen, wird von ihnen abgestoßen, um seinen Freund Popitz zu treffen, seine Frau Duschka oder auch Fräulein Büttner, der er schnell Passagen eines neuen Artikels diktiert. Oft durchkreuzen seine Bahn «physiologische Erleuchtungen», die ihn mit neuer Energie aufzuladen scheinen. Als wäre die Lust kein Vermögen seines eigenen Willens, sondern bräche wie ein endogenes Gewitter über ihn herein.[38] Von einer Urvertrautheit mit sich selbst kann keine Rede sein. So entstehen Situationen, in denen der Staatsrechtler wie ein Henry Miller in Gabelsberger-Kurzschrift auftritt.

Zwei Tage nach der Ernennung von Hitler zum Reichskanzler, am 1. Februar 1933, überfällt es Schmitt erneut: «In der Stadtbahn neben einer Frau. Plötzlich wieder der elektrische Schlag. Wie hypnotisiert hinter ihr hergelaufen. Auf einmal war sie verschwunden.»[39] Wiederum vier Tage später heißt es: «Mittags nach dem Essen weggegangen, herumgelaufen, eine schwarze Frau gesehen im Kino (...), lief noch etwas hinterher, bis sie in ein Haus hineinging, auf dem Schild stand Erich Kaufmann [ein jüdischer Rechtskollege, den Schmitt als Rivalen betrachtet]. Sehe den Finger Gottes. (...) Aufgelöst im Taxi nach Hause.»[40]

Realität oder Albtraum? Zuweilen ähneln die Aufzeichnungen Traumprotokollen, die zeigen, dass bei Schmitt etwas im Unreinen ist. Während die Routinen der öffentlichen Person ihn davor bewahren, aus dem Leim zu gehen, fällt in seinen Eskapaden die formvollendete Gestalt auseinander. Seine Rüstungsstücke zeigen ihre Innenseiten, wie abgeworfene Krebsschalen, und liegen halb zerbrochen in einem fremden Licht.[41] Immer schon, spätestens seit seiner Liaison und Heirat mit der Tingeltänzerin und falschen Gräfin Carita von Dorotic und in den Selbstauslotungstexten aus dem Tagebuch der frühen zwanziger Jahre, hat Schmitt das Banale seiner bürgerlichen Existenz begriffen. Der Wille zu gepanzerter Form einerseits und die Sehnsucht nach dem Sturz in Abgründe andererseits sind schwer zu kombinieren: «Das ist, als wollte jemand den Genuss des Schwimmens haben, wenn er in einem eisernen Panzer ist. Er kann sich nicht darein sehen, er muss froh sein, wenn es ihm gelingt, von einer seichten Stelle zur anderen zu waten. Das ist unsere Erkenntnis. Grauenhaft.»[42] Ein glänzender Aphoristiker bleibt Schmitt sein Leben lang.

Nicht nur im Traum gilt es, unberechenbares Terrain zu meiden: «Am Bahnhof oft Herzschauern sexueller Art.»[43] Der physiologischen Einfälle kann er sich einfach nicht erwehren: «Warum erschüttert es meine Nerven, wenn ich eine Kokotte sehe ... Ich zittere, bin vernichtet, ein Nervenbündel, das zittert und konvulsivisch zuckt, wenn eine Stelle des Reizes darauf fällt. Das schreckliche Schicksal von Baudelaire. Die Passivität des Sich-selbst-vernichten-Lassens.»[44]

In der Zeit der Hyperinflation scheint Schmitt jeden Halt zu verlieren. Am 20. August 1923 heißt es: «Bis ½ 9 ziemlich gut geschlafen, aber trotzdem nicht frei und frisch. Stumpfsinn und Langeweile unterbrochen durch Lektüre von Lukacs über Klassenbewusstsein und Proletariat, die mich aufreizte. Um 12 kam Rick und ich aß zu Bett und er las mir französische Gedichte vor. Er sagte von meinem Aufsatz über Parlamentarismus, manches zeige, dass ich sehr müde sei. Das deprimierte mich. Ich fühle, dass ich am Ende bin. Durch die Frauen heruntergekommen. Es ist nichts mehr mit mir, ich kann nicht einmal mehr ein Buch schreiben über die Politische Romantik. Deprimiert herumgelegen, geschlafen. Um 3 gebadet, Kaffee getrunken. Um 5 kam Agnes von der Pension Strassberger, geil, ich musste über 10 Millionen Mark bezahlen.»[45]

Ein Katarakt des Wertzerfalls. Rasende Inflation an allen Fronten. Wohin zielt sein Leben? «Hinter Huren her – Sehnsucht nach dem sozialen Nichts.»[46] Aus Trägheiten Elan zu schöpfen ist Schmitts Kunst. Dem «todmüde», mit dem seine Eintragungen oft beginnen, folgen rasante Aktivitäten.

Immer wieder reißt es Schmitt aus dem honorigen sozialen Umfeld, wie etwa am Himmelfahrtstag 1931, an dem er zunächst auf Einladung von Werner Sombart mit Koryphäen wie den Soziologen Ferdinand Tönnies und Karl Mannheim tafelt: «Um 7 zu Sombart, großer Herrenabend, saß neben dem alten Tönnies, nachher mit Mannheim, scheußlicher, elender Ostjude, schämte mich, im Ernst mit ihm gesprochen zu haben. Sombart war nett, müde nach Hause, (...) nachher noch eine frühere Krankenschwester Gerda, interessant in ihrem dummen, langweiligen Rationalismus und ihrer blinden Empfindlichkeit gegen Berührungen. Todmüde nach Hause.»[47]

Je näher die Entscheidung rückt, desto heftiger wird Schmitts Sehnsucht nach dem Absturz in die Formlosigkeit: «Es ist eine objektlose Sehnsucht, deren Grund die Objektlosigkeit ist.»[48] Triebfeder seines Rennens: «Nachher noch über die Friedrichstraße, Sissi Paul, nett, wie Hella, slawisch, weich, deutsch, anarchisch, deutsche Unfähigkeit zur sexuellen Scham.»[49] «Dann auf die Hohe Straße, eine Schranze französischen Stils, eine arme blonde Kölnerin, Gerda Körnig, traurige Sache», später «ein blondes Mädchen mit grünem Kleid, geil aber ohne Elan», die Schwedin Karin, Lieschen aus Schönewalde, Renate und wieder Renate: «armes Huhn, hat Sehnsucht nach dem Westen, schöner Koitus».[50] Ein Berliner Reigen.

Schon im August 1923 hat Schmitt erkannt, dass die «Wiener Kroposkopiker» – sein Begriff für Psychoanalytiker der Freud-Schule – keine Hilfe bieten können: «Was nützt alles Geschwätz und Gewitzel der Psychoanalysten. Plötzlich überkommt mich die dunkle Wolke, plötzlich, in der schönsten Linie ruhigen Arbeitens, dieser hiatus irrationalis. Mein Leben ist voll solcher Hiate.»[51]

Schmitt konstruiert in den intimen Journalen, die er lebenslang führt, ein Tableau von Empfindungen, das sich mit seinem Begriffsfeld des Politischen verschränkt. Dort ist das Wurzelwerk seines Trieblebens mit dem Kult des politisch Bösen verbunden, während er in der Öffentlichkeit den Formvollendeten mimt.

Die Personen, auf die Schmitt trifft, zeichnet er in den beiden extremen Intensitätsgraden, die er in seiner Schrift «Der Begriff des Politischen» markiert hat: die «Freunde» als Verdichtungskerne einer Vertrauenszone; die «Feinde» als Keile der Dissoziation, die in die Freundessphäre hineingetrieben werden. Er sucht dabei die Nähe der jüdischen Rivalen als Brennpunkte des Fremden, um sich «im Ekel» abzustoßen und dadurch Energie zu tanken. Feindselige Treffen beschwingen ihn. Gegen die Anarchie der Sinne bringt Schmitt sich in Form – und die «Form der Form» ist für ihn im Politischen die Diktatur. Sie soll vor dem «Wolfsgesicht des Lebens» schützen.[52] In ihr soll alle Nervosität enden. Aber die «Wölfe» wühlen in ihm.

Von Zeit zu Zeit hat Schmitt also die «Häresie der Formlosigkeit»[53] nötig. Verzweifelt grübelt er über die Gründe seiner Fallsucht. Er glaubt zu wissen, dass seine sexuelle Obsession im Grunde «proletarischer», «anarchistischer», vielleicht sogar «jüdischer» Natur ist. Was ihn antreibt, so vermutet er, ist «eine objektlose Sehnsucht, deren Grund die Objektlosigkeit ist».[54] Aber wie Doderer einmal angemerkt hat, man soll «nie glauben, daß man im reinigenden Bad des Chaos zu tief untertauchen könnte; (…) die uns umschließende Korkweste falscher Ordnung treibt uns bald wieder an die Oberfläche».[55] Damit dürfte Schmitt vertraut gewesen sein. Sein Sturz ins Bodenlose zielt in der Regel auf das Kissen der begehrten Frau: «Bette mich in deiner Liebe. – Kopfüber stürze ich in einen Abgrund der Objektlosigkeit.»[56]

Schon an den frühen Tagebüchern ist die «flackernde Atmosphäre» von Schmitts Notaten aufgefallen.[57] Als Jurist ist er im Protokollstil der Erfassung von Sachverhalten trainiert. In «betäubter Sprache» registriert er seine Abstürze. «Schwarze Hefte» wie der Freiburger Philosoph Martin Heidegger braucht Schmitt in den Jahren der Entscheidung dagegen nicht zu führen. Was er politisch in dieser Zeit verbricht, zeigt er im Tageslicht der Presse, in der «Neuen Juristen Zeitung», in Kampfbroschüren über den totalen Staat, aber auch in Reden von der Tribüne des Rechtswahrerbundes oder vom Vorlesungspult im Hörsaal. Eingreifendes Denken im Dienst des Machterhalts. Schmitts politische Nachtseite ist publik, sie hat in diesen Jahren keine subversive Kehrseite rechtsstaatlicher Bedenken, tiefsitzender Skepsis oder Spuren des Bewusstseins, dass er bis 1936 ein leicht handhabbares Instrument des Regimes ist. Bis 1936 brauchen keine Untaten enthüllt zu werden. Sie treten nackt zutage.

Schmitts Notate sind Zeitspeicher der Entleerung. Am 2. Juni 1930 notiert er: «Wahrheit: Entleerung.» Er wiederholt, wie die Editoren seines Tagebuchs anmerken, das Wort «Entleerung» noch einmal in Langschrift. Dann: «Kurzer Schwindel. Der Teufel isoliert.»[58]

Bastelt Schmitt an einer Transparenzmaske? Für wen? Will er in der naturalistischen Selbstentblößung letztlich seine geistige Unergründlichkeit verbergen oder sich im Distanzmedium der Schrift seiner Körperlichkeit vergewissern? Ist es eine Beichte? Weiß der Teufel, nur als Rätsel bleiben die Einträge faszinierend. Warum verbrennt Schmitt sie nicht? 1923 begründet er die Obsession, alles zu protokollieren: Er werfe jeden Gedanken «an den Strand der Zeit wie irgendein Seeräuber einen Zettel, auf dem er in einer unverständlichen Geheimschrift den Platz eines vergrabenen Schatzes eingab (...). Irgendjemand wird es finden und lesen, entziffern und das Geheimnis entschleiern.»[59]

Eines scheint klar zu sein: Die Tagebücher sind der Ort, an dem Schmitt seinem heimlichen Laster des «romantischen Occasionalismus», den er 1919 in seinem Buch über die «Politische Romantik» verteufelte, frönen kann. Aus immer neuen Gelegenheiten entsteht für den Occasionalisten eine neue Welt, «ohne Substanz und ohne funktionelle Bindung, ohne feste Führung, ohne Konklusion und ohne Definition, ohne Entscheidung, ohne letztes Gericht, unendlich weitergehend, geführt nur von der magischen Hand des Zufalls».[60]

Der starke Staat kann Erfüllungsgehilfe des Formwillens sein. Er hält die anarchische Kraft des Naturzustandes nieder. Schmitt hätte Gottfried Benns Bonmot aus dem Jahre 1936 zustimmen müssen: «Das also ist der Geist! In diese Löcher und Lücken der Natur tritt er ein, um hervorzuschimmern mit seinem zweideutigen u. dreckigen Grinsen, denn es ist ja auch nur ein Grinsen.»[61]

Die anderen drei Staatsräte haben zu ihrem Glück nichts Untergründiges einem Tagebuch anvertraut. Benötigten sie keinen Texttresor als Selbstentgiftungskammer? Ist Unergründlichkeit der Psyche nicht ihr Problem? Furtwänglers Eskapaden, die von Goebbels geschützt werden, in Gabelsberger-Kurzschrift, Sauerbruchs Narrheiten im Stenogramm? Nur Gründgens könnte für sich in Anspruch nehmen, dass Bühne und Kinoleinwand für ihn zeitlebens ein Distanzmedium der Entblößung waren.

## ZWEITER ABEND, OKTOBER 1937 IN CARINHALL. **CARL SCHMITT ÜBER DEN FEIND**

Eigentlich wollen sich die Staatsräte bei Carl und Duschka Schmitt in der Kaiserswerther Straße 17 in Berlin-Dahlem treffen. Das Haus gilt als ein Ort der Geselligkeit, an dem es nicht ungewöhnlich ist, dass feindliche politische Elemente aufeinanderprallen; für sensiblere Gäste wird es manchmal unangenehm. Die Cembalistin, Musikwissenschaftlerin und Japanologin Eta Harich-Schneider schreibt am 14. Juni 1936 in ihr Tagebuch: «Abends bei Schmitts – leider! Ich lernte Diels kennen, den ersten Chef der Gestapo, einen flotten, aber furchterregenden Mann. Um ein Uhr schlich ich mich davon.»

Doch aus der Runde in der Kaiserswerther Straße wird nichts. Völlig überraschend müssen die Herren einer Einladung Hermann Görings folgen. Das brillante Quartett seines Staatsrats – Göring ist von dem inoffiziellen Treffen der vier auf Gut Zeesen unterrichtet worden – soll einmal in seiner soeben eingeweihten Residenz tagen. Es geht also nach Carinhall, das sich Gründgens, der die Fotos aus der Presse kennt, schaurig vorstellt.

Im Januar 1937 hat der Bauhaus-Gründer Walter Gropius einen Lehrstuhl an der Harvard-Universität erhalten. Albert Speer ist zum Generalbauinspektor für die Reichshauptstadt ernannt worden. Im Juli hat man in München die Ausstellung «Entartete Kunst» eröffnet. Im März kündigte Göring nach der Produktion von Volksempfängern und Volkswagen die Einführung einer Volksgasmaske an. Die großformatig in den

Zeitungen abgebildete Gasmaske flößt jedoch eher Angst ein. Zu Verstimmung haben auch die Luftschutzübungen geführt, die vom 20. bis 26. September im Berliner Stadtgebiet durchgeführt wurden. In einem Bericht hieß es: «Die Straßen wurden zu Schluchten mit toten Mauern, nur über den Sohlen dieser Schluchten bewegten sich winzige Lichter.» Während der Verdunkelungsübung verwandelte der Reichsbühnenbildner Benno von Arent die Innenstadt für den Staatsbesuch Mussolinis heimlich in eine Theaterlandschaft. Unter den Linden wurden in vier Reihen schneeweiße Säulen mit goldenen Adlern darauf aufgestellt. «Als sich am frühen Abend des 28. September die Wagenkolonne Hitlers und Mussolinis der Innenstadt näherte, flammten Scheinwerfer auf. Ein seelisches Wunder nach der Verdunkelung.»

Noch lässt das politische Hintergrundrauschen die Staatsräte kalt. Nicht ohne gereizte Neugier fahren sie der Theaterlandschaft des Reichsoberförsters entgegen. War es ein sadistischer Impuls, der Göring dazu veranlasste, die Herren in die reetgedeckte Schachtel seines Sommerpalais zu stecken? Er kennt die Idiosynkrasien seiner vier Diven. Der Staatsrat ist lange nicht mehr einberufen worden. Was liegt da näher, als die Prominenten bei sich zu Hause zu empfangen?

Da Carl Schmitt nach Angriffen der SS seine Partei- und Ehrenämter bis auf den Berliner Lehrstuhl verloren hat, empfindet er es als Genugtuung, von Göring eingeladen worden zu sein. Er hat zugestimmt, im kleinen Kreis das Herzstück seiner politischen Philosophie vorzutragen, gleichsam als Ehrenrettung und als Beweis, dass ihm Unrecht geschehen ist – aber doch bitte nicht auf der Operettenbühne von Carinhall! Womöglich will sie der Schutzherr gar mit auf die Jagd nehmen. Man stelle sich den langen Furtwängler auf der Pirsch, Sauerbruch im Gehölz,

Gründgens bei der Inspektion der zur Strecke gebrachten Tiere und Schmitt in ausgeborgten hohen Jägerstiefeln des Reichsforst- und -jägermeisters vor. Nicht ohne Widerwillen, also gehorsam, folgen sie der Einladung.

Am 20. Juli 1937 ist Görings Residenz in der Schorfheide nach einem großzügigen Umbau eingeweiht worden. Schmitts Freund, der preußische Finanzminister Johannes Popitz, klagt seit Jahresbeginn über die irrsinnige Summe an Staatsgeldern, die der Bau verschlinge. Aber Hitler hat das Sommerpalais genehmigt: einen gewaltigen, zweigeschossigen Mittelbau, der von zwei Seitenflügeln flankiert wird. Alle Dächer sind mit etwa dreißig Zentimeter dickem Reet bedeckt. Ins Hauptgebäude führt ein mächtiges Portal, dessen Vorbau mit einer begehbaren Dachterrasse etwa sieben Meter in den Vorhof hinausragt. Zu beiden Seiten des Portals liegen Rothirsche aus Bronze, die der Berliner Bildhauer Harry Christlieb gegossen hat. Wenn Göring in Carinhall weilt, wehen an zwei Fahnenmasten auf der Dachterrasse die Standarte des Oberbefehlshabers der Luftwaffe und die des Reichsjägermeisters.

Kaum sind die Herren dem Mercedes Cabriolet, einem von Görings Staatsgefährten, entstiegen, kommt ihnen schon Emmy Göring entgegen, filmreif strahlend. Tippelnde Schrittfolge bei ausgebreiteten Armen, ein merkwürdiger Widerspruch, denkt Sauerbruch. Gründgens kennt die Gastgeberin; die beiden begrüßen sich in der Manier der Künstler. Die anderen beiden halten sich mit übertriebenem Respekt zurück. Sie haben die Magazinbilder der Hausherrin im Kopf; jetzt wünschen sie, ihr fotografisches Vorurteil bestätigt zu sehen. Anders Gründgens, der sich noch an die blütenfrisch schüchterne Bühnen-Sonnemann erinnert, von ihm einmal als Minna von Barnhelm, ein andermal als Königin Luise eingesetzt. Ihre

Augen schwimmen in einem seltenen Veilchenblau. Jeder Mensch, der vor sich hinsieht, entsendet einen Blickstrahl wie einen fliegenden Pfeil, kraftvoller oder schwächer vorgeschnellt. Bei Emmy Sonnemann fehlt ein solcher Strahl. Ihr Schauen breitet sich gleichsam seitwärts aus, wie die Ringe um einen ins Wasser geworfenen Stein. Ja, denkt Gründgens, es steht um ihre Augen ein ständiger Schleier einer gewissen Unaufmerksamkeit, ein ringweise nach außen zerstreutes Sehen.

Vor der Reise nach Carinhall hat Gründgens mit Marianne Hoppe darüber gerätselt, in welchem Kostüm Emmy Göring sie heute empfangen würde. Im Magazin «Silberspiegel» waren Fotos einer Modevorführung in Carinhall zu sehen gewesen: große Teerunde der Damen vieler Würdenträger, im Vordergrund Emmy Göring – in zartrosa Robe mit üppig drapierten Puffärmeln, dreireihiger Perlenkette, Blumenbouquet im Ausschnitt und unterhalb des Gürtels Blumenapplikationen bis zum Saum des seidenen Kleides – am Tisch mit Brigitte Frank und der Gattin des französischen Botschafters François-Poncet. Von den im «Silberspiegel» abgebildeten Modellen konnte sich Marianne Hoppe nur für ein schlichtes mit glattem Miederteil begeistern, darüber ein Cellophangürtel, der wirkungsvoll das marineblaue, durchgehend in Waffelmuster gestrickte Wollkleid unterbrach. Gründgens dagegen hatte gewettet, dass Emmy als Gattin des Reichsforstwarts mit einem herbstlichen Kostüm auftreten würde: am Schoß der hüftlangen Jacke eine beschwerende Silberfuchsverbrämung, zur schwarzen Wolle ein weich geraffter Einsatz aus glänzendem Satin.

Beide Erwartungen werden enttäuscht: Emmy Göring trägt ein formschön komponiertes Modell aus weißem kreppartigem Gewebe. Längs teilende Blenden enden in einem angedeuteten Bolerojäckchen, das durch den Stiel einer Pfingstrose gehalten wird. Irritierend sind nur die breiten Goldstreifen an beiden Handgelenken. Gründgens fragt sich, ob diese gekreuzten «Sklavenketten» wohl Nachahmung in der Damenwelt finden werden.

Wie sich herausstellt, ist der Hausherr verhindert. Die Staatsräte sind erleichtert. Emmy Göring bittet die Herren einzutreten, vorbei an Franz von Stucks Bronzestatue «Reitende Amazone». Erster Missklang, Heros bellt. Gründgens konnte es nicht lassen, seinen Terrier mitzubringen. Emmy findet Heros süß. Doch zuerst muss sie den Staatsräten die Großküche zeigen, die den Vergleich mit einer modernen Berliner Hotelküche nicht zu scheuen braucht. Anschließend geht es durch die altdeutsch eingerichtete Trinkstube zur Kegelbahn, die mit wenigen Handgriffen zu einem Schießstand für Kleinkaliberwaffen umgebaut werden kann. Dann dürfen die Gäste den Gymnastikraum mit Sportgeräten besichtigen, ein Geschenk der Kosmetikfabrikantin Elizabeth Arden. Von Görings Löwenzwinger hat man schon gehört; Heros wird vorsorglich einem Bediensteten überhändigt. An den herben Geruch, sagt Emmy Göring, habe sie sich erst gewöhnen müssen. Kichernd führt sie die Herren ins Dachgeschoss des Wirtschaftsflügels, wo – «Das Kind im Manne!» – auf hundert Quadratmetern Görings elektrische Modelleisenbahn mit ihrem sechshundert Meter langen Schienennetz aufgestellt ist. Die beinahe dreihundert Quadratmeter große Jagdhalle mit ihrer nach oben bis in den First offenen Decke, die von einer mächtigen Balkenkonstruktion gestützt wird, jage ihr Schrecken ein, gesteht die Hausherrin.

Das wundert die Herren. Der Reichsführer SS, Heinrich Himmler, hat für starke, biologisch auserlesene Frauen den Titel «Hohe Frau» erfunden, und irgendjemand hat diesen Titel auf Emmy Göring übertragen. Eine Fehleinschätzung, ein politisches Dummerchen, denkt Schmitt. Hitler mag sie auch nicht, hat er gehört.

Ebenso wenig kann die Hohe Frau dem Saal abgewinnen, der mit Geweihen der von Göring erlegten Hirsche und kostbaren Gobelins geschmückt ist. Zum Garten hin verfügt die große Jagdhalle über ein Fenster, das sich per Knopfdruck versenken lässt, eine Erfindung des Bauhauses, denkt Gründgens – wie Hitlers Panoramafenster im Berghof auf dem Obersalzberg, verrät die Hausherrin stolz.

In den mächtigen Clubsesseln der Jagdhalle, so hat es der Hausherr angeordnet, sollen seine vier sich niederlassen. Allerdings kommen sich die Herren hier zu kleinformatig vor. Und da sie so tief in die Polster versinken, dass ihnen beinahe die Luft wegbleibt, bitten sie darum, im freundlicheren Wintergarten sitzen zu dürfen, der nur achtundsechzig Quadratmeter misst. An das harntreibende Plätschern des Springbrunnens werden sie sich gewöhnen müssen.

Wein wird serviert. Die Hausherrin verschwindet, leicht und ätherisch wie der Duft von Elizabeth Arden. Klebt zumindest nicht, denkt Schmitt.

Heute geht es, wie vereinbart, um eine ernste Sache, um den «Feind». Ohne Überleitung redet sich Schmitt in Feuer.

Nichts habe ihm, wie seine Zuhörer wohl wüssten, so viel Feindschaft im liberalen Lager eingetragen wie die beiden ersten Sätze seiner Schrift «Der Begriff des Politischen», erstmals 1927 publiziert. In der aktuellen Fassung von 1933 lauten sie bekanntlich: «Die eigentlich *politische* Unterscheidung ist die Unterscheidung von *Freund* und *Feind.* Sie gibt menschlichen Handlungen und Motiven ihren politischen Sinn; auf sie führen schließlich alle politischen Handlungen und Motive zurück.» Da Liberale sich eine Welt ohne Feinde vorgaukelten, sei ihre Reaktion verständlich. Schmitt lachend: Feinde sind für Liberale nur Verhandlungspartner, die sich zeitweise hinter der Schreckmaske einer Angriffsdrohung verstecken. Der Feind, denken die Liberalen in ihrer Naivität, tue nur so martialisch, um seine Verhandlungsposition zu verbessern. Das erinnert an Hundehalter, die ihren scharfen Hund loslassen mit der Bemerkung, er wolle ja «nur spielen». Schmitt schlägt sich auf die Knie: Für Liberale finden alle Konflikte im Palaver ihre Lösung.

Gründgens denkt an eine eigene Erfahrung: Feindschaft zwischen Publikum und Schauspieler spürt er am Anfang jeder Vorstellung – Schwerarbeit, die man auf sich nehmen muss. Gott sei Dank unterbricht er Schmitt nicht, meldet sich vielmehr kurz ab, um eine kleine Welle seiner notorischen Migräne über sich ergehen zu lassen.

Schmitt zornig weiter: Frappiert hätten ihn weniger die Missverständnisse, denen seine Sätze über Freund und Feind ausgeliefert gewesen seien, als die Tatsache, dass diese Definition die Liberalen derart getroffen habe. Offenbar hat sie den Nerv des liberalen Denkens berührt, das um das Sicherheitsbedürfnis der Menschen kreist und darum die Illusion einer Welt ohne tödlichen Ernst ausmalt. Dabei kann man die Freund-Feind-Formel, wie Wohlwollende es getan haben, auch einfach als eine Übernahme aus der Politischen Theologie des spanischen Aristokraten Juan Donoso Cortés verstehen, der den Kampf zwischen Bürgertum und Feudalismus im Bild des kosmischen Kampfes zwischen Satan und Gott erblickt hat. Den theologischen Hintergedanken könne er, Schmitt, nicht ausschließen. Die meisten Schlüsselbegriffe der Politik seien theologischen Ursprungs; ein Aspekt, mit dem er die Herren heute nicht behelligen wolle.

Schmitt spürt, dass er abhebt. Die drei können ihm nicht folgen. Auf einen guten Schachzug der Gesprächsbelebung kommt Sauerbruch: Er fordert die Herren auf, das Glas zu erheben auf den vielleicht einzigen Staatsmann und Gentleman im Reich, auf Hermann Göring. Im Hinblick auf den Führerstaat ist das selbst an diesem Ort nicht unbedenklich, aber man fühlt sich unbeobachtet und genießt die Pause.

Der Staatsrechtler lässt es sich nicht nehmen, seine Zuhörer gleich darauf mit einem «kleinen Exkurs» zur Politischen Anthropologie zu quälen. In gehobenem Ton: Alle echten politischen Theorien gehen davon aus, dass der Mensch ein von Natur aus gefährliches Wesen ist. Man kann alle Staatstheorien auf ihre Anthropologie prüfen und danach einteilen, ob sie bewusst oder unbewusst einen von Natur aus bösen oder einen von Natur aus guten Menschen voraussetzen. Staatsphilosophen des 17. Jahrhunderts wie Hobbes, Spinoza, Pufendorf wussten noch, dass die handelnden Subjekte in den Staaten «böse», wie von Trieben bewegte Tiere sind. Selbst der konservative Plessner hat 1931 in seinen Überlegungen über Macht und menschliche Natur den Menschen als ein gefährliches Wesen erkannt, das, wenn es nicht aus eigener Kraft gelinge, durch den starken Staat in Form gebracht werden müsse. Gegen die Versuche, die dunkle, auf Aggression geeichte Natur des Menschen aus dem Verborgenen hervorzuholen, nachdem diese lange durch mächtige Fassaden der liberalen Selbsttäuschung verdeckt wurde, wird bis heute Widerstand geleistet. Die Einsicht, machttriebgesteuert zu sein, erträgt der Liberale nicht. Selbst Sigmund Freud, von dem er, Schmitt, sonst nichts halte, sei mit seiner Entdeckung des Destruktionstriebs auf heftige Abwehr nicht nur in seiner Zunft gestoßen. Bekannt sei ja sein Seufzer: «Denn die Kindlein, sie hören es nicht gerne, wenn die angeborene Neigung des Menschen zum ‹Bösen›, zur Aggression, Destruktion und damit auch zur Grausamkeit erwähnt wird.» Da habe Freud ausnahmsweise recht.

Hat Schmitt sich damit Rückendeckung aus dem liberalen Lager verschafft? Der Anthropologe Helmuth Plessner, auf den er sich in «Der Begriff des Politischen» bezogen hat, ist jetzt in Holland. Ihn in der Fassung von 1933 noch zu erwähnen wäre nicht opportun gewesen. Schwamm drüber, befreit vom humanistischen Ballast des Emigranten setzt Schmitt seinen Kreuzzug gegen die Liberalen fort: Wir haben zu lange in einer Kultur gelebt, deren Zweck darin bestand, uns selbst über unsere Tendenz zur Destruktion hinwegzutäuschen. Es ist nicht leicht, sich aus der behaglichen Innenausstattung des Liberalismus zu lösen. Aber die in unserer Natur angelegte Zerstörungslust muss zumindest erkennbar gemacht werden. Das Konzept von Freund und Feind bringt Licht in die Tabuzonen des Liberalismus, in das von ihm negierte und verdunkelte Kriegs- und Bürgerkriegsfeld.

Furtwängler betrachtet den Springbrunnen. Zu viel Naturalismus tut dem Gespräch nicht gut. Er krümmt sich innerlich vor Ungläubigkeit. Destruktionslust und Todestrieb als Bodensatz seiner Musik?

Gründgens lächelt unergründlich: Schmitt als luziferischer Aufklärer, der Licht bringt in die finstere Nacht der Gewalt hinter den Fassaden des Liberalismus? Der Staatsrechtler als gefallener Engel? Auf jeden Fall ist diese Art des Nachdenkens über die Natur des Menschen Wasser auf Gründgens' Mühlen. Auf der Bühne vorzuführen, wie das schwarzgallig Böse die Silberhülle des humanistischen Gymnasiums durchbricht, geistreich noble Schurken darzustellen ist schließlich sein Metier.

Schmitt taxiert die Abstraktionsfähigkeit seiner Gesprächspartner. Ihr Unverständnis ist spürbar; irgendwie muss er verständlicher werden. Sauerbruch verzieht keine Miene, Furtwängler wirkt überfordert, und Gründgens schweigt, vielleicht ist es die Migräne oder nur gemeine Bosheit.

Die Herren trinken lieber noch ein paar Gläser, rauchen (außer Schmitt, der es sich seit langem versagt), und Furtwängler versucht, den Springbrunnen abzustellen, was misslingt. Bei so viel Hirschgeweihen nebenan könnte es eigentlich auch etwas zu essen geben, denkt Sauerbruch und ergänzt seine physiognomischen Studien um den Fall des vortragenden *Pyknikers*, der nach geraumer Weile fortfährt.

Die Sachgebiete des Moralischen, Ästhetischen und Ökonomischen, führt Schmitt aus, beruhen auf Unterscheidungen wie Gut und Böse, Schön und Hässlich, Nützlich und Schädlich. Als Kriterium des Politischen ergibt sich die Unterscheidung von Freund und Feind. Der Feind braucht nicht böse, hässlich oder schädlich zu sein. Freundschaft und Feindschaft bezeichnen, unabhängig von allen Wertgegensätzen, den äußersten Intensitätsgrad einer Verbindung oder Trennung. Das Wort «Intensitätsgrad» hat Schmitt förmlich gesungen.

Bis dahin können die Herren folgen. Die Intensitätsformel prägt sich leicht ein. Umso mehr verwundert es sie, warum sich an Schmitts Freund-Feind-Bestimmung, die doch neutral wie eine klinisch saubere, logische Unterscheidung klingt, so viel Hass entzündet. Fehlt etwas in der Definition?

Schmitt, der die Skepsis spürt: Das sei auch nur die halbe Wahrheit. Denn die Unterscheidung des Politischen liegt eine Ebene tiefer als die der Moral, der Ökonomie oder der Ästhetik. Sie hat existenzielle Bedeutung.

Bei «existenziell» klang Schmitt eben noch wie ein Priester, als sein Sermon im Wintergarten peinlich unterbrochen wird: Die Hohe Frau erscheint, atemlos «Heros, Heros!» rufend und sich mehrmals entschuldigend. Auch im Wintergarten ist der Hund nicht aufzufinden, und so wird dem gesamten Hauspersonal befohlen, Gründgens' Terrier zu suchen. Peinlich für das Haus, schmerzlich für Gründgens, der an den Löwenzwinger denkt.

Man trinkt ein Glas auf diesen Schreck, bevor Schmitt, nun in zutraulich kollegialem Ton, seinen kurzen Lehrgang weiterführt: Der Feind ist kein Rivale im Kampf um eine Frau, kein Zahnarzt, der ohne Betäubung Wurzeln zieht, kein Konkurrent auf dem Markt oder im Konzertsaal wie Karajan. Feind ist, wer in einer konkreten Situation durch sein Anderssein die eigene Existenz bedroht. Die Bestimmung des Feindes enthält darum im Ernstfall immer auch die Möglichkeit seiner physischen Tötung. Theoretisch, meine Herren, rein theoretisch – aber implizit!

Das ist den Herren nun doch zu viel KZ unter der Leselampe. Oder meint Schmitt es nur außenpolitisch? Gründet seine Theorie auf Kampferfahrungen des Ersten Weltkriegs? Immerhin hat er vor kurzem erst verlauten lassen: «Das deutsche Volk hat soldatische Qualitäten.»

*Look who's talking*, denkt Gründgens. Hat Schmitt je an der Front eine Kugel pfeifen hören, wie man so sagt? Ist seine Theorie ein Kind des Bürgerkriegs? Von Bürgerkrieg aber war bisher nicht die Rede. Gründgens ist trotz allem fasziniert. Er wittert in Schmitts Gedankenwelt eine dämonische Kälte, ästhetisch sehr reizvoll.

Sauerbruch will wissen, ob die Theorie einen Richtwert für die medizinische Praxis habe. Ernstfälle kämen bei jeder Operation vor, auch gebe es Patienten, die er hasse. Ernst sei im

Übrigen schon deshalb garantiert, weil jede Operation tödlich ausgehen könne.

Schmitt, die Augen himmelwärts, zuckt resigniert mit den Schultern, der Chirurg hat nichts verstanden.

Furtwängler hat die Augen geschlossen und summt. Er genießt ein Leben ohne Feindberührung. Warum ist Schmitt so sehr darauf fixiert? Soll er sich doch freuen, weitab vom Schuss zu sein. Oder stimmt seine Theorie erst jetzt, nachdem er von der SS «abgeschossen» worden ist? Befindet sich Schmitts eigentlicher Feind im Freundeslager?

Schmitt will der Gemütlichkeit halber einen Konsens erzielen, darum erinnert er an gemeinsame Erfahrungen: In der Republik lebte man in verschiedenen Verbindungen, als Mitglied einer Religionsgemeinschaft, einer Gewerkschaft, einer universitären Gemeinschaft von Wissenschaftlern, einer Familie, eines Sportclubs, und diese Verbindungen bestimmten das Leben unterschiedlich stark. Man lebte, kurz gesagt, in einer Pluralität von Treueverpflichtungen und Loyalitäten, ohne dass man von einer dieser Assoziationen sagen könnte, sie sei unbedingt maßgeblich für alle übrigen. Derartige Pluralismen waren im liberalen Rechtsstaat möglich. Welche Verbindung entscheidet aber im Konfliktfall, im Krieg? Erst die Möglichkeit der Gruppierung von Freund und Feind schafft eine politische Einheit, die existenziell tiefer reicht und allen anderen Verbindungen in Verbänden und Glaubensgemeinschaften zugrunde liegt.

Die Kategorie des «Feindes», meldet sich Gründgens zu Wort, sei zumindest für den Kriegsfall klar und prägnant definiert. Schleierhaft bleibe jedoch, in welcher Gestalt für Schmitt der «Freund» erscheine. Freundschaft sei ein weißer Rabe in Schmitts ansonsten rabenschwarzen …

Schon wieder wird die Tür aufgerissen. Ein Bediensteter steht stramm. Kinder, Kinder, wo hat man euch versteckt? Die vier Staatsräte kennen die Stimme und wissen, was sie erwartet. Sofort haben sie ein Bild im Kopf: der hohe Herr am Ausgang der Jagd, die Büchse raucht, den Fuß auf dem geblatteten Sechzehnender, die Morgennebel steigen aus den Gründen und schaffen der Situation das Urtümliche und das Waldesweben? – Nein, ganz schlicht in seiner schneeweißen Feldmarschalluniform, geradezu schmatzend vor Jovialität, tritt Göring ein und entschuldigt sich für sein bisheriges Fernbleiben.

Die vier Herren rappeln sich aus den Sesseln auf. Ist der Hitlergruß im Wintergarten angesagt? Schon klopft Göring Gründgens auf die Schulter, die anderen lösen sich aus der Habachtstellung. Worüber diskutieren Sie, über den Feind? Weitermachen! Der Herr über Rohstoff und Devisen lacht, hat leider keine Zeit, zieht nur Schmitt mit seiner Schutzhand zur Seite, keine Bange, Herr Staatsrat. Die Männer sind erleichtert, als ihr Mentor so schnell verschwindet, wie er eingebrochen ist.

Schmitt fragt sich, wo er stehen geblieben ist. Gründgens' Interventionen nerven ihn, am liebsten würde er sie wie lästige Fliegen vertreiben. Der Staatsrechtslehrer zieht ein schmales Buch aus der Aktentasche: Da ist es, das Corpus Delicti. Erstaunlich schmal, das böse Heft, nur einundsechzig Seiten. Eine Passage aus dem fünften Kapitel kann Klarheit schaffen. Schon liest Schmitt sie vor:

«Der Staat als die maßgebende politische Einheit hat eine ungeheure Befugnis bei sich konzentriert. Die Möglichkeit, Krieg zu führen und damit offen über das Leben von Menschen zu verfügen. Das jus belli enthält eine solche Verfügung: es bedeutet die doppelte Möglichkeit: von Angehörigen des eigenen Volkes Todesbereitschaft und Tötungsbereitschaft zu verlangen, und auf der Feindesseite stehende Menschen zu töten.» Die staatliche Verpflichtung zum Kriegseinsatz setze den Anspruch des Einzelnen auf das eigene Leben schlagartig außer Kraft.

Zwar hat nur Sauerbruch unmittelbare Fronterfahrung, aber dass nach einer Kriegserklärung der Staat, der dem Einzelnen zuvor jede Gewalttätigkeit untersagt hat, über Nacht das Tötungsverbot der zivilen Gesellschaft aufheben kann, leuchtet jedem der drei Zuhörer ein. Beunruhigender ist, was darauf folgt:

«Die Leistung eines normalen Staates besteht aber vor allem darin» – das «vor allem» intoniert Schmitt geradezu schrill –, «*innerhalb* des Staates und seines Territoriums eine vollständige Befriedung herbeizuführen, ‹Ruhe, Ordnung und Sicherheit› herzustellen und dadurch die *normale* Situation zu schaffen, welche die Voraussetzung dafür ist, dass Rechtsnormen überhaupt gelten können, weil jede Norm eine soziale Situation voraussetzt und keine Norm für eine ihr gegenüber völlig abnorme Situation Geltung haben kann. Diese Notwendigkeit innerstaatlicher Befriedung führt in kritischen Situationen dazu, dass der Staat als politische Einheit von sich aus, solange er besteht, auch den ‹inneren Feind› bestimmt.»

Es ist warm im Wintergarten, und doch sorgen diese Sätze für Gänsehaut. Nicht bei Sauerbruch, versteht sich. Der ehemalige Leibarzt Hindenburgs hat die Chuzpe, sich immer und überall unbeobachtet zu fühlen.

Dass ein innerer Feind bestimmt werden muss, um die Einheit des Staates zu gewährleisten, scheint irgendwie logisch zu sein. Aber was, wenn der NS-Staat selbst nur das Instrument einer Interessengruppe ist, die bestimmt, wer der innerstaatliche Feind ist? Furtwängler grübelt, inwiefern die jüdischen

Musiker in seinem Orchester, Deutsche von echtem Schrot und Korn, innerstaatliche Feinde waren, die entfernt werden mussten. Jetzt hat die Verdrängung ihre Vorteile zu erweisen, damit der Kreis nicht auseinanderfällt.

Tastende Blicke. Es wird viel getrunken.

Er selbst hätte die Passagen aus «Der Begriff des Politischen» vorlesen müssen, denkt Gründgens, dann hätten die Herren an Mephisto, den Dialektiker, gedacht. So dagegen endet die Negation des Feindes in Tötungspraktiken, in denen nichts aufgehoben wird: tot bleibt tot. Lebensgefährliche Theorien gehören auf die Bühne. Vielleicht berührt Schmitt mit seiner Freund-Feind-Formel sogar Ursprünge des dramatischen Theaters. Ein archaisches Modell, Futter für Ethnologen und Mythologen. In den zwanziger Jahren, erinnert sich Gründgens, hat der Staatsrechtler Schmitt Intellektuelle im linken wie im rechten Lager fasziniert. Eine schillernde Figur, die durch die Felder der Juristen, Theologen und Politologen streunte, befreundet mit Hugo Ball, dem Dadaisten, und dem dicken Expressionisten Theodor Däubler. Für Franz Bleis «Bestiarium» schrieb er ein galliges Porträt des «Fackel-Kraus». Gegen Ende der Republik entdeckte man ihn, den intellektuellen Abenteurer, an der Seite des Generals Kurt von Schleicher. Dass Schmitt den Mord an von Schleicher im Juli 1934 offiziell für rechtens befunden hat, verleiht ihm geradezu die Abgründigkeit von Shakespeares noblen Mordgesellen. Hinter den hehren Begriffen und Ideen der Republik hat der Staatsrechtler die Gewalt von Interessenverbänden aufgedeckt. Ein Kandidat für jedes extreme Lager. Gründgens mustert den kleinen Juristen: Ungewöhnlich, wie hier ein bürgerlicher Gelehrter Ideen allein nach ihrem politisch-bürgerkriegsmäßigen Sinn befragt.

Wo Schmitt denn nun den Feind verorte, will jetzt auch

Sauerbruch wissen. Wenn er im Feind nur den äußersten Intensitätsgrad einer Gefahr erkenne, dürfe der Feind eigentlich gar keinen geographischen, ethnischen, klassenmäßigen oder religiösen Ort haben. Ob er überall anzutreffen sei, wie Satan?

Auch den Avantgardisten, wirft Gründgens ein, sei es um die Intensität des Jetzt gegangen, um das plötzliche Durchbrechen der Eisdecke in der zivilen Gesellschaft. Es gefällt ihm, Schmitt als Avantgardisten auf verlorenem Posten zu sehen, den es per Zufall in die Juristenzunft verschlagen hat. Die Sprache des Juristen wirkt so kalt, weil er sie als Desinfektionsapparat gegen die Moral einsetzt. Aber bereitet der ästhetische Reiz der Kälte womöglich die Bahn zu mörderischen Taten?

Den Vergleich mit den Avantgardisten hätte Gründgens nicht riskieren dürfen. Staatsrat Schmitt mit rotem Kopf: Nie habe er sich in die vorgebliche Autonomie der ästhetischen Praxis geflüchtet. Was die Salon-Avantgardisten veranstalteten, sei doch nur Kinderkram. Erst wagen es diese Scheinradikalen, zivile Normen zu durchbrechen, wenn aber dann der Rechtsstaat zurückschlägt, berufen sie sich feige auf die Kunstfreiheit.

Die Sticheleien des dekadenten Schauspielers reizen Schmitt bis aufs Blut. Laut durch den Wintergarten: Gründgens' Missverständnis erinnere ihn an eine aberwitzig blöde Reaktion auf seine Freund-Feind-Schrift. In den «Kant-Studien» ist seine Schrift 1933 als Manifest einer von Nietzsche geprägten Avantgarde ausgelegt worden. Der dumme Artikel eines Juden, frech und unverschämt. In einem Begleitbrief war sogar von «verborgenem Nihilismus» die Rede. Er, Schmitt, habe den Eindruck gewonnen, der Rezensent, ein gewisser Dr. Helmut Kuhn, habe ihn mit Ernst Jünger verwechselt, als er behauptete, Schmitt könne den wahren Ernst einer politischen

Existenz nur im Ernstfall, der Todesbereitschaft fordert, erkennen. So weit, so gut. Dieser Kuhn habe recht, wenn er schreibe, dass man erschreckende Sachverhalte unerschrocken ins Auge fassen müsse, auch wenn sicherheitsbedürftige Gemüter darüber vielleicht entsetzt seien. Todesbereitschaft und Tötungsbereitschaft stellten nicht nur Proben, sondern auch Garanten des Ernstes im politischen Kampf dar. Insofern stimme er, Schmitt, mit Jüngers Haltung in dessen Kriegstagebuch «In Stahlgewittern» überein. Aber, jetzt wieder mit gehobener Stimme: Die Freund-Feind-Formel steht nicht in der Tradition des Immoralismus dekadenter Literatur, wie Privatdozent Kuhn vermutet. «Der Begriff des Politischen» ist kein Manifest des Politischen Existenzialismus! Ein typisches Feindbild aus dem Dunstkreis liberaler Denker. Karl Löwith habe die Formel vom «Politischen Existenzialismus» geprägt, und der abtrünnige Heidegger-Schüler Herbert Marcuse habe in die gleiche Kerbe geschlagen.

Steht nun Gründgens als der Blamierte da? Er lächelt, das heißt, er grübelt: Es ist unbegreiflich, warum Schmitt 1933 das einzig Faszinierende an ihm, das amoralisch Avantgardistische, abgestreift hat, um sich als grauer Funktionär in den Stallgeruch des NS-Rechtswahrerbunds einzunisten. Er hätte ein Saint-Just der nationalen Revolution sein können: «Wir schließen schnell und einfach», soll der französische Dezisionist über die Tötungsbereitschaft während der Revolution gesagt haben. Schmitt hätte das Format eines Talleyrand gewinnen können, wie ihn Franz Blei in seinem Roman beschrieben hat. Jetzt, ausgebootet, ist er nur noch das «kluge Carlchen», wie man ihn – Sauerbruch hat es verraten – in den Kreisen der Mittwochs-Gesellschaft nennt.

Stürzt sich Schmitt an diesem Abend noch einmal mit Feuereifer ins Spannungsfeld von Freund und Feind, weil er selbst zum Objekt innerstaatlicher Feinderklärung geworden ist?

Gründgens will nicht lockerlassen: Habe er, Schmitt, nicht auch versucht, die Eisdecke der Zivilisation zu durchbrechen, um zum Elementarreich eines Naturzustands zu gelangen? Picasso hat die Formenwelt der «Naturvölker» entdeckt, Carl Einstein die «Negerplastiken» und Schmitt – die Nazis?

Ganz falsch, kontert Schmitt. Der Mensch hat sich nie in einem animalischen Naturzustand befunden. Der Mensch ist dem Menschen ein Mensch!

Jetzt versteht Gründgens gar nichts mehr. An Theologie hat er kein Interesse, der Sündenfall geht ihm am Arsch vorbei, wie man so sagt. Vielleicht, er wird den Verdacht nicht los, ist Langeweile für Schmitt der eigentliche Antichrist.

Gründgens grübelt. Nicht zur Sprache gekommen ist das Folgende: Der Feind ist eine zwar logische, aber doch leere Stelle in der Freund-Feind-Matrix. Ursprünglich war in Schmitts Schema keine Eigenschaft des Feindes eingetragen. Er war weder moralisch verwerflich noch hässlich. Von einer bestimmten Rasse hat der Staatsrechtler nicht gesprochen. Als aber 1933 diese Kategorie zum Fixpunkt der innerstaatlichen Feinderklärung wurde, wanderte sie quasi automatisch in Schmitts Schema ein, als übe seine Matrix eine magnetische Anziehungskraft auf Substanzen aus, die je nach politischer Konstellation als feindliche bestimmt werden. Gründgens' Entsetzen: Über Nacht wurde die einstmals leer-formale Feind-Kategorie mit der Substanz leibhaftiger Mitbürger gefüllt, die letzten Endes dem Tod geweiht sein sollten. Trug Schmitts Schrift diese Aktualisierung? Hat der Staatsrechtler, der, schenkt man ihm Glauben, nichts von der biologisch fundierten Rassetheorie der Nazis hält, die fatale Übertragung einer bestimmten Rasse in seine

Matrix verschlafen? Sie wurde 1933 für die Nazis zu einem Formular der Feind-Fahndung. Als Schmitt dann in seiner Schrift «Staat, Bewegung, Volk» mit der Kategorie der «Artgleichheit» das bindende Element des Freundeslagers benannte, fügte er seine Formel passgerecht dem neuem System ein.

Bitterkeit zieht in den Wintergarten. Man hätte Schmitt nicht auffordern dürfen, seinen Begriff des Feindes zu erläutern. Wenn man ihn hört, weiß man nicht mehr, ob es überhaupt noch Freunde gibt.

Vielleicht ist die Freund-Feind-Theorie auch Schnee von gestern, denkt Gründgens. Kein Schnee von gestern ist die «Volksgemeinschaft», die jetzt am Pol der Freundschaft angesiedelt ist. Jeder bekommt zu spüren, dass sie die höchste Stelle im Wertsystem der Nazis einnimmt. Aber je näher man den Begriff betrachtet, desto hohläugiger schaut er zurück.

Ja, denkt Gründgens, welch theatralischen Aufwand und welch abgewrackte Bühnenbildner es braucht, um die Illusion der Volksgemeinschaft in Ritualen fortwährend neu zu erzeugen: durch kollektiv eingenommene Eintopfmahlzeiten unter freiem Himmel zum Beispiel. Kennen die Herren das Foto, auf dem der Leinwandstar, die Hoppe, seine Marianne, dienstverpflichtet Suppe ausschenkt? Reichsstraßensammlungen für das Winterhilfswerk, Tag der Machtergreifung, Berliner Autoschau, Hitlers Geburtstag, Tag der Arbeit, Bayreuther Festspiele, Rundfunkausstellung, Heldengedenktag ... Durch das Jahr zieht sich ein Zyklus, der mithilfe von senkrecht in den Himmel strahlenden Flakscheinwerfern, Pylonen, Fackeln, Fahnen und Massenchören die Volkwerdung anheizt. Ist die Volksgemeinschaft, fragt Gründgens, nicht von Natur aus künstlich? Bedarf sie nicht der Inszenierung? Er schließt sich nicht aus, hat er doch für das Deutsche Rote Kreuz zusammen mit Emmy

Göring für die Schallplattenfirma Electrola Verse aus Goethes «Tasso» gesprochen.

In der Inszenierung der Volksgemeinschaft, reagiert Schmitt, sei ihnen die Sowjetunion haushoch überlegen, sie habe für Filme mühelos ihre Avantgarde einspannen können. Leni Riefenstahl sei zwar ein ähnliches Kaliber, aber ihre Art, die Haut des weiblichen Körpers gleichsam zu metallisieren, halte er für höchst unweiblich.

Liebt wohl mehr den sanft slawischen Typ, denkt sich Gründgens.

Rätselhaft, dass Schmitt, der bei seiner Kaltstellung doch mitbekommen haben müsste, dass die innerstaatliche Feinderklärung ein Resultat von Konkurrenzkämpfen innerhalb der herrschenden Kaste ist, noch so unschuldig von der Vertrauenszone der Volksgemeinschaft spricht. Von der Schadenfreude in der NS-Dozentenschaft über die Ausbootung des «Kronjuristen» haben alle gehört. Die Juristenzunft ist geschwätzig. Könnte man nicht meinen, Schmitt bekomme jetzt die volle Wucht der auf menschliche Beziehungen übertragenen Freund-Feind-Dichotomie zu spüren? Ein Gnadenakt, dass er bisher nicht an seiner eigenen Formel zugrunde gegangen ist. Emmy Göring hat Gründgens von dem zornigen Brief berichtet, den ihr Hermann an die Hauptschriftleitung des «Schwarzen Korps» schrieb: Der Pressefeldzug gegen Schmitt solle unverzüglich eingestellt werden. Viel hat es nicht genutzt, die Presse ist nicht Görings Weisung unterstellt. Warum hält Schmitt trotz dieser Erfahrung noch immer an dem Konzept der «innerstaatlichen Feinderklärung» als Garant der Volksgemeinschaft fest?

Endlich meldet sich Sauerbruch zu Wort. Man habe ihm zugetragen, dass ein gewisser Professor Heinrich Herrfahrdt aus

Marburg die ketzerische Frage gestellt habe, ob man «das Volk» als in der nationalsozialistischen Idee geeint voraussetzen dürfe – oder ob vielmehr Führung notwendig sei, weil die bloße Idee die einigende Macht nicht besitze. Professor Herrfahrdt habe darauf geantwortet: «Das deutsche Volk ist sich einig darüber, dass es wegen seiner Uneinigkeit einen Führer braucht.»

Endlich einmal etwas Erheiterndes. Aber ist es nicht das Gelächter liberaler Geister, von denen Schmitt sich eingekreist fühlt?

Ja, seufzt Schmitt, Professor Reinhard Höhn, den man den «jüngsten Professor des Führers» nenne, Stellvertretender Vorsitzender des Polizeiausschusses der Akademie für Deutsches Recht und SS-Standartenführer (und im Übrigen derjenige, der ihn abgeschossen hat, als er ihm «Verwurzelung im Katholizismus» und enge Beziehungen zum Judentum in der Weimarer Republik vorwarf), habe es einmal so formuliert: «Vom Standpunkt der Volksgemeinschaft ist jede andere Wertgemeinschaft eine Zersetzungsgemeinschaft.» Der große Höhn halte seine Vorlesungen im Hörsaal 113 der Friedrich-Wilhelms-Universität immer im Ornat seiner SS-Uniform ab und organisiere die Spitzeltätigkeit des SD.

Ein Marburger Professor, so Schmitt weiter, ein gewisser Erich Rudolf Jaensch, habe sogar einen anthropologischen Typus der Zersetzung ausgespäht, der im Dritten Reich immer noch sein Unwesen treibe. Bei diesem Typus sei die Bindungslosigkeit, wie Jaenschs langjährige empirische Forschung in Marburg gezeigt habe, biologisch verankert. Beim Wort «empirisch» muss Schmitt schluchzen vor Lachen. Offenbar wolle der Marburger Anthropologe Menschen züchten, die immun gegen die Verführung der Zersetzung seien.

Gründgens fühlt sich vom Reizwort «Zersetzung» direkt

angesprochen. Furtwängler fühlt sich mit seinem Beethoven immun gegen Zersetzung. Er hofft, dass die Jazz-und-Swing-Bewegung, mit der Jugendliche ihrer Aversion gegen die verordnete Volksgemeinschaft Ausdruck geben, den Volkskörper nicht auflösen wird. Sauerbruch ist mit seinen Gedanken schon wieder woanders.

Trotz ihrer Abwehrhaltung breitet sich Nervosität aus. Ist nicht jeder von ihnen mit verschwiegenen privaten Vorlieben und Obsessionen Glied einer Zersetzungsgemeinschaft innerhalb der staatlich verordneten Volksgemeinschaft?

Der Mensch ist ohnehin in allem Wesentlichen des Lebens allein, sagt Furtwängler leise. Jede Verschleierung dieses Sachverhalts verfälscht die Beziehungen, die zwischen Menschen möglich sind. Das Soziale ist nur gesund, wenn es von Einsamkeit gestützt wird. Das Fundament der Gemeinschaft liegt dort, wo die Menschen nichts mehr gemein haben; und wenn jenes verloren geht, artet diese alsbald in Gemeinheit aus. Was das Volk betrifft, sei er, Furtwängler, der gleichen Meinung wie der erste Präsident der Reichsmusikkammer Richard Strauss, der im Februar 1935 dem Emigranten Stefan Zweig schrieb: «Für mich existiert das Volk erst in dem Moment, wo es Publikum wird. Ob dasselbe aus Chinesen, Oberbayern, Neuseeländern oder Berlinern besteht, ist mir ganz gleichgültig, wenn die Leute nur den vollen Kassenpreis bezahlt haben.»

So erschöpfend hat sich Furtwängler bisher nie geäußert. Er läuft zu großer Form auf: Eine zu starke Neigung zur Einsamkeit zersetze die Gemeinschaft. Das muss Stromlinienkarrieristen wie Höhn oder Karajan völlig fremd sein. Ihm sei zu Ohren gekommen, dass der Komponist Paul Hindemith, für den er sich eingesetzt habe, nun sein Amt als Lehrer der Staatlichen Musikhochschule wegen ständiger Hetze der Nazis niederlegen wolle. Kein Zweifel, auch Hindemith gehört für sie zu einer Zersetzungsgemeinschaft.

Sogar dem Staatsrechtler, so jetzt Gründgens überraschend solidarisch mit Schmitt, werde von Gegenspielern neuerdings vorgeworfen, seine Zentralbegriffe ließen eine echte Beziehung zum «Blutsgefüge des Volkes» vermissen. Man bezichtige ihn, Kontakte zu «Zersetzungsgemeinschaften» jüdischer Intellektueller gepflegt zu haben. Im «Schwarzen Korps» der SS habe man es lesen können.

Selbst der kristallklare Schmitt schwimmt immer noch in der Lauge des Liberalismus?, fragt sich Sauerbruch. Hat nicht sogar jede Diktatur eine Vielzahl sich in Privatheit rettender Zersetzungschampions nötig, um vital zu bleiben, Energien zu speichern, durchzuatmen, Tatenlust zu neuen Aufbrüchen lodern zu lassen? Nun ja, «lodern» klingt vielleicht übertrieben. Und haben die Herren denn nie von der Volksdroge Methamphetamin gehört? Ihr Beitrag zur Volksgemeinschaft müsste einmal untersucht werden.

Jetzt erkennt auch Schmitt, dass es ein Fehler war, seine Kategorie des Feindes als Gegenstand der Unterhaltung anzubieten. Unterhaltungen verwässern die Schärfe des Begriffs. Daher sein Ekel vor dem Palaver eines Parlaments. Den Kollegen muss er mit theoretischer Härte begegnen. Darum giftig: Er halte daran fest, dass Volksgemeinschaft ein Ergebnis der innerstaatlichen Feinderklärung sei. Gemeinschaft bedürfe äußerer und innerer Gefahren, um sich zu konstituieren.

Gründgens bemerkt spitz, man müsse der grausamen Wirklichkeit grausamer begegnen. Brecht habe es so gesagt, und es tue dem Theater gut. «Ich boxe, also bin ich», pflege er selbst zu sagen. Der eigenen Identität als Individuum werde man erst in der Feindberührung inne, da gebe er Schmitt recht.

Der Herr Intendant im Boxring, amüsiert sich Schmitt. Man hätte Gründgens wirklich nicht in den Kreis der Gespräche einbeziehen dürfen. Es ist weniger seine spitze Zunge, er lispelt tatsächlich ein wenig. Schlimmer findet Schmitt das nichtssagende Beamtengesicht, hinter dem sich der Zyniker verbirgt.

Gereizt, apodiktisch und spöttisch abschließend der Staatsrechtler: Wer keinen Feind hat, verliert die Form. Da habe der Boxsimulant Gründgens ausnahmsweise recht. Unrecht habe er, wenn er ihn, Schmitt, der ästhetischen Avantgarde zurechne. Denn noch einmal: Ihn trennten Welten von der Hörigkeit jener Avantgardisten, die sich in Tuchfühlung mit der KPdSU sicher fühlten. Vor die Wahl gestellt, sich für Moskau oder Rom zu entscheiden, habe er sich im Gegensatz zu Leuten wie Brecht immer für Rom oder die Nation entschieden. Ohnehin sei die Energie des Nationalen größer als die Stoßkraft, die der Mythos des Klassenkampfs erzeuge oder vielmehr nicht erzeuge. Politik und Krieg seien für ihn weder Gegenstände einer ästhetischen Weltsicht, noch träfen Charakterisierungen von der Art «Entschlossenheit zu allem wie nichts» oder Formeln wie «Entscheidung für die Entscheidung» den Kern seiner Theorie. Er stehe nicht in der Nachfolge Nietzsches. Streng zu Gründgens: So viel zu dem Versuch, sein Konzept des Politischen in einem autonomen Reich der Ästhetik stillzulegen oder ihn der Gruppe der Zivilisationsliteraten zuzurechnen. Jakobinern, die Gründgens' früherer Schwiegervater Thomas Mann angemessen charakterisiert habe: Hang zur Anarchie und zu Despotismus, Humanitätsprinzipienreiter mit Vorliebe fürs Blutgerüst.

Helles Entsetzen in der Runde. Warum das Klima der Verschärfung aller Gegensätze in den Wintergarten von Carinhall einbrechen lassen? Gründgens ist Schmitts Gegner in der Runde, das ist sonnenklar.

Der kennt das Böse doch nur als Rolle auf der Bühne, murrt Schmitt in sich hinein. Ist Gründgens, wenn «Fortpflanzungsverweigerer» oder «bevölkerungspolitische Blindgänger», wie es jetzt heißt, aus der Volksgemeinschaft ausgegliedert werden müssen, theoretisch vielleicht ein Feind? Theoretisch, implizit – wie auch immer.

Die Herren sehnen sich nach Emmy Sonnemann und dem Buffet. Als es endlich aufgefahren wird, verstummen sie. Viel Dampf um den Wildschweinbraten, ziemlich bäuerlich, und reichlich Rotwein. Keine Hirschleber, leider.

Ist auch der schweigsame Sauerbruch auf seine Kosten gekommen? Die Gestalt des Vortragenden hat den beobachtenden Chirurgen und Physiognomiker vor eine schwierige Aufgabe gestellt. Der *Pykniker* Schmitt ist ein vertrackter Fall. Im Gegensatz zum Typ des *Leptosomen*, der durch hagere Eckigkeit auffällt, und zum Athleten, den sein Muskelrelief kennzeichnet, schreibt man dem Typus des Pyknikers ein sanftes Ineinander der Körperbaulinien ohne abrupte Sprünge zu. Schon bei der Deutung dieses Körperzeichens ist Sauerbruch nicht ganz sicher. War nicht die Art, mit der Schmitt über die Kategorie des Feindes doziert hat, geradezu athletisch-muskulär und eckig? Einige Züge stimmen ja mit dem Lineament des Handbuchs überein. Kein Winkelprofil des Kopfes wie bei Furtwängler, die Jochbeine springen wenig hervor, der Hals ist zwar kurz, wird aber beim Sprechen immer wieder energisch nach vorn gesenkt, als spräche Schmitt in ein Mikrophon. Sauerbruchs Charakterschema des Pyknikers gerät in Widerstreit zu Schmitts Esprit, der seinen Bauchumfang vergessen lässt. Die Hände sind weicher als bei den anderen Typen. Schließt man die Augen und hört Schmitt zu, wie er mit Emphase von Krieg und

Bürgerkrieg redet, würde man ihn für einen «Tatmenschen» halten. Der Typologie zufolge sollte der Pykniker aber ein «Gemütsmensch» sein, der gern mit Gleichgesinnten tafelt. Ein Hedonist der Mittellage, ein Meister im Ausbalancieren von Stimmungsschwankungen, ein Freund der Unterhaltung. Nie stürzt der Pykniker vom geistreichen Parlieren ins Lamento der Klage ab, nie schwankt er zwischen schneidender Kälte und mimosenhafter Verstimmung. Er ist von «kreismütiger Seelenlage», wie es die Psychiater nennen, kurz «zyklothym», ein stilles Wasser, nur zuweilen von Einfällen sprudelnd. Den Bauch braucht der Pykniker als Speicher für Verbrennungsenergie; denn er kann quecksilberhaft auf dem Sprung sein. Sauerbruch verheddert sich im Handbuchwissen, das seine Beobachtung steuert, er kreuzt die Typen, und die Schemata drohen sich in blauem Dunst aufzulösen. Fazit: Der Staatsrechtler bleibt ihm ein Rätsel. Vielleicht ist er ein Sancho Pansa, der sich Tatmenschen wie Göring zur Begleitung andient. Göring als Don Quijote will man sich aber eher nicht vorstellen.

Beim Wildschweinbraten ist Schmitt wiederum ganz Pykniker: Wie er mit Bedacht die Serviette im Nacken zusammenknotet, wie er den Wein zur Probe kaut, wie er das Fleisch zerlegt, erinnert fast an eine gottesdienstliche Handlung. Sauerbruch wäre gern selbst ein Mensch, der in keine Typologie passt. Aber wer täglich schneidet, muss Körperschemata ernst nehmen, bieten sie doch ein Portal für den Einstieg ins Körperinnere, erschließen und begrenzen den Handlungsraum des Chirurgen. Wie unerträglich viel Zeit würden Visiten am Krankenbett erfordern, wenn er sich an jedem Bett und mit jeder fremden Physiognomie in eine verwinkelte Kranken- und eine noch verwinkeltere Privatgeschichte versenken müsste? Er ist gespannt, wie Schmitt sich in der Stresssituation des Krieges verhalten wird. Dass es Krieg geben wird, davon gehen alle vier aus.

Im Mercedes Cabriolet aus der Blase des geistreichen Disputs über Freund, Feind und Volksgemeinschaft zurück in die Wirklichkeit des Oktober 1937: Auf Anordnung der Gestapo werden alle Emigranten, Juden und Arier bei ihrer Rückkehr nach Deutschland verhaftet und in «weltanschauliche Schulungslager» gebracht. Dieser Schritt sei notwendig, um den Strom der Rückwanderer, insbesondere von Juden, einzudämmen. Emigrant ist nach diesem Erlass Himmlers, wer das Reich nach dem 30. Januar 1933 aus politischen Gründen verlasse habe. Bei Juden wird das Verlassen aus politischen Gründen unterstellt.

## UNTERBRECHUNG: LEBENSBLINDHEIT

Ernst Jünger kennen die Staatsräte, Schmitt ist mit ihm befreundet, eine zweischneidige Freundschaft von Beginn an: «Ein lieber Kerl», schreibt Schmitt, dann wieder, am 3. Juni 1931, vermerkt er, Jünger sehe «etwas unterirdisch aus, wie ein kleiner Dämon, niederer Art».[62] Am 25. Januar 1934 notiert Schmitt: «Jünger zurückhaltend und fast kindlich an Büchern interessiert, aber offenbar versteckt und hinterlistig.»[63] Ein kurzes Gespräch erhellt schlagartig die Distanz zwischen den Freunden, wenn Jünger bemerkt: «Ich suche nicht Entscheidungen, sondern Qualitäten»[64] – und diese findet er nicht auf dem Feld der aktuellen Politik.

Der Mann der «Stahlgewitter» hat sich inzwischen nach Kirchhorst bei Hannover zurückgezogen, meidet die politische Sphäre. Erlauben seine Reflexionen über Tiere und ihre Umwelt in der zweiten Fassung des «Abenteuerlichen Herzens» von 1938 einen Blick hinter den Spiegel der selbstgewissen Posen, die die vier Herren in den Geistergesprächen einnehmen?

1938 fügt Ernst Jünger der alten, erstmals 1929 erschienenen Fassung seines Buchs die Skizze «Rotschwänzchen» ein:

«Während ich im Garten frühstückte, sah ich, wie aus dem Rotschwänzchennest über meiner Schwelle ein Junges herabstürzte und tot auf dem Estrich blieb. Sein Leib war noch nackt, und die großen Augäpfel schimmerten dunkel durch die rosige Haut. Sie und der breite, fest geschlossene Schnabel gaben dem kleinen Leichnam einen frühreifen, schmerzlichen Zug. Der jähe Absturz aus der Sicherheit ins Nichts war um so eindringlicher, als mit ihm zugleich das Tierchen, ohne eine Spur zu hinterlassen, aus der Wahrnehmung der Eltern verschwand. Treulich kehrten sie in ihren kleinen Abständen mit Futter für die überlebenden Geschwister zurück und flogen bei diesem Hin und Her oft dicht, aber ohne eine Spur von Teilnahme über das tote Körperchen hinweg.»[65]

Liegen der kurzen Erzählung Erfahrungen zugrunde, die Verdrängung der Toten oder die Ausschaltung der Empathie im NS-Staat? Mit Ausnahme des dritten Satzes, in dem von einem «frühreifen, schmerzlichen Zug» des Tierkörpers die Rede ist, könnte die Beschreibung, wie der kleine tote Körper aus dem Wahrnehmungshorizont der Vögel verschwindet, der Ethologie entstammen. 1933 hatte Jakob von Uexküll zusammen mit Georg Kriszat unter dem Titel «Streifzüge durch die Umwelten von Tieren und Menschen» die Grundsätze seiner Umwelt-Theorie in populärer Form zusammengefasst.[66] Ein Lebewesen kann dieser Theorie zufolge immer nur diejenigen Eindrücke gewinnen, für die es seinem Bauplan entsprechend vorgebildet ist; zudem kann es nur insoweit auf Reize reagieren, als es die dafür geeigneten Organe besitzt. Das Tier lebt in einer durch die Leistungen seines Sinnesapparats erzeugten und daher begrenzten Welt. Jede tierische Handlung geschieht in einem spezifischen Funktionskreis, einer geschlossenen Kette, innerhalb derer der Agent der Handlung an ein Merkmal des Objekts gekoppelt ist. Fällt dieses Merkmal, in diesem Fall das Zucken des Rotschwänzchenjungen, sein Schnabelaufsperren und Piepsen, weg, so ist das Objekt aus dem Schaltkreis der Aufmerksamkeit gelöscht. Der kleine Kadaver auf der Schwelle ist aus der Umwelt der Eltern herausgefallen.

Jünger geht es aber nicht um einen Beitrag zur Tierverhaltensforschung. Er stößt sich energisch vom sicheren Ufer des ethologischen Modells ab, um sich mit kräftigen Zügen Spielraum für eigene Meditationen zu verschaffen. Nachdem er konstatiert hat, dass der Tod den Körper in der Tierwelt schnell in einen zu vernachlässigenden Gegenstand, zuweilen sogar in ein Objekt der Nahrung verwandelt, folgt ein kurioser Satz: «Die Tiere befolgen demnach auf das entschiedenste die den Leichen gewidmete Maxime des Heraklit, die sie als Mist bezeichnete und von der ich annehme, daß sie sich gegen den ägyptischen Totenkult richtete.»[67] Jünger nimmt an, dass Tiere sich gegenseitig nur aufgrund von Merkmalen der nach außen tretenden Lebensenergie wahrnehmen. Um dies plausibel zu machen, springt er von der gegen den ägyptischen Totenkult gerichteten Maxime zu den Stromkreisen eines städtischen Energiehaushalts: Man müsse sich das Verhältnis der Tiere zu anderen Körpern so vorstellen «wie das unsere zu einer elektrischen Lampe, die uns leuchtet, weil und solange Strom in ihr ist».[68]

Wir können also beobachten, dass andere Lebewesen blind für Phänomene sind, die von einem anderen System aus sichtbar bleiben. Aus dieser Tatsache schließt Jünger, dass auch der Mensch von einer «steinalten Blindheit» in Bezug auf sich selbst geschlagen ist. Das Bewusstsein ist blind gegenüber dem Umstand, dass es in einen Leib eingelagert ist, von dessen Singularität es sich nur im Spiegel der Gesellschaft ein Bild machen kann. «Unser Eigentümliches, unser Lebensstil [wird] nur von außen erkannt.» Die Überlegung führt zu dem Fazit: «Nicht unsere Augen, sondern unsere Sinne überhaupt gleichen darin Spiegeln, daß sie nach außen gerichtet und blind auf ihrer Rückseite sind.»[69]

Damit erhält die Beobachtung des Tierbilds plötzlich eine neue Qualität. Sie berührt eine elementare Wende der frühen Umweltforschung, nämlich die Einsicht, dass die unbewussten

Steuerungsmechanismen nicht im psychischen Depot eines Unbewussten liegen, sondern im Außen der Umwelt und in den Rezeptoren und Effektoren, mit denen das Lebewesen diese wahrnimmt. Das «Es», welches das Leben regiert, befindet sich im Bauplan des Funktionskreises, in den das Lebewesen eingelagert ist, und im Bauplan des «Weltbildapparats», der, ein Resultat der Naturgeschichte unseres Gehirns, unserer Selbstbeobachtung unzugänglich ist.

An dieser Stelle kommt unversehens Konrad Lorenz ins Spiel. Seit den dreißiger Jahren forschte Lorenz über die stammesgeschichtliche Entwicklung der physiologischen Grundlage von Bewusstsein. 1940 widmete er sich in Königsberg im Zeichen Kants einer Biologie der Erkenntnis. In sowjetischer Kriegsgefangenschaft baute er seine Gedanken dazu aus. Realisten und Idealisten, so Lorenz, seien nicht in der Lage zu erkennen, dass «der Spiegel eine nichtspiegelnde Rückseite hat, eine Seite, die ihn in eine Reihe mit den realen Dingen stellt, die er spiegelt: der physiologische Apparat, dessen Leistung im Erkennen der wirklichen Welt besteht, ist nicht weniger wirklich als sie».[70] Der Titel des Buches, in dem Lorenz 1973 diese Erkenntnis aus der Naturgeschichte des Bewusstseins festhält, scheint Jüngers Skizze entlehnt zu sein: «Die Rückseite des Spiegels».

Jünger selbst durchkreuzt freilich alle Analogien, die sich zwischen seinen Überlegungen und den Tendenzen der Ethologie herstellen ließen. Gegen den im Text unsichtbaren Baron von Uexküll gewandt, will er letzten Endes die «exzentrische Position» des Menschen retten. Dieser mag zwar der «Gesetzmäßigkeit» unterliegen, die in den Genisten natürlicher Gemeinschaften herrscht, doch er kann sich durchaus aus ihrem «Bann» befreien. Der Mensch vermag es, sich über diese «blinden» Zusammenhänge aufzuklären, um sich schließlich «aus der Entfernung» selbst zu erblicken.[71]

Der Zickzackkurs von Jüngers Überlegungen bekommt schärfere Konturen, wenn man zum Vergleich erneut das Menschenbild heranzieht, das die Philosophische Anthropologie zwischen den Kriegen entworfen hat. Deren besonderes Augenmerk galt der Frage, welche Rolle der Biologie bei der Bestimmung der menschlichen Natur zukommt. Während sich Jüngers Skizze nur verdeckt mit dem Umwelt-Modell auseinandersetzt, beziehen sich die Philosophischen Anthropologen – ich denke an Max Scheler, Helmuth Plessner und Arnold Gehlen – explizit auf die Forschungen Jakob von Uexkülls.

Auch Martin Heidegger hält in seiner Freiburger Vorlesung vom Wintersemester 1929/30 fest, dass das Umwelt-Modell zum «Fruchtbarsten gehört, was die Philosophie heute sich aus der herrschenden Biologie zueignen kann».[72] Das biologische Modell dient ihm allerdings dazu, die These zu stützen, dass der Mensch durch einen Abgrund vom Tier getrennt sei. Da für ihn nur der Mensch «Welt hat», reserviert er auch den Begriff der Umwelt für die menschliche Sphäre. Das Tier dagegen ist nach Heidegger nicht von einer Umwelt umgeben. Kraft seiner spezifischen organischen Ausstattung «umringt» es sich mit einem Umkreis, dessen Bedingungen es in sich selbst trägt. Im Organismus des Tieres ist vorgezeichnet, wie es sich in seiner Außen- und Innenwelt verhält. Die Umringung gehört zur innersten Organisation des Tieres und wirkt zugleich wie ein äußerer «Enthemmungsring», der Triebe auslöst oder eindämmt – aber nicht etwa wie ein fester Panzer um das Tier herum.[73]

Kann das Modell des «Enthemmungsrings» das Verhalten von Akteuren des NS-Staats besser erklären als die Umwelt-Theorie? Ernst Jünger ist entsetzt, als er im Winter 1942/43 im

Kaukasus beobachtet, wie sich Einheiten der Wehrmacht in einen Zustand manövrieren, den er als «zoologisch» bezeichnet. «Die Partisanen aber stehen außerhalb des Kriegsrechts, soweit von solchem noch gesprochen werden kann. Sie werden Wolfsrudeln gleich in ihren Wäldern zur Ausrottung umstellt. Ich höre hier Dinge, die in die Zoologie einschneiden.»[74]

Der Formbewusste, er ekelt sich vor der deutschen Uniform, als er aufgefordert wird, Massenerschießungen beizuwohnen. Zu seinem Glück ruft ihn das Sterben des Vaters nach Deutschland. In Hannover rüstet Jünger sich, um nach Paris zurückzukehren, wo er im Stab des französischen Militärbefehlshabers für die Briefzensur zuständig ist. Was wird er den Generälen im Hôtel Majestic, was seinem Freund Schmitt vom Kaukasus erzählen?

## DRITTER ABEND, AUGUST 1939, VILLA AM WANNSEE. FERDINAND SAUERBRUCH ÜBER PROTHESEN

An einem heißen Spätsommerabend im Jahre 1939 trifft man sich im stattlichen Haus von Ferdinand Sauerbruch in der Villenkolonie Wannsee. Man hat sich schon im Herrenzimmer niedergelassen, als der Chirurg hereintritt: Was, ruft er aus, bei diesem schönen Wetter im geschlossenen Raum ... Nein, das gehe nicht an. Er werde im Garten sprechen. Nun gleich die Stühle hinausschaffen! Die Staatsräte begeben sich also in den Garten, wo sie sich auf einem Kiesplatz an einen runden Tisch setzen.

In den nahen Gebüschen raschelt es. Mehrere männliche Gestalten lungern im Geäst, was die Gäste doch etwas unheimlich finden. Sind diese Männer ungebeten hier, oder hat man sie eingeladen? Vorerst stören sie nicht, man kann sie ignorieren, der Hausherr wird es schon richten.

Entspannt ist an diesem Abend im August ohnehin niemand. Das deutsche Nachrichtenbüro berichtet fast täglich von Zwischenfällen in Danzig und Polen: «Polnischer Wirtschaftskrieg gegen Danzig», «Polen droht mit der Beschießung Danzigs». In der Runde hat sich herumgesprochen, dass Polen in drei Tagen vernichtend geschlagen werden soll. Hermann Göring hat die vier Befehlshaber der deutschen Luftflotten über den unmittelbar bevorstehenden Angriff unterrichtet. Am 22. August hat Reichsminister Frank auf der Osttagung deutscher Rechtsverwahrer in Zoppot über den «Kampf Danzigs, einen Rechtskampf» gesprochen. Berlin kündigt offiziell den Abschluss des deutsch-sowjetischen Nichtangriffspakts an. Die Karten sind gemischt. Die Spannung in der Runde ist zu spüren. Ablenkung im Garten Sauerbruchs hat man bitter nötig.

Für Sauerbruch hat der Tag etwas schwermütig begonnen. Die Routinen der Visite erwarteten ihn. «Guten Morgen, was macht Ihr Leib?» Aber es konnte auch hin und wieder vorkommen, dass er durch die Hallen ging, ohne jeden Einzelnen ordnungsgemäß zu befragen, sei es nach der Zahl der Hustenstöße, sei es nach der Wärme des Darms. Zu Beginn der ärztlichen Praxis hatte es ihm wohlgetan, dass sich die ganze Wissenschaft von Medizin und Psychiatrie in eine Reihe von Handgriffen auflöste, die gröberen des Schmieds, die feineren eines Uhrmachers wert. Seine Hände fuhren über Röntgenröhren, verschoben das Quecksilber der Quarzlampe, erweiterten oder verengten einen Spalt, durch den Licht auf seinen Rücken fiel. Wie sich damals während seiner Ausbildung seine Vorstellungen bildeten von Helfer, Heilung, guter Arzt von allgemeinem Zutrauen und Weltfreude, und wie sich die Entfernung von Flüssigkeiten in das Seelische verwob.

Das ist lange her. Dazwischen liegen die Lehrjahre des Kriegs; ein unverzichtbarer Gewinn an Erkenntnis für die Konstruktion von Prothesen. An diesem Abend soll Sauerbruch den drei Herren, die wahrscheinlich nicht die geringste Ahnung von den Werkstätten der Medizin haben, eine Einführung in die Prothesenkunde geben. Aufmunternd war am Morgen immerhin seine Runde auf der arabischen Stute, die ihm ein ungarischer Minister geschenkt hat.

Nachdem die Gäste mit Mineralwasser und Bier bewirtet sind, berichtet Sauerbruch erst einmal von seinen Erfahrungen in der Kriegschirurgie. Er spricht so ungeniert laut, dass es weit in den Park hinausschallt. Den drei Gästen ist es peinlich, den Männern im Gebüsch womöglich nicht. Strahlend: Man könne sich gar nicht vorstellen, wie ideal die Experimentierbedingungen im Krieg gewesen seien. Die Entwicklung von neuen Operationsmethoden und Prothesen hat im Weltkrieg einen bedeutenden Aufschwung genommen. Die Kriegschirurgie arbeitete genauso effizient wie die Heereslogistik, mit der sie verzahnt war. Die schiere Menge an Versehrten hat die Chance auf tragfähige statistische Forschungsergebnisse in bisher unbekanntem Ausmaß erhöht. In den Feldlazaretten standen so viele Amputierte als Versuchspersonen zur Verfügung wie nie zuvor.

Die Herren nicken, so kann man die Sache mit dem Krieg natürlich auch sehen. Streiten will man sich an diesem Abend nicht, die öffentliche Hetzstimmung nervt bereits genug. Die Gäste rechnen mit einer eher heiteren Lehrstunde über einen Gegenstand, den sie makaber finden.

Es hat doch etwas Entlastendes, denkt Gründgens, von Statistiken auszugehen, statt über Schein, Gracián, Volksgemeinschaft und Staat zu parlieren.

Sauerbruch spürt die Zustimmung, sie bringt ihn in Fahrt: Seit Menschengedenken habe man versucht, den Verlust von Hand und Arm durch bewegliche Ersatzglieder zu kompensieren. Dominique Jean Larrey, der Kriegschirurg Napoleons, kam auf die Idee, dass sich die Muskeln am Amputationsstumpf, sofern sie noch leistungsfähig sind, zum Antrieb der Handmaschine verwenden ließen. Erst achtzig Jahre später aber gelang es den italienischen Ärzten Vangheti und Geci, einzelne Sehnen der verbliebenen Muskulatur zu isolieren und zu Schlingen und Knoten zu formen, die, mit der Handmaschine in Verbindung gebracht, zu einem organischen Motor der künstlichen Hand wurden. Im Weltkrieg, trumpft Sauerbruch auf, habe er eine Operationsmethode erfunden, mit der nicht nur einzelne Sehnen, sondern Beuger und Strecker so kanalisiert würden, dass nach Einfügen eines Elfenbeinstiftes am Armstumpf Übertragungsketten an die Muskulatur angeschlossen werden könnten. Ähnlich wie bei der normalen Arbeitsbetätigung könne nunmehr die Muskulatur als Antrieb der Handbewegung genutzt werden.

Eine kurze Pause – und wie auf ein verabredetes Zeichen treten die ominösen Männer aus dem Schatten des Gebüschs hervor. Im Licht des zu Ende gehenden Tages ist zu erkennen, dass sie mit künstlichen Unterarmen ausgestattet sind. Heros, der bis zu diesem Zeitpunkt stillgehalten hat, ist nicht mehr zu bändigen. Das ist Sauerbruchs Show: Er lässt seine ehemaligen Patienten vorführen, zu welch feinen Manipulationen die mechanischen Hände fähig sind. Offenbar sind es die Männer gewohnt, als Probanden so schamfrei aufzutreten, dass ihnen der schmerzliche Ausdruck der Versehrtheit überhaupt nicht anzusehen ist.

Die drei Gäste betrachten die Wunderwerke. Sie verstehen nicht, wie muskuläre Prozesse, deren automatische Funktionsweise gestört wurde, bewusst gesteuert werden können. Es ehrt die Kriegsversehrten, als Sauerbruch nun erklärt, dass der Amputierte zum Lehrmeister seiner Gliedmaßen werden muss, damit diese so funktionieren, wie er es sich wünscht. Kraft des eigenen Willens muss der Lädierte die unterbrochenen Bewegungsschemata nachahmen.

Staatsrat Schmitt: Wie kann ein innerer Vorgang wie etwa die Motivation, die Finger zu bewegen, tatsächlich sichtbar und effektiv in äußere Aktivitäten, in Ausdrucksgesten oder zielgerichtete Handlungen übersetzt werden?

Die Prothesenträger, entgegnet Sauerbruch, zeichnen sich

durch einen hohen Grad an Körperbewusstsein aus. Sie machen die Seelenmechanik sichtbar.

Der Chef lässt seine Probanden abtreten – wie man einen kleinen Trupp Soldaten abtreten lässt. Er hat ihnen Taschengeld versprochen.

Eine reizende Inszenierung, findet Gründgens.

Der Chirurg nimmt einen Schluck Bier, nun kann er zu Komplizierterem übergehen. Schmitts Frage berührt nämlich tatsächlich einen dunklen Punkt. Psychologen laborieren seit jeher an dem schwierigen Verhältnis zwischen willentlicher Steuerung von Bewegungen, der Unterschwelligkeit von Nervenimpulsen und den Automatismen des muskulären Bewegungsapparats. Es geht um jene Prozesse, die bei der Auslösung und der Koordination von Bewegungen hinter dem Spiegel des Bewusstseins am Werk sind.

Oder auch hinter dem Rücken der Selbstgewissheit? Ein unheimlicher Gedanke für Männer, die glauben, sich kraft ihres Willens in Form gebracht zu haben. Was läuft ab, wenn man sich entscheidet, fragt sich Schmitt, der Dezisionist. Entscheidet der muskuläre Apparat schneller, und der Willensakt hinkt hinterher? Unwillkürlich denkt er an die physiologischen Erleuchtungen, die ihn auf Bahnhöfen hinterrücks überfallen und dazu zwingen, Frauen nachzulaufen. Nicht auszudenken, dass Sauerbruchs Prothesenkunde auch für seine Obsessionen eine Erklärung bereithalten könnte.

Gründgens dagegen ist sich sicher, dass er auf der Bühne Handlungsautomatismen bewusst ausstellen kann – als hätte der Bewusstseinsspiegel des Schauspielers gar keine Rückseite. Natürlich glaubt er, es in puncto Körperbewusstsein mit jedem Prothesenträger aufnehmen zu können.

Furtwängler zieht ein überlegenes Lächeln auf und lehnt

sich auf dem Gartenstuhl so selbstzufrieden zurück, dass er beinahe umkippt und in den Kiesgrund stürzt. Für ihn ist klar, dass der Körper sich vorbewusst in Melodien wiegt. Unvermittelt fragt er, welche Rückwirkungen der Verlust von Gliedmaßen auf das musikalische Gesamterleben haben könne. Gibt der Phantomschmerz darüber Aufschluss?

Ein guter Ansatzpunkt, findet Sauerbruch. Schließlich werde im Phantomschmerz der nicht zu empfindende Schmerz der abgetrennten Hand durch die Vorstellung kompensiert, die Empfindungskette sei nicht unterbrochen worden. Aber das müssten Psychologen genauer erklären, und für das Musikerlebnis sei er, Sauerbruch, nicht zuständig. Wichtiger erscheine ihm der soziale Effekt seiner Handwerkskunst. In den Jahren der Republik habe er an einer Lösung für das Problem mitgearbeitet, wie die Kriegsversehrten in den zivilen Arbeitsprozess reintegriert werden könnten. Der Körper sei für ihn eine sich selbst steuernde, mit der Umwelt in rückkoppelnder Kommunikation stehende, lernfähige Maschine. In den nächsten Jahrzehnten seien immense Fortschritte in der Konstruktion intelligenter Prothesen zu erwarten.

Nun berichtet Sauerbruch den staunenden Staatsräten von einem Traum, der ihn vor kurzem ereilt hat. Was er darin gesehen habe, sei «voll zukunftsfähig» gewesen: einen Apparat, der aus Verstärkerröhren, Relais, Kondensatoren und Transformatoren zusammengesetzt war. Die räumliche Anordnung der Teile war eigenartig, sie füllten eine Armprothese. Mitten darin befand sich ein Elektromotor, von dem aus sich ein Dutzend biegsame Wellen nach unten zogen. Genauer hinsehend, habe er bemerkt, dass sie in die Finger einer seltsam geformten Hand mündeten. Die Zehen eines oder beider Füße stellten Kontakte her – auch verbleibende Armmuskeln konnten die

Kontakte übernehmen –, die Stromimpulse liefen über einen zylindrischen Radioapparat.

Das überschreitet das Vorstellungsvermögen des Herrenzirkels, Schmitt schaltet ab. Furtwängler horcht auf, als Sauerbruch von dem virtuosen Orgelspiel eines Patienten erzählt, dem er zu einer Arm- und Handprothese verholfen hat.

Gründgens wird die Unterhaltung zu sachlich, er kündigt eine Anekdote über «Wiesengrund-Adorno» an. Schmitt und Furtwängler reagieren schon bei der Nennung des Namens leicht gereizt. Wiesengrund habe sie selbst erzählt, so Gründgens: die Geschichte von Adorno und der eisernen Prothesenhand. Er sei in einer Villa in Malibu, am Strand von Los Angeles, eingeladen gewesen. Einer der Gäste, als Hauptdarsteller des Films «The Best Years of Our Life» berühmt, habe sich frühzeitig verabschiedet. Adorno habe ihm ein wenig geistesabwesend die Hand gegeben und sei dabei heftig zurückgezuckt. Der Abschiednehmende hatte im Krieg die Hand verloren und trug an deren statt eine aus Eisen gefertigte, aber praktikable Klaue. Als die Eisenklaue den Druck der Hand erwiderte, habe Adorno sofort gespürt, dass er seinen Schrecken auf keinen Fall zeigen durfte. Also habe er versucht, das Schreckgesicht im Bruchteil einer Sekunde in eine verbindliche Miene zu verwandeln.

Gründgens führt den Schrecken pantomimisch vor und versaut damit die Pointe der Geschichte: Der ebenfalls eingeladene Charlie Chaplin – der Kriegsversehrte hatte inzwischen den Raum verlassen – habe zur großen Erbauung des Publikums und Beschämung des deutschen Philosophen die für Adorno peinliche Situation nachgespielt.

Lächerlichkeit entstehe, meint Gründgens, wenn man sich selbst für den Brennpunkt des Interesses halte, aber von anderen bei einer peinlichen Reaktion beobachtet werde.

Für jeden Mann, entgegnet Schmitt, sei so etwas peinlich. Er sei erstaunt, dass Adorno den Mut besessen habe, die Selbstdemütigung in einer Erzählung preiszugeben. Ob der Frankfurter Philosoph diese Geschichte mit einem Kommentar versehen hat?

Wenn er sich recht erinnere, so Gründgens, habe Adorno gesagt, dass alles Grauen immer nah am Lachen sei und nur auf diese Weise als Rettendes erkannt werden könne.

Darüber nun muss erst Schmitt und dann die ganze Runde herzlich lachen. Diese Juden!

Die Augustnacht ist kühl geworden. Es hat allen vieren gutgetan, für eine Weile in den Handwerksraum einer fremden Disziplin abzutauchen. Anderes wühlt sie gegenwärtig auf. «Der Narr macht Krieg», hat der ausgebootete General Beck am Randc der Mittwochs-Gesellschaft Sauerbruch zugeflüstert. Die Nachricht vom Hitler-Stalin-Pakt hat wie eine Bombe eingeschlagen. Auch Schmitt hat die Ruhe des Parks am Wannsee genossen. Wenige Tage nach dem Einmarsch in Prag hat er einen Vortrag über «Völkerrechtliche Großraumordnung mit Interventionsverbot für raumfremde Mächte» gehalten. Gründgens hat die «Times» gelesen, die über Schmitts international aufsehenerregenden Vortrag berichtete. Kein einziger deutscher Politiker, so hieß es darin, habe bisher die deutschen Ziele in Osteuropa genau bestimmt; diese seien in dem Vortrag des «Nazi-Experten für Verfassungsrecht» jetzt klar geworden. Die Welt sei Schmitt zufolge aufgeteilt in die Interessen- und Ausstrahlungssphären weniger Großmächte, in die «fremdräumige Mächte» grundsätzlich nicht intervenieren dürften. Das universalistische Völkerrecht müsse angesichts der wirklichen Machtverhältnisse abgelöst werden. Das bedeute: Die Expansion des deutschen Reiches in den gesamten europäischen Kontinent solle von den Westmächten hingenommen werden.

Wenn man den kleinen Professor so unschuldig und leicht beschwipst vor sich sieht, denkt Gründgens, kann man sich kaum vorstellen, dass er in seinem Vortrag die Expansionspolitik Hitlers gerechtfertigt hat.

Schmitt schweigt sich aus; man hat ihn zum Stillschweigen gezwungen, weil Hitler inzwischen Teile seines Vortrags in einer Rede übernommen hat.

Auch ein Gespräch über Prothesen kann einen Mantel des Schweigens über die lähmende Empfindung der Gefahr legen. Doch sind die Herren wirklich gelähmt? Die Spannung des Jetzt elektrisiert sie, die Intensität des Lebens nimmt weiter zu. Man verabschiedet sich schnell.

Am 31. August meldet der Reichsrundfunk, Polen hätten den Sender Gleiwitz überfallen. Am 1. September meldet das OKW den «Gegenangriff» deutscher Truppen zu Lande, zur See und in der Luft. «Seit fünf Uhr fünfundvierzig wird jetzt zurückgeschossen.»

## UNTERBRECHUNG: STALINGRAD, DAS POSTHISTOIRE DER NATIONALKONSERVATIVEN, UND DIE VIER STAATSRÄTE IM KRIEG

Die sowjetische Stadt, in der vom November 1942 bis Anfang Februar 1943 eine Entscheidungsschlacht des Weltkriegs stattfand, hat eine Bedeutung erlangt, die bis in die Gegenwart ausstrahlt. In den fünfziger Jahren fanden Filme wie «Hunde, wollt ihr ewig leben» große Resonanz. Die deutsche Heavy-Metal-Band «Accept» veröffentlichte 2012 ein Album mit dem Titel «Stalingrad». Zwei Computerspiele reaktivieren den Ort, «Stalingrad» von 2005 und «Red Orchestra 2: Heroes of Stalingrad» von 2011.[75] In zahlreichen Modellbausätzen werden Stalingrad-Motive rekonstruiert, in Brettspielen kann man die Schlacht nachbauen.

Zwar wird in der neueren Militärforschung[76] inzwischen bezweifelt, dass die Niederlage von Stalingrad als psychologische oder moralische Kriegswende empfunden wurde – schon die Niederlage vor Moskau im Winter 1941/42 hatte das Vertrauen in den Erfolg der Wehrmacht erschüttert –, dennoch wurde «Stalingrad» bald zum Wendemythos, zu einem «Geschichtszeichen». Geschichtszeichen bilden markante Punkte zur Orientierung in einem unübersichtlichen historischen Prozess.[77] In ihnen wird ein spektakuläres Ereignis als Einschnitt im Gang der Dinge mit Vorstellungen vom künftigen Verlauf der Geschichte verknüpft. Für manche Nationalkonservative begann mit der Niederlage in Stalingrad eine Zeit des Fatalismus. Der Pfeil der deutschen Geschichtszeit hatte sein Ziel verloren.

Die Empfindung griff um sich, für unabsehbare Zeit aus der Weltgeschichte entlassen zu sein – ein deutsches Posthistoire.

Carl Schmitt ließ es sich auch nach seinem Sturz im Jahr 1936 nicht nehmen, den jeweils akuten «Zeitgeist in vollendeter Form auszudrücken»[78]. Im April 1939 gab er, wie wir schon erfahren haben, in dem Vortrag «Völkerrechtliche Großraumordnung mit Interventionsverbot für raumfremde Mächte» seiner Sympathie für den Machtanspruch Großdeutschlands Ausdruck. Vier Wochen später hielt Hitler eine Rede, mit der er, unter unausgesprochenem Bezug auf Schmitts Vortrag, eine europäische Monroe-Doktrin für Deutschland in Anspruch nahm. Schmitt wurde befohlen, seinen Anteil an der theoretischen Begründung der Großraum-Doktrin nicht öffentlich bekannt zu machen. Der neue Völkerrechtsexperte registrierte es mit Genugtuung: «Damit ist der Gedanke einer schiedlich-friedlichen Abgrenzung der Großräume in einfachster Schlichtheit ausgesprochen.»[79] Ein makabrer Irrtum. Nach Stalingrad war an einen imperialen Großraum des deutschen Reichs nicht mehr zu denken.

Stalingrad als Geschichtszeichen konnte keine Orientierung für die Zukunft geben, es leuchtete wie ein Irrlicht.[80] Geschichte wurde für jene, die geglaubt hatten, ihre Richtung zu bestimmen, zu einem dunklen Prozess, einem blinden Zusammenhang, der sich nicht steuern ließ. Nichts für Dezisionisten wie Carl Schmitt, der einmal erwartet hatte, die Weichen für den Gang der Dinge könnten durch riskante Entscheidungen gestellt werden.

Dabei hatte die deutsche Offensive im Sommer 1942 vielversprechend begonnen. Der Vormarsch der 6. Armee führte durch eine Steppenlandschaft, die insbesondere für Panzer und andere schwere Waffen mit großer Reichweite gut geeignet war. Die etwa fünf gepanzerten und motorisierten Divisionen der 6. Armee errangen mit Unterstützung der Luftwaffe zahlreiche Siege. Südlich von Kalatsch überrannten die Armeen der Heeresgruppe A das Donbecken. Die kohlereiche Region mit ihren vielen Zechen galt den Deutschen als das Ruhrgebiet der Sowjetunion.[81]

Am 16. Oktober 1942 schreibt ein Soldat der 6. Armee noch zukunftssicher: «Müde und unlustig lag das Licht des Oktobertags auf der grenzenlosen Steppe (...). In solchen Augenblicken glänzte auch der feuchte Stahl unserer Geschütze rötlich auf, die Tod und Vernichtung gegen den Feind schleudern sollten, (...) deren Rohre drohend aufgereckt nach vorn wiesen, nach Stalingrad hin.» Einen Monat später heißt es in einem Feldpostbrief: «Was hier im einzelnen geschehen ist, darf ich aus militärischen Gründen nicht erzählen. Ihr müsst euch an den Wehrmachtbericht halten.» Im Januar 1943 liest man in dem Brief eines Soldaten: «Was der Landser aushält, ist gar nicht zu beschreiben. Aber Hunger tut weh.»[82]

Nach der Ankunft in Stalingrad verringerten sich die technischen und taktischen Vorteile der Wehrmacht. In den Häuserkämpfen galt bald schon die Einnahme einer Etage als taktischer Erfolg. Die deutschen Divisionen bluteten buchstäblich aus. Bereits kurz nach Beginn des sowjetischen Angriffs erwog die Führung der 6. Armee unter General Friedrich Paulus, sich der drohenden Umklammerung durch den Rückzug aus Stalingrad zu entziehen. Diese Option aber kam für Hitler nicht in Frage. Im Januar 1943 verhungerten immer mehr deutsche Soldaten, Seuchen wie Fleckfieber grassierten. Viele Soldaten erlitten schwere Erfrierungen, die häufig Amputationen zur Folge hatten. Die hygienischen Verhältnisse waren katastrophal.

Internen Unterlagen der Wehrmachtsärzte zufolge starben

zwischen dem 19. November 1942 und dem 2. Februar 1943 etwa sechzigtausend Soldaten. Nach Angaben der Roten Armee wurden bei der Verteidigung Stalingrads ungefähr vierhundertachtzigtausend Rotarmisten getötet. In den nüchternen militärhistorischen Darstellungen findet sich wenig, aus dem sich der Mythos dieser Schlacht nähren könnte.

In den fünfziger Jahren verband man in der BRD und der DDR mit dem Namen «Stalingrad» die Vorstellung des «Endes aller Wege». Dafür sorgte auch der hier wie dort erfolgreiche Roman «Stalingrad» von Theodor Plievier, der 1943 auf der Grundlage von Gesprächen mit gefangenen Offizieren der 6. Armee geschrieben und 1946 veröffentlicht worden war. In ihm dominiert die Erfahrung, im Kessel der Stadt an der Wolga eingeschlossen zu sein.[83] Die gefallenen Soldaten, so heißt es im Roman, starben «für eine aus dem Nichts kommende und ins Nichts führende Straße».[84] Die Stadt wird zum «Chronotopos einer Falle».[85] Dabei verketten sich Bilder eines Schicksalsraumes, der sich auf fatale Weise schließt: Am Anfang stehen die Schrecken des *Rings* um die Stadt, wenig später folgt die Erfahrung des *Kessels*, dann die jedes einzelnen *Hauses* und schließlich des *Bunkers* oder des *Kellers*. Die raumgreifend imperiale Geste der Gewinnung des Ostraums, ein Traum mancher Nationalkonservativer, wird in Plieviers Text kleingearbeitet. Am Ende bietet nur noch der *Hockgraben*, der vom russischen Panzer überrollt wird, ohne dass der darin kauernde Infanterist dabei zu Tode kommt, geringfügigen Schutz.

In Geschichtszeichen wie «Stalingrad» verdichtet sich eine Fülle von individuellen Ängsten, Sehnsüchten, Loyalitäten und Erwartungen, und diese Empfindungen müssen sinnfällig geordnet werden, wenn dem Geschichtszeichen Orientierungswert zukommen soll.[86] In der Presse des Dritten Reichs war «Stalingrad» zunächst nur geographisch («Hauptstadt des russischen Unter-Wolga-Gaus, an der Mündung der Ziraza in die Wolga») und ökonomisch («einer der wichtigsten Umschlagplätze» für landwirtschaftliche und industrielle Güter) markiert, bevor der Name im Sommer 1942 langsam in die strategischen Wehrmachtsberichte einwanderte.[87] Erst als Durchgangsstation, die schnell passiert werden sollte, dann als leicht zu schleifende Festung – bis am 7. September zum ersten Mal von einer «Schlacht um Stalingrad» die Rede war. Selbst unheilschwangere Berichte suggerierten Bewegung: Stalingrad, hieß es, diene als «Sprungbrett» für schnelle Angriffsoperationen.[88] Dann aber wich die Markierung des Stadtnamens als Punkt im Bewegungsdiagramm der Raumgewinnung zunehmend der Verräumlichung eines Ortes, von dem es kein Entkommen mehr gab. Im «Ringen um Stalingrad» wurden die imperialen Ambitionen bis zu dem Kampf um einzelne Häuserblocks, ja isolierter Gebäude heruntergefahren. Die Wehrmachtsberichte konfrontierten Leserinnen und Leser in der Heimat mit einer beängstigend komplexen städtischen Topographie.[89]

Schließlich ging es nur noch um die Frage, ob der Fluchtweg verstellt war, ob Ausbruchsversuche noch eine Chance hatten. Die Zeit des «illusionsfreien Realismus» (Goebbels) brach an. Die herrschende Aussichtslosigkeit sollte den neuen, den mythischen Text des Heldenepos grundieren – bis der Name «Stalingrad» nach gescheiterten Versuchen der Mythisierung Ende Februar 1943 gänzlich aus der öffentlichen Rede verschwand. Am 28. Februar 1943 notierte Ernst Jünger, «Stalingrad» sei als Name durchgestrichen. «Auf diese Weise frieren wir zunehmend ein und können uns durch eigene Kraft nicht auftauen.»[90]

Hat die Niederlage im fernen Stalingrad eine Auswirkung auf den Erfahrungsraum Berlin? Reichsmarschall Hermann Göring verglich schon am 30. Januar die Kämpfe in Stalingrad mit der antiken Schlacht bei den Thermopylen, bei der dreihundert Spartaner einer persischen Übermacht unterlagen.[91] Am 18. Februar hielt Goebbels im Berliner Sportpalast seine berühmte Rede, in der er unter anderem Folgendes ausführte: «Stalingrad war und ist der große Alarmruf des Schicksals an die deutsche Nation. Ein Volk, das die Stärke besitzt, ein solches Unglück zu ertragen und auch zu überwinden, ja daraus noch zusätzliche Kraft zu schöpfen, ist unbesiegbar (...). Der totale Krieg ist also das Gebot der Stunde. Und darum lautet die Parole: Nun, Volk, steh auf, und Sturm brich los!»[92] Fand dieser Appell in der Bevölkerung ein massenhaftes Echo? Grassierte Fatalismus? Verbreitete sich ein Gefühl der Lähmung?

Der Psychologe Rudolf Bilz hat 1956 in der Zeitschrift «Der Nervenarzt» von einem denkwürdigen Fall berichtet: «Als in Stalingrad das Schicksal einer Armee auf dem Spiele stand, wurde in Berlin ein Ministerialbeamter von einem überaus heftigen Angstzustand heimgesucht. Er war schließlich aufs Land gefahren und hatte in seiner Unrast eine längere Fußwanderung angetreten. Es war ein planloses Marschieren gewesen, das ihm jedoch die Angst nicht wegnehmen konnte.»[93] Der herbeigerufene Arzt findet den Mann in einer ungewöhnlichen Haltung an seinem Schreibtisch vor. Der Beamte hält die Beine angezogen, damit sie nicht den Fußboden berühren, und er hat, wie er selbst bezeugt, in dieser Stellung über längere Zeit verharrt: «Ein Zwangsimpuls war über ihn gekommen, der die Verkürzung der unteren Extremitäten verlangte. Streckte der Mann die Beine aus oder versuchte er, den Fußboden zu betreten, so steigerte sich die Angst ins Maßlose.» Die Mitbewohner berichteten von einer weiteren Sonderlichkeit. Der Ministerialbeamte habe verlangt, alle Uhren anzuhalten, um die Zeit gleichsam zum Stillstand zu bringen.

Ein Fall, suggestiv genug, um ihn als allegorisches Miniaturbild des deutschen Posthistoire ernst zu nehmen. Auch unseren Herren verschlug Stalingrad die Sprache. Carl Schmitt gewöhnte es sich ab, in zu erobernden imperialen Großräumen zu denken. Zunehmend erschien ihm Geschichte im Licht der Apokalypse.

Theodor Plieviers Roman, der in krassen Bildern das Schlachtfeld als «Plantage des Todes»[94] beschreibt, hielt allerdings eine Verheißung parat, aus der Nationalkonservative Hoffnung schöpfen konnten. Der «Chronotopos der Falle» mit seiner eiskalten Umwelt enthielt einen heißen Kern: den Mythos der sauberen Wehrmacht, das Hohelied auf den Frontsoldaten. Der Kessel wird im Roman zum Ort der Läuterung.[95] Aus der Sinnlosigkeit des «Opfergangs» der 6. Armee, vom obersten Befehlsherrn und einigen korrupten Generälen erzwungen, stieg wie Phoenix aus der Asche das «Traumbild einer idealen Armee mit wahrhaft soldatischen Tugenden»[96] als «Salzkorn»[97] einer künftigen Nation.

Verschwiegen wird im Roman, dass Angehörige der in Stalingrad geschlagenen 6. Armee 1941 an der Ermordung von dreiunddreißigtausend Juden in der Schlucht Babi Jar bei Kiew beteiligt waren. Das Pionierbataillon 113 sprengte nach dem Massaker die Wände der Schlucht, um die Leichen zu begraben.[98] Auch eine weitere elementare Frage bleibt in Plieviers Buch unberührt: Woher nahmen die Landser, die mit defekten Maschinen unendlich weit in Feindesland vordrangen, ihre scheinbar grenzenlose Energie?[99]

Carl Schmitt hätte aus dem Roman eine erschreckende Erkenntnis gewinnen können: In Extremsituationen des Überlebens ist seine Formel von Freund und Feind wertlos. Sie setzt die Einhaltung von Distanzen voraus. In der Umklammerung der verfeindeten Armeen in Stalingrad fielen bei extremer Kälte die noblen Distinktionen von Schmitts Theorie in sich zusammen. Dieser Eindruck wird im Stalingrad-Roman noch dadurch verstärkt, dass Plievier die Soldaten der Roten Armee ganz außen vor lässt; er schrieb das Buch im sowjetischen Exil. Der Mythos der sauberen Wehrmacht fand auch aus diesem Grund große Resonanz in Ost und West.

Auch die vier Staatsräte hatten 1943 wohl keinen Anlass, den Mythos anzukratzen. Wie hatten sie sich im Kriege akkommodiert?

Gustaf Gründgens hatte sich in Friedenszeiten mit Simulationen der Herzenskälte behauptet – im Film etwa als Fouché, der opportunistische Polizeiminister Napoleons, oder als gnadenloser König Karl von Frankreich im Jeanne-d'Arc-Film «Das Mädchen Johanna» –, den Ernst des Kriegerischen dagegen hatte man ihm nie abgenommen. Als er 1939 Büchners «Dantons Tod» auf die Bühne bringt, spielt Bernhard Minetti den Robespierre und er selbst Saint-Just, mit dessen berüchtigter Mord-Rhetorik. 1941 und 1942 spielt er den Mephisto in beiden Teilen des «Faust» als gefallenen Engel und zugleich als «tragische Verkörperung luziferischen Geistes»[100]. Im zweiten Kriegsmonat aber hört man von Gründgens überraschend martialische Töne: «Wir alle stehen in der großen Front der Landesverteidigung.» Seine Bühnen beteiligen sich an Tourneen zur Unterhaltung der Wehrmachtssoldaten in den Niederlanden, Dänemark und Warschau.[101] 1941 bekennt Gründgens, dass eine dieser Wehrmachtstourneen für ihn das stärkste künstlerische Erlebnis der letzten Jahre war: «In einem Krieg, der um Sein und Nichtsein der Existenz von fast hundert Millionen Deutschen geht, vor den Krieger hinzutreten und ihm den Schein des Lebens vorzuspielen – ihm, der das Leben selbst in blutigsten Gefechten eingesetzt hat, das ist eine unerbittliche Probe auf die Wahrhaftigkeit unserer Kunst. Hier muss unsere Wirklichkeit – die Wirklichkeit des holden und großartigen Scheins – gegen die Wirklichkeit des kriegerischen Erlebnisses und seine Kämpfe bestehen.» Und als opfere er angesichts der Gefahr alles Reflexive seiner Artistik, heißt es jetzt, es gebe «kein Augenzwinkern, kein Beiseiteflüstern, da muss gedient und bekannt werden, wie dieses Publikum auf den Schlachtfeldern gedient und bekannt hat».[102]

Der Schauspieler kann aber auch anders. 1940 lehnt es Gründgens ab, in Veit Harlans antisemitischem Film «Jud Süß» die Titelrolle zu übernehmen. 1941 spielt er nur unter Zwang im antienglischen Propagandafilm «Ohm Krüger» den zynischen britischen Kolonialminister Chamberlain. Er erfüllt diesen «Staatsauftrag» ostentativ als «Staatsrat», indem er mit zwei Offizieren von Görings Luftwaffe bei den Dreharbeiten erscheint.[103] In der Kriegszeit setzt sich Gründgens für die jüdischen Ehefrauen seiner Kollegen ein. Er beherzigt das «Lebensprinzip jedes Kollaborateurs», der sich zum Mitmachen entschließt, um Menschen vor dem Tode zu bewahren.[104] Am 26. Februar 1943, nach der Niederlage in Stalingrad, acht Tage nach Goebbels' Aufruf zum «totalen Krieg», teilt Gründgens dem Reichsmarschall Göring mit, dass er die künstlerische Arbeit aufgeben und ins Militär einrücken wolle. «Ich dachte», erzählt er später, «meine Chance am Leben zu bleiben sei größer beim Militär als im Konzentrationslager.»[105] Am 28. Juni wird Gründgens mit einer von Görings Privatschneider maßangefertigten Uniform als Soldat zur Grundausbildung in die Kromhout-Kaserne in Utrecht eingewiesen. Er leitet jedoch weiterhin seine Berliner Bühnen. Am 15. April 1944 befiehlt Göring seinen Schützling zurück; am 1. September 1944 werden alle deutschen Bühnen geschlossen.

Unterdessen beobachtet das Reichssicherheitshauptamt argwöhnisch, was Staatsrat Schmitt nach seinem Sturz tut. Man hegt den berechtigten Verdacht, er verfolge mit seinen Kommentaren zum Völkerrecht die raffinierte Taktik, «als erster Fragen aufzuwerfen, die jeweils besonders im Mittelpunkt des Interesses stehen».[106] Seine Tätigkeit als Professor der Berliner Universität kann Schmitt unbehelligt fortsetzen. Als Hochschullehrer betreut er bis zum Oktober 1944 einundzwanzig Dissertationen mit einer großen Bandbreite an Themen, von der «Rechtlichen Stellung des Gauleiters unter Berücksichtigung des ersten und zweiten Vierjahresplanes» (1939) bis zur «Neutralität im gegenwärtigen Strukturwandel des Völkerrechtes» (1944).[107]

Schmitts gesellschaftliches Leben in Berlin scheint durch den Krieg kaum eingeschränkt zu sein. In seinem Haus treffen sich Ivo Andrić, Ernst Jünger, die Maler Werner Gilles, Emil Nolde und Ernst Wilhelm Nay, die Professoren Hans Freyer, Werner Weber und Werner Sombart. Die unpolitische Atmosphäre dieser Treffen hat etwas Unwirkliches.[108] Mit dem jungen Nikolaus Sombart unternimmt Schmitt lange Spaziergänge durch den Grunewald. Von 1941 an begibt er sich immer wieder auf Reisen, die ihn nach Paris, Budapest, Madrid, Salamanca und Barcelona führen, wo er je nach aktueller Lage Vorträge hält, etwa zum Thema «Der gegenwärtige Krieg und das Völkerrecht».[109] So verschafft er sich Distanz zur deutschen

Hauptstadt, die zunehmend unter den Luftangriffen zu leiden hat. Am 23. August 1943 wird Schmitts Haus von einer Luftmine getroffen, am 1. Dezember bezieht die Familie eine Etage in einem Mehrfamilienhaus am Schlachtensee. Schmitt beklagt die «Verlassenheit der Stadt» mit ihrer «Kunst der psychischen Maskenbildung», die den Bewohnern hilft, mit der politischen Bedrohung umzugehen.[110] Oft flieht er zu seinem Geburtsort Plettenberg im Sauerland.

In Kenntnis der Kriegslage nach Stalingrad, über die ihn Freund Popitz zuverlässig unterrichtet hat, zerbrechen Schmitts Großraumphantasien. Der Sozialist Wolfgang Abendroth, ein unverdächtiger Zeuge, berichtet: «Der einzige, der – 1943/44 – manchen Kollegen klarzumachen versuchte, dass der Krieg verloren war und es deshalb darauf ankäme, sich vorsichtig umzuorientieren, war Carl Schmitt.»[111] Vorsichtig war er. Vorsichtiger als Gründgens, Furtwängler und Sauerbruch.

Ferdinand Sauerbruch wird zu Beginn des Krieges beratender Arzt der Wehrmacht und 1942 zum «Generalarzt» befördert, 1943 erhält er das Ritterkreuz. Als Fachspartenleiter für Medizin im Reichsforschungsrat erhält er direkten Einfluss auf die Forschungsförderung. Bei einer Arbeitstagung an der Militärärztlichen Akademie im Mai 1943 erfährt er von tödlichen Experimenten führender SS-Ärzte, bei denen vierundsiebzig polnische Frauen, die als Partisaninnen zum Tode verurteilt worden waren, künstlich mit Gasbrand infiziert wurden, um die Wirkung des Antibiotikums Sulfonamid zu testen.[112] Sauerbruch hüllt sich in Schweigen. Er genehmigt selbst Experimente in Konzentrationslagern, bei denen ebenfalls der Tod der Versuchspersonen in Kauf genommen wird.[113] Zugleich pflegt er in der Mittwochs-Gesellschaft engen Kontakt zu General Beck, dem Kopf der Verschwörer des 20. Juli, und trifft sich mit den

Senioren des Widerstands Popitz, von Hassell und Jessen. Wie ist dieser Riss im mentalen Körper des Nationalkonservativen zu erklären?

Wilhelm Furtwängler reizt es auszuprobieren, was er dem System zumuten kann. Im Rückblick könnte man sagen, dass er dem NS-Staat indirekt gute Dienste geleistet hat, als er zu Beginn des Dritten Reichs in Paris, Zürich oder London mit deutschen Emigranten musizierte.[114] Dem «Kind mit kleinen Bosheiten», wie Goebbels den Meister nennt, von dem auch Hitler schwärmt, lässt man manches durchgehen. Beim Anschluss Österreichs ist seine Stellungnahme als Prominenz gefragt. Furtwängler hält «die Rückkehr in das große gemeinsame Reich» für eine Selbstverständlichkeit. «Diese Notwendigkeit aber Wirklichkeit werden zu lassen, ist die unauslöschbare Tat Adolf Hitlers.»[115] Mit dem Anschluss fasst er in Wien Fuß. Als leitender Dirigent gelingt es Furtwängler, den Wiener Philharmonikern einen Sonderstatus zu sichern, der es erlaubt, neun «Halbjuden» weiterzubeschäftigen. Durchsetzen kann er außerdem, dass das Philharmonische Orchester in Berlin seinen Konkurrenten Herbert von Karajan, der mit seiner sportlichen Erscheinung und seinen technischen Interessen dem Ideal dynamischer Jugend mehr entspricht als er, nicht mehr einladen darf. Furtwängler dirigiert 1938 auf dem Reichsparteitag in Nürnberg und prophezeit nach dem Ausbruch des Krieges, «dass sich das autoritäre System notwendig mit der Zeit durchsetzt»[116]. Nachdem seine traditionellen Gastspielnationen, Frankreich und England, Feindesland geworden sind, konzentriert er sich stärker auf Nordeuropa, dirigiert in Oslo und Kopenhagen und entschädigt das besetzte Prag «durch großartige musikalische Gastspiele»[117]. Auf Reisen verschafft er sich Luft, er dirigiert in Mailand, Turin, Genua, Rom, Neapel,

Venedig, Bologna, Triest und Florenz. Dagegen meidet er fortan Konzerte in besetzten Gebieten, die andere Stardirigenten wie Hans Knappertsbusch und Karajan mit den Philharmonikern bereisen.

Furtwänglers Position wird auch dadurch nicht erschüttert, dass man im «Schwarzen Korps» lesen kann, andere Dirigenten hätten mit Stolz das braune, feldgraue oder schwarze «Kleid der Ehre» übergezogen, während der Herr Generalmusikdirektor unbehelligt vor sich hin werke und sich in Amsterdam oder Paris mit Staatsgegnern und Verbrechern treffe.[118] Tatsächlich hilft Furtwängler in dieser Zeit jüdischen Künstlern. Die Mütter seiner unehelichen Kinder brauchen sich keine Sorgen zu machen; notfalls sorgt Goebbels dafür, dass Geld in die Schweiz überwiesen wird. Man lässt Furtwängler Bewegungsfreiheit in mancher Hinsicht.

Am 12. Dezember 1942 kommt Furtwängler auf Wunsch des Führers aus Wien nach Berlin, um die «Meistersinger» zu dirigieren. Ein triumphaler Erfolg. Am 2. Februar 1943, als die deutsche Armee vor Stalingrad kapituliert, ist Furtwängler gerade von Konzerten in der Schweiz zurückgekehrt. Es gelingt ihm, den Auftritt zum Führergeburtstag zu vermeiden – mithilfe der Diagnose einer Spondylosis deformans, einer Wirbelkörpererkrankung, die mit einer Bewegungseinschränkung einhergeht.[119]

So schlägt sich jeder der vier Staatsräte vor und nach Stalingrad durch.

## VIERTER ABEND, APRIL 1943 IN DER CHARITÉ. FERDINAND SAUERBRUCH ÜBER DEN SCHMERZ

Furtwängler findet es überflüssig, sich in Kriegszeiten überhaupt noch zu treffen. Vielleicht ist er der Einzige, der instinktiv spürt, dass sie sich nur schwer aus dem Nesselhemd der Kollaboration werden winden können. Kollaborateure der Niederlage wollen sie auf keinen Fall sein. Darum empfindet Furtwängler das Treffen in der Charité, dem ältesten Berliner Krankenhaus, in dem Sauerbruch seit 1928 als «Chef» agiert, als ausgesprochen brenzlig. Zu Beginn des nationalen Aufbruchs bewegten sie sich noch als Virtuosen in der Schutzzone ihres Faches. Jetzt, in der Sphäre des Luftalarms, geht ihnen alles unter die Haut. Wie lange, fragt Furtwängler sich an diesem Abend, können sie das sich andeutende Unheil noch mit stoischem Gleichmut an sich abperlen lassen?

Sauerbruch vermutet, dass im Augenblick alles, was bei ihren Treffen erörtert wird, unter den Verdacht der Zersetzung fällt. Ängstlichkeit liegt ihm freilich fern; als ehemaliger Leibarzt von Hindenburg wird er nicht behelligt werden. Er fürchtet, dass die sich abzeichnende Niederlage und die Kunde von den völkerrechtswidrigen Mordtaten an der Ostfront, von denen General Beck berichtet hat, auch den Kollegen den Mund verschließen könnte. Finanzminister Popitz wird seinen Freund Schmitt von der aussichtslosen Lage unterrichtet haben.

Furtwängler hegt gemischte Gefühle. Die deutsche Kraftentfaltung hat ihn anfangs erregt und mit Hoffnung und Stolz erfüllt. Der Anbruch eines, wie er es für sich formulierte, neuen

Sturmes der eigenen Wehrmacht gegen die russischen Horden hat ihn sogar für Momente erhaben gestimmt. Merkwürdig, dass die Russen ihr unwirtliches, aber offenbar geliebtes Land verteidigten. Jetzt ist die deutsche Offensive zusammengebrochen, und die russische Offensive hat, wie man aus gut unterrichteten Kreisen hört, zu nicht endenden, nicht aufzuhaltenden Geländeverlusten geführt, um nur vom Gelände zu reden. Mit tiefer Verblüffung hat Furtwängler die Landung amerikanischer und kanadischer Truppen an der Südostküste Siziliens, den Fall von Syrakus, Catania, Messina, Taormina zur Kenntnis genommen.

Um nicht in Schwermut zu verfallen, hat Sauerbruch sich Erich Engels Film «Altes Herz wird wieder jung» angesehen. Erstklassige Besetzung mit Emil Jannings, Viktor de Kowa, Elisabeth Flickenschildt, Harald Paulsen, Paul Hubschmid und Paul Henckels. Fast alle waren schon in der Weimarer Republik Stars.

Furtwängler wiederum sorgt sich: Reicht unsere Kraft, unseren europäischen Lebensraum, der den Odem Beethovens atmet, zu verteidigen? Die Invasion Siziliens hat für ihn bewiesen, dass der Feind auch auf dem italienischen Haupt- und Festland Fuß fassen könnte. In der Woche zuvor ist in Neapel ein kommunistischer Aufstand ausgebrochen, der den Alliierten in die Hände spielen wird. Rückzüge sind kleine Kränkungen, sie fallen indessen kaum ins Gewicht, angesichts der großen Furcht vor der Überflutung durch die Moskowiter Horden. Die deutsche Kultur vor der slawischen Auslöschung – was für ein Wahnsinn, ausgelöst durch die selbst heraufbeschworenen Untaten.

An diesem Abend aber wollen sich die vier nicht die Stimmung verderben lassen. Bleibt zu hoffen, dass sie nicht vom Fliegeralarm unterbrochen werden.

Das Thema: Schmerz. Wird es die Herren auf Tuchfühlung mit der Wirklichkeit bringen?

Dass Sauerbruch angekündigt hat, über den Schmerz zu sprechen, wundert die Gäste. Warum über so etwas reden, wenn sich die Niederlage abzeichnet und den Verheerungen der Körper schwerlich noch ein höherer Sinn zugesprochen werden kann? Der Chirurg hat zusammen mit dem Pädagogen Hans Wenke die Schrift «Wesen und Bedeutung des Schmerzes» herausgegeben, vermutlich wird er daraus referieren. Schon als das Buch erschien, im Jahr der Olympiade, hegten die drei Gäste den Verdacht, dass Sauerbruch die philosophischen Fragen an Koautor Wenke delegiert hatte. Die Erwartungen sind also gedämpft. Noch dazu trifft man sich in Kriegszeiten nicht im Garten der Villa wie beim letzten Mal, sondern im Chefarztzimmer. Gemütlich ist es dort nicht.

Bevor Sauerbruch mit dem Stegreifvortrag beginnen kann, meldet sich Schmitt zu Wort: Ernst Jünger habe ihm vor einiger Zeit einen unheimlichen Brief über die Zustände an der Ostfront geschickt. Der Brief kreise irgendwie um den Schmerz. Andererseits löse Jünger auch den Schmerz – wie alles, was er sehe – in Bildzauber auf. Datiert ist der Brief auf den 23. Dezember 1942. Schmitt liest daraus vor:

«Hier in den verschlammten Wäldern hatte ich weniger Anregungen als Einsichten; der Einblick in das Reich des Schmerzes ist hier vielleicht am unmittelbarsten, am deutlichsten. Die Verbindung von mechanischen Vorgängen, als Auskristallisationen der puren Gewalt, mit den Schmerzen als ihrem passiven Korrelat, erinnert stark an gewisse Bilder von H. Bosch, der diese Eislandschaften sehr klar gesehen hat (...). Schade, daß Bosch nicht malen konnte, was ich gestern sah, vom winzigen Körbchen einer Drahtseilbahn aus, in dem ich über einen Flußlauf schaukelte, während unter mir im Tale Schwärme von gefangenen Trägern entlangschlichen, Verwundete ausgeladen wurden, Pferde in den Fluß stürzten und der Feuerstrahl von schweren Geschützen die Luft zerriß. Aus einem zerstörten Brückenpfeiler, den ich passierte, lugte ein Artillerist heraus, um die Feuerbefehle nach unten zu rufen ganz wie eine der Gestalten, die man bei Breughel aus Zelten oder Eierschalen lugen sieht. Zugleich erklang über dem Tohuwabohu dieses Kessels das ‹Stille Nacht, heilige Nacht› aus dem Lautsprecherwagen einer Propaganda-Kompanie.»

Die Stille, die jetzt entsteht, zeugt wohl eher von Jünger-Verehrung als von Verständnis. Dass Schmitt, wie er sich ausdrückt, die Pittoreskisierung des Schreckens missfällt, ist schon durch den gestelzten Tonfall deutlich geworden, mit dem er die Briefpassage zitiert hat. Zwei Monate später wird er Jünger zustimmen. Am Rande einer Vortragsreise durch Spanien wird er im Prado Bilder von Hieronymus Bosch sehen. Der Kunstexperte Wilhelm Fraenger, mit dem er korrespondiert, hat sie ihm erläutert, so dass auch Schmitt aktuelle Zeiterschließungsbilder in ihnen erkennen kann.

Rätselhaft bleibt der Brief aus dem Kaukasus dennoch. Die Wendung von den «Auskristallisationen der puren Gewalt» – was konnte das heißen? Sie alle haben Gerüchte von der Ostfront gehört. Selbst Schmitt muss zugeben, dass mit dem Vernichtungskrieg im Osten die Regeln des Landkriegs gebrochen wurden. Der Gegner wird dort nicht mehr als Feind anerkannt, sondern als «minderwertige Rasse» ausgerottet. Schleierhaft bleibt, ob der Massenmord tatsächlich der Eigendynamik «mechanischer Vorgänge» gehorcht, wie Jünger in seinem Brief andeutet. Also doch wieder nur das alte Lied vom Fluch der Technik?

Die Briefzensur bringt beträchtliche Mühen der Dekodierung mit sich, und Jüngers Formulierungen stellen die Runde vor heiße Denksportaufgaben. Die Diktatur fordert und fördert überhaupt Übung in Geistesgegenwart; den Vorteil kennen sie. Schmitt will der Jünger-Verehrung noch einmal entgegenwirken: Jüngers Stilfiguren seien – jetzt in ziemlich süßem Tonfall – zuweilen von einer derart klischeehaften Symbolik, dass die Wirklichkeit selbst sich dagegen sperre.

Obgleich sich Schmitt und Jünger einig sind, dass sie beide, während die aufgeklärten Menschen sich in einem Irrgarten aus Licht befinden, wie Luzifer für Einblick in die Nacht der liberalen Finsternis sorgen, findet Schmitt, dass Jünger sich im Augenscheinlichen verliert. Er bittet darum, noch eine Passage aus einem späteren Brief zum Besten geben zu dürfen. Anfang März habe ihm Jünger einen verrückten Kommentar zu den jüngsten Bombenangriffen geschickt. Was man sich in Paris, fern von den Berliner Bombennächten, so ausdenke:

«Die Bomben, die zur Verwendung kommen, werden immer gewaltiger. Das bestätigt meine alte Theorie, daß zwischen der Abnahme der Nervenkräfte und dem Wachstum der Vernichtungsmittel ein direktes Verhältnis besteht. Es handelt sich hier um spiegelbildliche Beziehungen, man kann aber auch einfacher sagen, daß das Vakuum, innerhalb dessen die Vernichtung allein wirken kann, immer noch um sich greift.»

Wie Jünger es versteht, aus jedem Schrecken die Süße einer chinesischen Weisheitslehre zu saugen, Schmitt findet das degoutant.

Das ist doch grotesk, murmelt Sauerbruch. Dass das Wachstum der Vernichtungsmittel die Menschen entnerve, sei klar; wieso aber die Abnahme der Nervenkräfte die Zunahme der Bombardements zur Folge haben solle, erschließe sich ihm nicht. Mehr noch ärgert den Chirurgen, dass Schmitt sich wieder einmal in den Vordergrund gedrängt hat, wo doch ein kleiner Vortrag von ihm, Sauerbruch, vereinbart war.

Und dann erlaubt sich Schmitt auch noch, von einem Vorfall zu berichten, der im Hause Göring für Verstimmung gesorgt habe: Seine Frau Duschka sei nach Carinhall zum Damentee eingeladen gewesen ...

Ein Oberarzt unterbricht das Gespräch, ein komplizierter Fall erfordere den Rat des Chefs. Der verspricht, schnell wieder da zu sein.

Also: Seine Frau Duschka, wiederholt Schmitt, sei nach Carinhall zum Damentee eingeladen gewesen. Als es auf der Terrasse kalt geworden sei, hätten Angestellte teure Pelze für die Gäste gebracht. Es habe seine Frau empört, dass während der Plaudereien kein Wort über die frierenden deutschen Soldaten in Russland gefallen sei. Als abstoßend habe sie es empfunden, dass manche Damen die Pelze mitgenommen hätten, statt sie für die deutschen Soldaten zu spenden. Nie wieder werde sie eine Einladung nach Carinhall annehmen.

Legende oder nicht, der Fall berührt die Herren kaum, Schmitt hat offenbar die Empathie für die Russlandkämpfer an seine Frau delegiert, und von den vier Staatsräten wird ohnehin nur noch Gründgens zuweilen nach Carinhall bestellt. Vielleicht erinnert sich Schmitt auch an Berichte seiner Geliebten, Brigitte Frank, die im Wagenfond vor Freude in die Hände klatschte, als ihr die SS Pelze aus jüdischen Wohnungen in Krakau in den offenen Wagen warf.

Schon gesellt sich der Chef wieder zu ihnen: eine völlig

überflüssige Unterbrechung durch einen unfähigen Internisten. Ein Seitenblick auf Staatsrat Schmitt, den ewigen Verzögerer – ob er, Sauerbruch, nun endlich mit seinem Schmerz beginnen kann?

Aus Anlass der in Jüngers Brief erwähnten Allgegenwart des Schmerzes will er zunächst auf ein erstaunliches Phänomen aufmerksam machen, bei dem der Schmerz herabgesetzt wird. Es hat nichts mit stoischer Haltung zu tun, sondern ist physiologisch erklärbar: Die Chirurgen haben es früher «Wundstupor» genannt. Als er im Ersten Weltkrieg im Felde Kameraden betreute, so Sauerbruch, habe er beobachtet, dass sich viele unter der Last und den Strapazen des Dienstes oder der zermürbenden Wirkung von andauernder Spannung und Gefahr, von Erschütterung und Schreck selbst verloren. Dann reichte ihr Denken nicht einmal mehr für die primitiven vegetativen Lebensfunktionen aus. In einer solchen Verfassung war kein Raum für Schmerzempfindung, so dass notwendige Eingriffe ohne künstliche Betäubung möglich waren. Der «Seelische Wundstupor» ist nicht nur ein Zeichen der Erschöpfung, sondern auch eine Begleiterscheinung des Heldenmuts. Er denke an einen Leutnant, erzählt Sauerbruch, der, hochgradig erregt nach einem verlustreichen nächtlichen Sturmtruppunternehmen, die ohne Betäubung durchgeführte Amputation seines Arms kaum bemerkt habe.

«Kaum»? Was das heißt, möchte man schon wissen.

Es sei faszinierend gewesen. Jetzt wird der Chirurg philosophisch: Je näher der Untergang komme, desto mehr werde totaler Wundstupor um sich greifen und bald die ganze Nation erfassen. Sauerbruch erinnert die unfreiwillige Selbstbetäubung an das altpreußische Ideal soldatischer Erziehung. Diese willentliche Selbstbetäubung könne man mit Nietzsches

Gedanken vom Schmerz als «arterhaltendem Wert» verbinden. Er selbst, Sauerbruch, stehe immer noch im Bann von Jüngers Schrift «Über den Schmerz» von 1933. Schmerz erscheine dort als der «eigentliche Urgrund des Lebens». «Disziplin» sei für Jünger eine Form, die es dem Menschen erlaube, die Berührung mit dem Schmerz auszuhalten. Sie verbürge den Kontakt mit dem Elementarreich des Lebens. Jünger habe empfohlen, Frontlinien des Schmerzes aufzusuchen, um an ihnen die Haltung stoischer Gelassenheit zu erproben.

Das scheine sich im Kaukasus nun gründlich geändert zu haben, gibt Gründgens zu bedenken. Im fernen Osten ist wohl nicht mehr viel zu spüren vom Kontakt mit dem Elementarreich des Lebens.

Furtwängler ist Jüngers steile These zu heroisch. Warum Heroismus, wenn Apathie reicht. Warum Himmlers «eiskalte» Virilität, wenn die Arbeit dem Maschinengewehr überlassen wird?

Jetzt springt Schmitt doch für Jünger in die Bresche: Ob der Essay eine Rechtfertigung soldatischer Apathie sei oder nicht, viel interessanter sei die hellsichtige Diagnose, die Jünger dem Liberalismus der Weimarer Zeit ausstelle. Es sei eine Gesellschaft, die den Schmerz aus den Binnenräumen an die Ränder vertreibt, wo in Kliniken, Gefängnissen und Kasernen Spezialisten des Schmerzes ihrer Tätigkeit nachgehen, während die Illustrierten mit Vorliebe Bilder von tragischen Unfällen, Flugzeugabstürzen, tödlichen Autokarambolagen und Naturkatastrophen in den Innenraum der Gesellschaft einspeisen, wo sie wie Drogen inhaliert werden. Arbeit eines stoischen Bewusstseins ist dabei kaum mehr erforderlich. Die Abspaltung des Schmerzes wird, das habe Jünger richtig erkannt, den Bildern populärer Zeitschriften und Magazine überantwortet. Ataraxia,

Herzenskälte, entsteht im Öffentlichkeitsraum liberaler Staaten automatisch, dafür sorgen die Presseorgane.

Für Gründgens ist der Staatsrechtler selbst eine Verkörperung der Ataraxia, die man offensichtlich in großer Ferne von den aktuellen Frontlinien des Schmerzes entwickeln kann. Trotzdem stimmt er Jüngers Diagnose vorsichtig zu. Vielleicht sind die neuen technischen Medien der Rotationspresse im Gegensatz zum Theater wirklich Empathieentsorgungsgeräte.

Der Konzertsaal dagegen, Furtwängler schlägt die Augen auf, ein in Schönheit eingehegter Raum für unendliche Empathie.

Immer schon habe es, so Schmitt, Geheimnisträger des Schmerzes gegeben, die ihr Gefühl nicht preisgegeben hätten. Körperdisziplin erlaube es, am Wissen und an den Maßnahmen der Herrschaft zu partizipieren. Die Olympiade habe es gezeigt.

Keiner der drei Herren versteht, was Schmitt meint.

Die Physiologie habe, fährt Sauerbruch fort, als Leitdisziplin des 19. Jahrhunderts den Schmerz allmählich aus seiner Überwölbung durch christliche Sinngebung gelöst. Erst gegen Ende des vergangenen Jahrhunderts sei der Schmerz auf ein rein physiologisches Moment reduziert worden, auf einen elektrischen Impuls, der durch die Nerven schießt. Ein Erbe materialistischen Denkens im Liberalismus, mit dem man sich bis heute herumzuschlagen habe.

Geht es nun, fragt sich Gründgens, um die «Auskristallisationen des Schmerzes» an der Ostfront oder nicht? Völlig unzeitgemäß, wie hier über Schmerz diskutiert wird.

Sauerbruch hat den Faden verloren. Kommt selten vor, eigentlich nie. Aber er hat noch einen Trumpf im Ärmel. Kollege Eugen Fischer, der übrigens nicht mehr so fanatisch sei wie noch zu Berliner Zeiten, habe ihm von einer Freiburger Lesegruppe erzählt, an der auch Martin Heidegger teilgenommen hat. Es müsse zu Beginn des Krieges gewesen sein. Der Philosoph habe über Jüngers Schmerz-Abhandlung lakonisch angemerkt, sie handele nie und nirgends wirklich vom Schmerz. Jünger rede fortwährend in der Sprache des Wehrmachtsberichts und glaube, auf diese Weise über den Schmerz als einen Gegenstand wie über ein x-beliebiges Objekt der Rede verfügen zu können. Im Schmerz werden wir aber, so Heidegger, in die Einsamkeit unseres leiblichen Daseins zurückgeworfen. Jünger wende den Schmerz, der doch eigentlich ein inneres körperliches Geschehen sei, nach außen, um leichtes Spiel mit ihm zu haben. Dabei werde er zum Probierstein seines Heroismus. Es handele sich im Fall Jünger im Grunde aber nur um eine gewohnheitsmäßige Abstumpfung des Sensoriums, zugegeben notwendig für das Kriegshandwerk. Der Militärschriftsteller mache die soldatische Haltung zum kulturellen Wert. Diese Sinngebung sei ein Ladenhüter der Metaphysik. Letzten Endes wirke sie wie Narkose.

Sauerbruch liest gegen seine Gewohnheit Heideggers Invektiven aus Freiburg von einem Zettel ab. Hat Koautor Wenke ihm den zugesteckt?

Gründgens hat einige Zeit geschwiegen und seine ewigen Zigaretten mit Spitze geraucht. Jetzt meldet sich der Schauspieler: Vermutlich seien Heideggers Überlegungen zum Schmerz nicht bühnentauglich, wenn man sie überhaupt verstehe. Über die Physiologie des Schmerzes könne man ohnehin nichts sagen. Es sei zweifelhaft, ob man physiologische Prozesse in Sprache übersetzen könne. Er wolle zu bedenken geben, ob nicht schon die schiere Empfindung des Schmerzes kulturell erlernt sei. Die Ausdrucksformen des Schmerzes auf der Bühne jedenfalls stammen aus einem uralten Archiv der

Körperrhetorik, sozusagen aus dem Theaterfundus der Gefühle. Als Schauspieler lernt man, verschiedene Register des Schmerzausdrucks zu ziehen. Auf der Bühne geht es um die geschickte Handhabung von Schmerz-Masken. Wenn man im Schmerz, wie es heißt, «aus der Haut fährt», gleitet man unwillkürlich in eine Schmerz-Maske hinein. So wird der Schmerz anschaulich und mitteilbar. Es bedarf der handwerklichen Arbeit des Schauspielers, ihn in eine bestimmte Mimik, Körperhaltung und Modulation der Stimme zu übersetzen. Dass der Ausdruck des Schmerzes gemeinhin als unmittelbares Signal des Leids verstanden wird, ist ein Effekt gelungener Kunstgriffe. Die Künstlichkeit der gespielten Schmerzgeste abstrahiert nicht vom Schmerz, sondern ermöglicht es dem Publikum, ihn mitzuempfinden. Schmerz-Masken sind zuverlässige Empathieauslöser. Sie ermöglichen Reflexe «echter» Emotionen im Zuschauerraum. Andererseits: Wie sinnlos vergeuden wir heute unsere Kraft, um Schmerz zu verbergen? Der Held Aias klagt auf der Bühne so laut über seine im Kampf erlittene Verletzung, dass er auf eine ferne Insel gebracht werden muss – zum einen, damit das Gebrüll nicht den Lagerplatz der Griechen verrät, zum anderen, damit er sich nach Herzenslust ausschreien kann. Würde und Heldentum tue das keinen Abbruch.

Gründgens' Intervention verwirrt die Runde. Einmal plädiert er für den auf der Bühne künstlich fabrizierten Schmerzausdruck; das kennen die drei schon von ihrem Treffen auf Gut Zeesen. Mit dem Hinweis auf seine Inszenierung der Tragödie «Aias» aber bricht er dann eine Lanze für den authentischen Schmerzenslaut. Wie er diesen Widerspruch auflöse, will Schmitt wissen.

Gründgens legt eine Atempause ein. Steckt er in der Falle eines Paradoxes? Dann fällt ihm Folgendes ein: Im Alltagsleben verbergen wir den Schmerz, aus Gründen der Diskretion, um Energie zu sparen oder aus Angst, undiszipliniert zu wirken. Wenn er auf der Bühne im Schrei ausagiert wird, bedarf es hoher artistischer Disziplin, den Schrei naturgetreu wirken zu lassen; die Geschichte des Theaters habe Schreie archiviert, die man nachspielen könne.

Hat sich Gründgens damit aus der Falle gewunden? Niemand ist so recht überzeugt.

Ein letztes Mal bringt Schmitt eine Sottise gegen seinen liebsten Feind, Freund Jünger. Es habe sich herumgesprochen, dass Jünger stets eine Nadel unter dem Revers trage. Wenn eine Schmerzwallung in ihm aufsteige – selten! selten! –, steche er sich die Nadel angeblich in den Unterarm, durch das Jackett hindurch, um sich vom psychischen Schmerz durch einen physischen abzulenken. In den «Stahlgewittern» finde man übrigens keinen Schmerzenslaut. Nicht vom Pour-le-Mérite-Kämpfer mit seiner zur Schau gestellten Schmerzfreiheit. Es komme ihm manchmal vor, meint Schmitt, als lege Jünger seinen Ganzkörperstahlhelm auch im zivilen Leben nie ab.

Kollege Wenke, bringt Sauerbruch zu Jüngers Verteidigung an, führe die stoische Haltung des Militärschriftstellers auf Nietzsches heroische Schmerzrhetorik zurück: Bejahung des Schmerzes aus Protest gegen die Narkotika des liberalen Bürgertums, notwendig als Schule der Abhärtung. Man müsse aber zugeben, dass die neuen Techniken der Anästhesie und die zunehmende Verfügbarkeit effizienter Schmerzmedizin das Verhältnis zum Schmerz verändert haben. Richtig sei, dass der Liberalismus gegen den Schmerz nicht mehr aufzubieten habe als die Narkose. Sauerbruch in die Runde: Er persönlich habe dagegen nichts einzuwenden!

Unmöglich, dieser Restliberalismus des Chirurgen, denkt Schmitt auf dem Nachhauseweg. Schneidende Kälte in der Nacht. Er spürt sie erst, als er aus dem Taxi steigt. Kein Luftalarm. Jedes Treffen reißt Brücken ein.

Die «Auskristallisationen der puren Gewalt», von denen Jünger in seinem Brief aus dem Kaukasus gesprochen hat, sind unendlich weit entfernt von den drei Herren und dem Chefarztzimmer der Charité. Im Warschauer Ghetto, aus dem bereits über dreihunderttausend Juden in das Vernichtungslager Treblinka abtransportiert worden sind, bricht am 19. April ein Aufstand von zunächst etwa tausend der verbliebenen sechzigtausend Juden aus. Nach wochenlangen Kämpfen wird er von Polizeiverbänden unter SS-Gruppenführer Jürgen Stroop mithilfe von Massenerschießungen, Sprengungen, Brandstiftung und Überflutungen der unterirdischen Kanäle niedergeschlagen.

## UNTERBRECHUNG: ZWISCHEN HITLERS WOLFSSCHANZE UND FURTWÄNGLERS KONZERTSAAL

Es gab Luft zum Atmen in der Diktatur – für die, die noch Luft zum Atmen hatten. Vielleicht ist das der Skandal des Lebens in Mordstaaten. Ringsum Wahnsinn, Folter, Keller mit Menschen in Panik, Deportationen in Viehwaggons, Todesrampen; aber Platz für kleine Schwimmbewegungen der Freiheit, karnevalistische Umtriebe, Routinen der Arbeit, Lachen im Kino, bürgerliches Kriegerethos, Glück im Dunkeln und im Hellen, Schlupflöcher der Libertinage, aufkeimender Widerstand, Rückzugsorte der Musik, an denen die Brust sich weiten kann.

Freie Köpfe selbst im Führerhauptquartier, der «Wolfsschanze»: Marianne Feuersenger und der junge Historiker Felix Hartlaub arbeiten dort am «Kriegstagebuch der Wehrmachtsführung».[120] Zunächst ist Marianne Feuersenger in der Operationsabteilung tätig, später dann als Sekretärin des «Beauftragten des Führers für die militärische Geschichtsschreibung». Fürchtet sie, in der «völlig unwirklichen Stabsluft den Kontakt mit dem ungeheuren Stofflichen dieses Kriegs zu verlieren», wie ihr Kollege Hartlaub?[121] Der Umgang mit den Textmassen aus der Befehlszentrale scheint ihr als Typistin leicht von der Hand zu gehen. Dienstreisen in das erste Führerhauptquartier «Felsennest» und 1943/44 nach Berchtesgaden sind einzuplanen. Feuersenger fertigt die Abschrift eines geheimen Protokolls an, das den an Wahnsinn grenzenden Ton der Lagebesprechungen mit dem Führer dokumentiert, und hilft dem von Hitler persönlich beauftragten Leiter der Kriegsgeschichtlichen Abteilung im Oberkommando der Wehrmacht Oberst Walter Scherff, Zitate für einen Band mit dem Titel «Erlebtes Genie» zu sammeln, der dem genialen Feldherrn gewidmet sein soll. Während Scherff auch nach Stalingrad nicht von seiner Genie-Erzählung ablässt («Es gehört auch zum Wesen eines Genies, sich zu irren»[122]), hält es Marianne Feuersenger mit dem Satz von Generaloberst Hans von Seekt: «Dem Genius zu folgen, führt meist in den Abgrund.»[123] Reinhard Höhn, NS-Jurist und einer von denen, die den Sturz von Carl Schmitt verursacht haben, tritt in ihren Briefen als der «jüngste Professor des Führers» ins Bild. Feuersenger zeichnet das Porträt eines geilen Emporkömmlings.[124]

Es war auszuhalten, sogar im Sperrkreis II des Führerhauptquartiers. Nachrichten von den Tobsuchtsanfällen des Führers bei Lagebesprechungen im Sperrkreis I dringen dorthin nur gedämpft vor. Die Sekretärin ist umringt von Historikern, die den Krieg nach Vorgaben des genialen Feldherrn ästhetisieren, das heißt gegen den Schrecken völkerrechtlicher Verbrechen immunisieren. Ihr Vorgesetzter, der Rittmeister und SS-Unterscharführer Wilhelm Scheidt, bezeichnet zwar den «Kommissarbefehl» zu Beginn des Russlandfeldzugs hinter vorgehaltener Hand als «völkerrechtswidrig», unterwirft sich aber bis zum Schluss dem Genie des Führers. Hitler hält sich die Kriegswirklichkeit buchstäblich vom Leib. Er scheut sich, das Ausmaß der Zerstörungen durch den Bombenkrieg, der die deutschen Städte von 1943 an in Schutt und Asche legt, in Augenschein zu nehmen, um stattdessen im fernen Führerhauptquartier das Kartenbild der betroffenen Städte zu studieren.[125] Marianne Feuersenger dagegen fährt, wann immer sich die Möglichkeit bietet, nach Berlin, wo sie die Auswirkungen der Bombardements leibhaftig erfährt.

Allerdings kann sie dort auch ihrer Leidenschaft für die Musik frönen. Am 3. April 1942 notiert sie: «Heute habe ich wiedermal ein echtes Genie genossen. Beethoven gespielt von Edwin Fischer.»[126] Im Juni berichtet sie von einem Furtwängler-Konzert in Potsdam: «Es ist nun schon eine ganze Weile her, daß ich Furtwängler ‹gesehen› habe. Etwas überrascht war ich doch von seinen Bewegungen, die manchmal gar nicht schön wirken. Irgendwie war mir nur das ‹Elegant-Fließende› im Gedächtnis haften geblieben und nicht das ‹Stoßend, Rüttelnde›. Doch das sind nur Äußerlichkeiten, die vielleicht gar nicht lohnen, beachtet zu werden. Die Berliner Philharmoniker spielten unvergleichlich schön. Das Konzert begann mit der ‹Tragischen Ouvertüre› von Brahms. Dann kam das Violinkonzert mit Gerhard Taschner als Solisten. Ich verstehe vom Geigenspiel zu wenig, um beurteilen zu können, ob er besser spielt als die und jene. Den ganz wundervollen, großartigen Abschluß dieses Konzertes bildete Brahms 4. Symphonie e-moll.»[127]

Marianne Feuersenger pendelt also zwischen den Zentren eines irrwitzigen Herrschaftswissens im Führerhauptquartier und dem Labsal musikalischer Ereignisse in Berlin. Hinzu kommen erstklassige Theaterbesuche. Im April 1943 berichtet sie: «Am Mittwoch waren wir im Staatstheater zu ‹Der Widerspenstigen Zähmung›. Es war einfach herrlich. Wir haben von Herzen gelacht. Gustav Knuth zähmte die boshafte Marianne Hoppe mit Gewaltkuren. Die Hoppe war ausgezeichnet. Sie ist erschreckend mager und elend.»[128]

Wie konnte es Marianne Feuersenger, eine selbstbewusste Sekretärin, die sich den Nachstellungen der Offiziere zu entziehen wusste, im Sperrkreis II des Führerhauptquartiers aushalten?

Die geheimnislose Prosa des Kriegstagebuchs tippt die Sekretärin routiniert herunter. Ein Vorgang, den Felix Hartlaub, der für die Endredaktion zuständig ist, als «Photographieren mit beschlagener Mattscheibe» oder «Rasieren mit blindem Spiegel» beschreibt.[129] Der Göttinger Geschichtsprofessor Percy Ernst Schramm, der von März 1943 an die kriegsgeschichtliche Abteilung leitet, begreift den Wehrmachtsführungsstab als «eine von einem höchst nüchternen, illusionsfreien Geist beherrschte Institution».[130] Der Obergefreite Felix Hartlaub, dem er für lange Zeit die ganze Arbeit überlässt, weiß dagegen, dass man als Kriegstagebuchschreiber «nur noch Schreibfinger, Leseauge, Sehkanal» ist – «drumherum lähmendes Kopfweh».[131] Wenn man sich einmal auf den Militärjargon eingelassen hat, ist die Arbeit jedoch zu bewältigen. Mordpraktiken der Wehrmacht und der SS oder auch das Blutbad, das eine Polizeieinheit in Thessalien angerichtet hat, müssen selbstverständlich ausgeblendet werden. Im Kriegstagebuch kommt es auf «Schwerpunktbildung» an. «Ein wuchtiger Kernsatz und ein überlegen aufsummierender, großzügig auszahlender Nachsatz», das genügt.[132] Schatten und Härten sind «herauszuretouchieren». Auf Einzelheiten sollte man sich erst gar nicht einlassen, «die sind ja für die oberste Führung völlig belanglos».[133] Und so schreibt Hartlaub ins Kriegstagebuch: «Der Hauptherd der roten Bandenbewegung blieb weiterhin das serbisch-montenegrische Grenzgebiet.»[134]

Als sich die Niederlage an der Ostfront abzeichnet, interessiert das Kriegstagebuch den Führer ohnehin nicht mehr.[135] Überhaupt scheint der Sinn dieser Arbeit jetzt strittig: «Das hat ja alles Zeit bis hinterher», wird von höherer Stelle angedeutet.[136] So werden die Historiker auf ihren Platz verwiesen.

Für untergeordnete Mitarbeiter im Sperrkreis II wie Feuersenger und Hartlaub zerfallen die Führerbefehle in unzählige Aktenvorgänge. Sie gewöhnen sich daran, dass sich die zugehörige Wirklichkeit auf einem anderen Planeten abspielt. Fern bleibt die Stimme des Führers, sie ist in der Druckerschwärze der Akten – womöglich auf «Führerpapier» – abgesoffen oder, aus Hartlaubs Sicht, versunken in den Köpfen der Hörigen, die den Sperrkreis bevölkern. Vielleicht hat man, wie Hartlaub rätselt, am 20. Juli 1944 einen Knall gehört. Womöglich dachte man, dass «ein Reh in ein Minenfeld geraten» sei.[137] Im kleinen Kreis der Offiziere werden nach dem Attentat Reden geschwungen – schon um abzulenken und «eine beruhigende dunkelwarme Schallkulisse zu schaffen», so Hartlaub. «Was man sagt, ist ziemlich egal.»[138] Der General, den Hartlaub ins Visier nimmt, drückt sich «ethisch» aus, und in seiner Stimme «strömt es wie in einer angedrehten Warmwasserheizung». Schließlich empfindet der General das Scheitern von Stauffenbergs Attentat als ein «Gottesurteil, ich möchte sagen, ein steter Born des Glücksgefühls».[139]

Die Arbeit im Sperrkreis II, der den Kriegstagebuchschreiberinnen und ihren männlichen Kollegen zugewiesen ist, entspricht nicht den Erwartungen, die man mit einem «Nervenzentrum» des Krieges, wie man die Wolfsschanze nennt, verknüpfen würde. Man sieht dort «keine wilden besessenen Arbeitsnaturen, meinetwegen ungeschliffen, ungerecht, rücksichtslose Menschenverächter», sondern, wenn es hochkommt, «halbblinde Arbeitselephanten».[140]

Hartlaubs Enttäuschung über die Niederungen der Militärgeschichtsschreibung muss beträchtlich gewesen sein. Wenige Jahre zuvor hatte er eine herausragende Arbeit mit dem Titel «Don Juan d'Austria und die Schlacht bei Lepanto»[141] bei Junker und Dünnhaupt veröffentlicht, einem Verlag, in dem 1930

Ernst Jüngers Buch «Krieg und Krieger» und 1931 Helmuth Plessners Traktat «Macht und menschliche Natur» erschienen waren. Wie er Marianne Feuersenger gestand, faszinierte Hartlaub der «Apparat» des Befehlszentrums.[142] Mit der Lakonie militärhistorischer Schreibweisen war er vertraut, in den Schlachtszenen des Jahres 1571 hatte er sie durchgespielt. Zuweilen sind die Szenen des Lepanto-Buchs im Duktus von Jüngers Tagebucheintragungen gehalten, im Stil des Heldenepos aber die Gestalt des Don Juan d'Austria. Verlustrechnungen und Tötungspraktiken werden mit einer berufsmäßigen Kälte geschildert, die entsteht, wenn man moralischen Implikationen aus den Sätzen entfernt. In der Beschreibung der Lepanto-Schlacht gelingt es Hartlaub zuweilen, die Unwissenheit der Führungsebene mit der Unübersichtlichkeit in den Niederungen des Kampfgetümmels zu kombinieren: «Don Juan [der Oberbefehlshaber] wusste lange Zeit nichts über den Stand der Dinge bei den anderen Geschwadern. Jeder Offizier war auf seinem Schiff allein wie ein im dichten Wald verirrter Jäger (...). Alle Erzähler sprechen von entsetzlichem Getöse: mit dem Krachen der Salven vereinte sich das Splittern des Holzes, die Rufe der Verwundeten und Ertrinkenden, das gräßliche Feldgeschrei der Türken.»[143]

Verwirrte Strategen, umherirrende Offiziere und rein zufällige Wendungen der Schlacht waren auch den Frontberichten bei den Lagebesprechungen im Beisein des Führers zu entnehmen. Eingang in das Kriegstagebuch fand das natürlich nicht. Hartlaubs Enttäuschung fand Ausdruck in Form heimlicher Skizzen, ätzenden Miniaturen der NS-Geselligkeit, in der sich auch die Musikliebhaberin Feuersenger behaupten musste. Das Personal der Wolfsschanze ist als Gegenstand eines Heldenlieds nach Maßgabe der Seeschlacht bei Lepanto gänzlich ungeeignet. Im Stil der Historiker aus dem George-Kreis lässt sich hier nichts sagen. Die Männer der Organisation Todt, der paramilitärischen Bautruppe in den besetzten Gebieten, die in der Wolfsschanze herumlungerten, tauchen als «alte Russlandhengste» auf und werden als «betont unzackig» charakterisiert. Ihre Arbeit besteht aus «vielen mit Zigarettenrauch und technischen Überlegungen angefüllten Pausen».[144] Nur die SS-Männer verkörpern am Rande die Idealfigur athletischer Nazis: «kupferfarbene» Gestalten mit Sonnenbrille und «cremeglänzenden Gliedern».[145]

Hartlaub gelingen Miniaturen, in denen die Riten der Wehrmachtsführungskräfte und ihre Physiognomien hervortreten: eine Kunst der Beschreibung aus der Schule Gottfried Benns. Dessen Pamphlet «Züchtung» hatte 1933 surrealistische Bilder des gewünschten NS-Typs entworfen: «Gehirne muss man züchten, große Gehirne, die Deutschland verteidigen, Gehirne mit Eckzähnen, Gebiß aus Donnerkeil. Verbrecherisch, wer den neuen Menschen träumerisch sieht, ihn in die Zukunft schwärmt, statt ihn zu hämmern, kämpfen muß er können.»[146] Das physiologische Extrem, das Benn sich zurechtlegt, sieht Hartlaub zehn Jahre später tatsächlich verkörpert. Am Beispiel der Reservemajore im Sperrkreis II, die in «pisswarmem Ton» Erfolge vermelden, dieser «widerwärtigen Fauna», führt er das reale Ergebnis des Züchtungsgedankens vor: «Sie sitzen steif aufgerichtet in den riesigen Klubsesseln, fast wie die Mumien, nur mit den Unterarmen hantieren sie manchmal über der Tischdecke, dort funkeln noch braungoldene Likörreste. Die Köpfe ganz dunkel in dem ziehenden Gewölk, es ist merkwürdig, was hier mit den Köpfen vorgeht. Das Gesicht läuft auseinander, sie essen sich ein zusätzliches Gesicht an, das ihnen nicht mehr völlig gehört, namentlich die Augen sehen bei einzelnen irgendwie verquer und ungemütlich daraus hervor, sie trauen dem embonpoint nicht ganz.»[147]

Die erhoffte «anthropologische Wandlung» sollte Benn zufolge «Gehirne mit Eckzähnen» hervorbringen. Einige historische Schrecksekunden lang hatte den Dichter die Vorstellung fasziniert, beim nationalsozialistischen Umsturz sei den Deutschen der Teufel in die Haut gefahren, weshalb Benn sie mit einer mittelalterlichen Fratze versah. Hartlaubs Zeichnung ihrer Physiognomien zeigt nur noch lädierte Teufel: «Am Schädel aber wird unmerklich hier ein Endchen abgehobelt, dort eine Beule abgeplattet oder durch eine Zementspritze versteinert, eine Delle eingeebnet, in der noch ein kleiner Satz persönlicher Rückständigkeit stagnierte. Eine langsame, aber unaufhaltsame Deformierung oder Umprägung, wie man will. Manchmal führt auch ein massiver Holzhammerschlag dazwischen, Marke zwanzigster Juli; oder damals die Degradierung des Majors, der in dem Rommel-Fernschreiben die Mitteilung der Rückzugsabsicht überlesen hatte, es war auch so verklausuliert ausgedrückt. Vom Major zum Kanonier, der betreffende Herr war Direktor einer bekannten chemischen Fabrik gewesen, den Schlag liest man bis heute von allen Stirnen. Man könnte sich denken, dass bei Vieh, das das ganze Jahre über im Stall steht, ein ähnlicher Prozess stattfindet, es wäre auch eine mit einem Schädelformer gekoppelte Fressvorrichtung denkbar, die Scheuklappenkrippe, Schläfenverschalung (...), die eine Steigerung der Melkergebnisse bewirkt. Es sieht so aus, als ob sie viel unter der Taucherglocke arbeiten müssten, allerdings mit allen modernen Schikanen, z. B. einem gepanzerten Schlauch für Spezialernährung und im Lichte millionenkerziger Scheinwerfer, das sind eben die besonderen Druckverhältnisse hier. Von innen treiben die Sektperlen auf, der kleine nachgenießende Rülpser und der goldhaltige Mittagsschlaf; das Gefühl der Unentbehrlichkeit, der voll ausgebauten Stellung, der rechtzeitig evakuierten Familie und der befriedigend funktionierenden Verdauung und Postverarbeitung. Und die Gewissheit, dass die Front trotz allem noch hält. Von außen drückt die Bunkerluft (...).»[148]

Nur manchmal durchzuckt es die müden Kreise. Kurzes Nachflackern der Generalsnerven, als nach dem Attentat des 20. Juli Bilder der Gehenkten in der Führer-Lagebesprechung herumgereicht werden: «Da waren die Zwerge ein ganzes Weilchen still, das verschlug ihnen den Speichel. Da fielen all diese kleinen Korridorspeeches weg, die gezischten Bemerkungen beim Abschütteln vor den Porzellanbecken, da waren die Sofaecken im Kasino verödet, man ging früh zu Bett, mit einem ernsten Buch, und telephonierte nur ganz kurz mit der Gnädigen, ‹aber nein, mein Kind, ich bin gar nicht verstimmt, wie kommst du darauf, nur ein klein wenig überarbeitet, und die Nieren machen mir wieder zu schaffen ...› Und man kam vielleicht einmal in der Dämmerung ganz zufällig am Verbrennungsofen draußen vorbei, wenn er noch glimmte, und ließ eine Handvoll kleingerissener Briefe hineinflattern. Onkel M verbrannte sogar etwas auf dem Klo, ein furchtbarer Qualm in der ganzen Baracke, der Gen meinte schon, man müsse die Brandwache alarmieren.»[149]

«Wer lange herrschen will, muß weit züchten», hatte Gottfried Benn schon 1933 geahnt.[150] Überzeugende Züchtungsergebnisse waren nach zehn Jahren also noch nicht zu erwarten. Die Reservemajore waren augenscheinlich Restbestände des «alten Menschen» aus den düsteren Zeiten des Liberalismus, unfähig, die Stimme des Führers als «Stimme aus dem feurigen Busch» zu vernehmen, wie Benn es mit biblischem Pathos erwartet hatte. Den Emigranten hatte er höhnisch zugerufen:

«Nun gut also: wenn die Adler ihre grauen Köpfe träumerisch zwischen die Flügel bergen und auch die Eulen, statt ihren Flug zu wagen, sich lieber an die Stämme ins Dunkel drängen, müssen die Fledermäuse das Leben durch die Nacht tragen, bis der Morgen es größeren Geschöpfen übergibt.»[151] Fledermausgrau, das ist die Farbe, die Hartlaub den Arbeitenden im Sperrkreis II gibt: Sie macht die Szenerie gespenstisch, ist die Farbe der Funktionselite im NS-Staat. Der faschistische Morgen mit seinen monströsen Geschöpfen, von denen Benn träumte, zeigt sich, wenn überhaupt, nur in den kupferfarbenen Körpern der SS-Landser. Die bleiben stumm, hinter Sonnenbrillen in ihren Umriss gebannt, ruhen sie sich aus. Von ihren Taten haben die Herren Reserveoffiziere gehört, um das Gehörte gleich darauf wieder zu vergessen.

Man muss sich Marianne Feuersenger in diesem Biotop vorstellen. Woher nimmt sie die Kraft für ihren inneren Widerstand? Im Klima der Depression nach Stalingrad, schreibt sie, «kann man nur wertvollstes, unsterbliches Gut als Begleiter, helfender Begleiter ertragen. Unsere großen Meister der Musik und – Dichtkunst. Alles andere ekelt einen nur an.»[152] Am 29. März 1943 notiert sie: «Ich lese jetzt wieder täglich im Marc Aurel, in der Hoffnung, vielleicht ein Stoiker werden zu können, da es mit dem soviel empfohlenen Haß (gegen unsere Feinde) bei mir durchaus nichts werden will.»[153]

Sie muss ins Weite gehen; Musik erweitert das Atemvolumen. Die Konzerte Furtwänglers ziehen sie magnetisch an. Findet sie dort reinen Kunstgenuss? Der Konzertsaal wird in diesen Bombennächten nicht nur für sie zu einer Kathedrale, einem Ort der Klage um die Opfer des Krieges. Besonnene Tochter kritischer Eltern, ganz ins Todesspiel verstrickt.

# FÜNFTER ABEND, JULI 1944 IM DIRIGENTENZIMMER DER STAATSOPER. **WILHELM FURTWÄNGLER ÜBER GEMEINSCHAFT**

Am 7. Juni 1944 kommentiert der Reichspressechef die Invasion der alliierten Streitkräfte in der Normandie: «Heute früh sind unsere Gegner im Westen zu ihrem blutigen Opfergang, vor dem sie so lange sich gescheut haben, auf Befehl Moskaus angetreten. Der so oft angekündigte Angriff der westlichen Helfer des Bolschewismus auf die Freiheit Europas hat begonnen. Wir werden ihnen einen heißen Empfang bereiten ...» Es gelte, Europa entschlossen «vor dem Ansturm der Barbarei» zu bewahren. Tags zuvor hat sich Goebbels ebenso zuversichtlich geäußert: «Wir können all diesen jüdischen Tricks und Einschüchterungsversuchen gegenüber nur feststellen: wir sind bereit ... Die deutsche Aktion hört nur auf ein einziges Kommando, und das ist das Kommando des Führers. Er ist der stärkste moralische Faktor unseres Sieges.» Zentrale Tugenden der Deutschen müssen die siegreiche Abwehr der Invasoren verbürgen: die «Tapferkeit unseres Herzens, die Standhaftigkeit unserer Seelen, der bedingungslose Gehorsam und die Treue zum Führer, dem wir auch heute aufs neue geloben: befiehl, wir folgen.»

Wer hat die Verlautbarungen nicht im Radio gehört? Was ist unwirklicher, der triumphale Ton der Rundfunktiraden oder die geglückte Invasion der Westmächte? Den Staatsräten scheint beides sehr fern. Sauerbruch erinnert sich daran, wie sie vor Jahren über den Begriff der Volksgemeinschaft gesprochen haben. Inzwischen sind alle vier Teil einer «Zersetzungsgemeinschaft» geworden. Die Erfahrung der zerstörten Stadt steckt ihnen in den Knochen. Erfahrung erzeugt Skepsis, denkt Gründgens, während er durch die Ruinen chauffiert wird, die die schweren Luftangriffe britischer und amerikanischer Bombergeschwader hinterlassen haben.

Um sich für den Besuch beim Dirigenten zu wappnen, hat Schmitt sich in Francis Bacons Ausführungen «Über die Unterhaltung» vertieft. «Die verdienstvollste Aufgabe im Gespräch ist», hieß es darin, «ein Thema anzuschneiden, dann ein abschließendes Urteil zu fällen und zu etwas anderem überzulenken; auf solche Weise führt man tatsächlich die Unterhaltung wie einen Tanz.» Weiß Gott, wie wenig ihre Gespräche bisher Bacons Tanzideal genügten! Mit einem Tanz ist wohl auch in Furtwänglers Dirigentenzimmer nicht zu rechnen. Er hätte sich erst gar nicht auf diese Unterhaltungen einlassen dürfen.

Soll es an diesem Abend eigentlich um Musik gehen? Schmitt muss an Gottfried Benn denken, der für seinen schlechten Musikgeschmack berüchtigt ist. «Ein Schlager von Klasse enthält unter Umständen mehr Jahrhundert als eine Motette», soll Benn gesagt haben. Für den Dichter, der gelegentlich Schmitts Vorlesung besucht, ist populäre Musik ein Entspannungsphänomen, dem er allen Ernstes eine Wirkung auf die Organe zuschreibt, durchaus im medizinischen Sinn einer Katharsis. Vermutlich ist von Furtwängler Ähnliches zu erwarten, nur eine Etage höher, in der dünnen Luft der Hochkultur. Schmitt selbst liebt Christoph Willibald Ritter von Glucks Musik über alles: klar umrissene Blöcke, ohne den Schmelz der späteren Wiener Klassik.

Gründgens hat sich nur schwer für diesen Abend loseisen können. Nun hätte er nichts dagegen, diesmal auf Worte zu verzichten und sich zwei Stunden von Musik berieseln zu lassen. Er will sich aufs Schweigen verlegen und auf die Beobachtung der drei unleidlichen Kollegen, jeder mit eigenem Spleen.

Man weiß, dass das Jahr dem Maestro manches abverlangt hat. Ein prunkvoller Film über die Berliner Philharmoniker sollte die weltordnende Mission der Deutschen Musik klären. Man dachte an Leni Riefenstahl als Regisseurin, kam jedoch davon ab, weil sie erfahrungsgemäß nicht rasch genug arbeitet. In einer Filmskizze, die den Wünschen des Reichspropagandaministers entgegenkam, war ein philharmonisches Rendezvous zwischen Zarah Leander und dem Maestro vorgesehen gewesen. Doch ehe verabredet werden konnte, ob die aus Schweden stammende, nazihörige Diva mit Bassröhre einen Choral aus der «Matthäus-Passion» oder das Largo aus «Xerxes» von Händel herausposaunen sollte, kam die alle Produzenten und Realisatoren schockierende Absage Furtwänglers. Was wäre es doch für eine Mesalliance geworden! Endlich einmal etwas nach Gottfried Benns Geschmack. Die Absage des Maestros vergrätzte Goebbels maßlos, Göring zuckte mit den Achseln, er kannte die Unzuverlässigkeit Furtwänglers, während Hitler sich, wie man aus gut unterrichteter Quelle erfuhr, «zu einem Tobsuchtanfall mezzotymer Stärke hinreißen ließ».

Eine nächtliche Sitzung ist vereinbart, gegen zweiundzwanzig Uhr treffen die drei Gäste ein. Vier Sessel, dazwischen ein kleiner Tisch, auf dem Gläser und mehrere Flaschen Mineralwasser stehen. Das kann ja heiter werden, denkt Sauerbruch. Der Musikant will sich wohl von seiner strengen Seite zeigen.

Furtwängler leidet noch immer an einer Entzündung des Halsnackenwirbels, man möge ihn bitte schonen. Er möchte zwei Schallplatten auflegen: die Beethoven-Symphonie Nr. 5, aufgenommen am 30. Juni vergangenen Jahres mit den Berliner Philharmonikern; zum Vergleich dann eine Aufnahme von Arturo Toscanini und der New Yorker Philharmonie. Wie leicht lasse sich die zivilisatorische Beschleunigung des Italieners vorführen, der die Musik mit dem Taktstock aus ihrer Tiefe reiße, um sie der Oberflächlichkeit der Metropolen zu überantworten! Auch Karajan verstehe wenig von deutscher Tiefe und falle jeder neuen Aufnahmetechnologie um den Hals. Darum werde der Rising Star des Regimes zu Recht auf Auslandstourneen geschickt, dort komme er gut an. Übrigens sei es eine Legende, dass er, Furtwängler, die Musik verlangsame. Der Eindruck könne nur im Kontrast zu Toscanini entstanden sein. Der lasse die Sechzehntel zu Beginn von Beethovens Neunter messerscharf spielen, um Präzision zu suggerieren, und Präzision erzeuge bekanntlich den Eindruck von Schnelligkeit. Aber was ist Präzision in der Musik? Bei ihm, Furtwängler, entstiegen selbst die Sechzehntel unmerklich den Geräuschen vor Beginn der Symphonie, um in sie abzusinken und wiederum mit Getöse daraus aufzusteigen. Es gehe bei ihm nie um das Diktat des Metronoms, sondern um Farbwerte, Schattierungen, durchaus kosmisches Rauschen.

Bei dem Ausdruck «kosmisches Rauschen» muss Gründgens an Karl Valentin denken. Es bleibt ihm unerfindlich, warum.

Die drei Gäste haben den Dirigenten mehrmals am Pult des Konzertsaals erlebt. Sauerbruch hat dabei etwas Merkwürdiges beobachtet: Furtwänglers linker Arm hängt oft schlaff herab, er hat offenbar nur die Aufgabe, die größeren Linien der Musik sanft zu unterstreichen. Die Bewegungen des Arms gleichen einem Verwischen und Glätten der sonst zu scharfen Zeichnung, einem Nachtasten und Dämpfen. An Höhepunkten ballt sich freilich die linke Hand zur Faust. Hat die Bewegungsscheu des linken Arms etwas mit dem Halsnackenwirbelproblem des Meisters zu tun? Die Physiologie des Bewegungsapparats, denkt Sauerbruch, müsste er einmal untersuchen. Vielleicht dirigieren letzten Endes sowieso nur die Augen, wie man es Richard Strauss nachsagt, der in den letzten Jahren starr wie eine Bildsäule dirigiert haben soll.

Anders als Gründgens scheinen Sauerbruch und Schmitt nicht gerade zum Schallplattenhören aufgelegt. Es heißt zwar, dass man auf Furtwänglers neuesten Aufnahmen der Beethoven-Symphonien im Hintergrund ferne Bombendetonationen vernehmen könne, aber davon haben sie gegenwärtig in natura schon zu viel mitbekommen, um es sich auch noch auf einer Decelith-Schallplatte antun zu wollen.

Der Maestro zeigt Verständnis. Er muss also sprechen und wählt sein Lieblingsthema: Wo dieser Tage so viel von Gemeinschaft die Rede sei, wolle er sich darauf konzentrieren, wie im Konzertsaal eine Hörgemeinschaft hergestellt werde.

Der Gegensatz zwischen Furtwänglers Sätzen, die nun stockend folgen, und Gründgens' Ausführungen über den Schein auf Gut Zeesen oder Schmitts scharf konturierten Ideen zu Feind und Volksgemeinschaft in Carinhall könnte nicht größer sein. Furtwängler spricht empörend leise, beinahe röchelnd: Feiernde Ringe sind selten geworden. Wir haben sie verloren, ohne recht zu wissen, wie, und ganz langsam wird uns klar, was wir an ihnen verloren haben.

Auf diese magistralen Sätze folgt eine erste Pause. Sauerbruch fragt sich, ob er diesen Abend durchhalten wird.

Man stößt mit Mineralwasser an, bevor Furtwängler unbeirrt fortfährt: Der Philologe Jost Trier aus Münster habe es richtig erfasst. Wir brauchen den gehegten Klangraum des musikalischen Gemeinschaftserlebnisses im Konzertsaal, er ist ein letztes Residuum unserer Kultur. Wenn sich der Krieg nicht mehr begrenzen lässt, wie es nach den jüngsten Entwicklungen zu sein scheint, ist der Konzertsaal bald der einzige Ort, an dem die Rhythmen der Gemeinschaft als Wellenschlag unseres Kosmos zu spüren sind. Man kann das für Romantik halten. Sein Konzertsaal, so Furtwängler, sei indessen kein politisches Vakuum, sondern ein Brunnen werthaltiger Energien der deutschen Kultur. Insofern ist Musik nicht heimatlos, aber auch nicht an eine Nation gebunden.

Ja, was denn, murmelt Schmitt, ist die Heimat deutsch, aber nicht an die Nation gebunden?

Musik spreche, so Furtwängler ungeduldig, nicht nur von und zur weißen Rasse, sondern von Menschen, wie sie wirklich seien: arglos, vertrauend, schlicht, stolz, in der Tiefe Teil einer glücklichen Menschheit, die alle umfasse. Die europäischen Nationen verbindet ein unterirdisches Band, das bezeugt, dass Europa keine Wahnidee ist. Nie erscheint der Russe verständlicher und liebenswerter als in den Werken der großen russischen Schriftsteller und Musiker. Und wo versteht sich der rätselhafte Deutsche selbst besser, wo wird er von anderen Nationen mehr erkannt und geliebt als in Bach und Beethoven, in Schubert und Mozart?

Gluck fehlt in diesem Kanon – war zu erwarten, schmunzelt Schmitt.

Schön wär's, denkt Gründgens. Ob Furtwängler sich die Deutschen und die mit ihnen artverwandten Europäer als geschlossene Hörgemeinschaft wünscht, gleichsam als eine Versammlung auditiver Stammeseinheiten? Soll sich die Gemeinschaft, die ihm vorschwebt, in der Nacht weihevoller Stimmung verlieren?

Schmitt interveniert. Von der «Hegung» des Gemeinschaftsraums zu sprechen – ein Begriff, den er nur aus der Militärgeschichte kenne – leuchte heute, in den Tagen der Luftangriffe auf Berlin, nicht mehr ein. Zu einem Zeitpunkt, an dem die Entscheidungen des Kriegs nicht mehr in einem geschlossenen «Mannring» des griechischen «Agon», von dem Jost Trier noch spreche, fallen und an dem der Luftkrieg in keiner Weise mehr der Haager Landkriegsordnung folgt, hänge der Professor aus Münster einem nostalgischen Gedanken nach. Nichts sei mehr eingehegt, nicht der Krieg und nicht die Gemeinschaft, selbst die Hörgemeinschaft nicht! Es sei denn, Furtwängler trauere dem Ring nach, den die Truppen der Roten Armee um den Kessel von Stalingrad geformt hätten.

Unsinn! Der Dirigent ist empört. Die Niederlage von Stalingrad war für ihn wie ein Schlag unter die Gürtellinie. Er schaut Schmitt feindselig an, dann bittet er, ein paar Zeilen des Philologen aus Münster vorlesen zu dürfen. Sie stünden in vollkommener Übereinstimmung mit seiner eigenen Auffassung vom Musikerleben: «Im rhythmischen Wechsel von Spannung und Lösung wird der heitere Kreis des zweckentbundenen, sich selbst genügenden Geschehens von der Süße der Dumpfheit durchwachsen und kraftspendend durchwärmt. Der Mensch erlebt ein kindhaft-unzerspaltenes Bei-sich-selbst-sein, indem er sich doch gleichzeitig bis zur Aufhebung der Individualitätsgrenze der eignen Kleine und Enge entrückt und gegen die Gemeinschaft verströmend geöffnet fühlt.»

Regression hat was für sich, denkt Sauerbruch, kurz davor einzunicken.

Heilige Einfalt, murmelt Gründgens.

Schmitt ist perplex und gibt auf.

Der nächste Satz aber macht alle drei hellwach. Schon der

Name elektrisiert mal wieder: Wiesengrund-Adorno. Der Mann habe, meint Furtwängler, ja durchaus intellektuelle Qualitäten, das sei nicht von der Hand zu weisen. Allerdings *denke* der Philosoph die Musik, wie auch der atonale Schönberg Musik nur kognitiv verstehe. Vor einigen Jahren habe Wiesengrund-Adorno in einem Essay über Beethovens Spätstil vor allem Risse und Sprünge hervorgehoben. Zugegeben, der Anfang des Essays sei so schön, dass es sich lohnt, ihn laut zu lesen: «Die Reife der Spätwerke bedeutender Künstler gleicht nicht der von Früchten. Sie sind gemeinhin nicht rund, sondern durchfurcht, gar zerrissen; sie pflegen der Süße zu entraten und weigern sich herb, stachlig, dem bloßen Schmecken; es fehlt ihnen all jene Harmonie, welche die klassizistische Ästhetik vom Kunstwerk zu fordern gewohnt ist, und von Geschichte zeigen sie mehr die Spur als von Wachstum.»

Wiesengrund-Adorno, so Furtwängler weiter, erlebe die späten Quartette Beethovens als Zündung zwischen Extremen, die keine sichere Mitte und Harmonie aus Spontaneität mehr dulden. Der denkende Musikant, auf den jetzt die Sonne Kaliforniens herabscheine, entdecke in Beethovens Symphonien härteste Gesteinsschichten alter Konventionen neben kaum merklichen Regungen abgeschiedener Lyrik. Er selbst, Furtwängler, nehme in diesen Monaten die Symphonien auf. Im Gegensatz zu Adorno versuche er, ihnen das abzugewinnen, was eine Gemeinschaft zum Schwingen bringe. Voraussetzung sei freilich, dass die Gemeinschaft dafür bereit ist. Das halte ein Schönberg-Adept sicher für autoritär-traditionalistisch.

Dass Beethoven eine Gemeinschaft zum Schwingen bringen wollte, bezweifeln Gründgens und Schmitt. Selbst die «Ode an die Freude», meint Gründgens, adele doch nur die Verdüsterung, zumindest derzeit, im Sommer 1944.

Aber sie zersetze die Gemeinschaft nicht, entgegnet Furtwängler.

Es sei ihm selbst niemals in den Sinn gekommen, eine Gemeinschaft bilden zu wollen, seufzt Schmitt und steigert die Überraschung der Kollegen durch den Nachsatz: am wenigsten eine verschworene Gemeinschaft.

Sollte man Schmitt daran erinnern, mit welcher Unerbittlichkeit er vor Jahren in Carinhall versucht hat, die Runde auf die «Volksgemeinschaft» einzuschwören? Gut, jetzt, wo der Krieg verloren ist, orientiert sich jeder neu. Dennoch verschlägt es den dreien den Atem, als Schmitt sagt: Es gibt vor allem eins, das Geheimnis der Geheimnisse, nämlich die Freiheit des Einzelnen, der sich nicht um sein Ich betrügen lässt.

Furtwängler ist ausgesprochen indigniert. Bisher standen solche von den Kollegen als autistisch gebrandmarkten Äußerungen doch nur ihm zu. Schwer findet er zu seiner Polemik gegen Adorno zurück. Wo war er stehen geblieben?

Für Wiesengrund-Adorno, der es auf die Zersetzung des Gemeinschaftsgefühls abgesehen habe, seien solche Sätze typisch: «Alle Energie ist bei der Dissonanz; an ihr gemessen werden die einzelnen Lösungen dünner und dünner, unverbindliches Dekor oder restaurative Beteuerung. Spannung wird zum totalen Prinzip gerade, indem die Negation der Negation, die volle Begleichung der Schuld einer jeglichen Dissonanz, wie in einem riesigen Kreditsystem, unendlich verschoben ist.» Das verstehe, meint Furtwängler, wer wolle.

Man musiziere doch, um nicht aus dem Leim zu gehen – unerwartet schlägt sich Schmitt auf Furtwänglers Seite.

Der abschließend: Die Ökonomie des «Kreditsystems» in die Reflexion über das Musikempfinden einzubeziehen sei doch grotesk. Wenn auch widerwillig, müsse er, Furtwängler, dem

Kollegen Hans Pfitzner recht geben, der festgestellt habe, dass sich durch die Gegenwart der Musikkritik ein «hässlicher, breiter Strom der Ernüchterung ergieße», man wolle den «hohen Begriff der Inspiration» wegrationalisieren. Die Kippfiguren der Negation, die Adorno «Dialektik» nenne, wirkten auf ihn, Furtwängler, wie das Nervengezirpe der atonalen Musik. Musik sei kein Medium der Erkenntnis. Wahres Schöpfertum wirke nur im Stande der Unschuld! Sei diese Unschuld einmal verloren, könne sie nicht durch Reflexion wiedergewonnen werden.

Gründgens verdreht die Augen, was Furtwängler in Rage bringt: Klar sei, dass Wiesengrund-Adorno der Musik den Weg in den «Gletscher der modernen Gesellschaft», wie Theodor Lessing einmal gesagt habe, vorschreibe. Jetzt lasse er sich in Kalifornien in einer sonnenwarmen Sänfte durch die Kälte der Moderne tragen. Alles Heimweh nach Gemeinschaft sei für Adorno vergiftet. Wie könne man sich das antun, was für ein Masochismus zu glauben, nur in der Entfremdung sei man zu Haus!

Die Sirenen hören die Staatsräte nicht – das Dirigentenzimmer ist offenbar gut isoliert. Als die vier endlich das Dröhnen der Flugzeugmotoren und die Vibrationen der Einschläge spüren, wissen sie, dass es zu spät ist, um durch das finstere Treppenhaus zu stolpern und den Luftschutzkeller aufzusuchen. In den Nächten zuvor kamen die britischen Bomber gegen drei Uhr nachts, heute vier Stunden früher. Die Männer sehen sich an, müde und entnervt. Wo ist die Luftabwehr ihres Mentors Göring? Gewisse Fluchtreflexe müssten eigentlich inzwischen Routine geworden sein. Das Warten auf das Rollen der Abwehrgeschütze, der Lichtschein der berüchtigten «Tannenbäume», die das Ziel der Bombardierung beleuchten sollen …

Der Opernregisseur Wolfgang Wagner hat Schmitt von einer kopflosen Flucht des Stardirigenten erzählt: Als während einer «Meistersinger»-Aufführung Vollalarm gegeben wurde, rannte der in Panik geratene Furtwängler, seine Langbeinigkeit ermöglichte ihm weit ausgreifende Schritte, mit wehendem Frack zum Bunker des Hotels Adlon in der Nähe des Brandenburger Tors, kaum einen Kilometer von der Oper entfernt, dicht gefolgt von einer Schar Sänger in meistersingerlicher Kostümierung und Maske ...

Zum Scherzen aber ist niemandem zumute. Die Herren schenken sich Mineralwasser nach und kommen trotzig überein – erst Lebensgefahr lässt den Ernst des Lebens spüren –, dem Maestro weiter zuzuhören.

Die dröhnende Außenwelt lässt die vier Solitäre zusammenrücken. Furtwängler, schon heiser und zeitweise schrill, als ob sich der Feind selbst in die moderne Musik eingenistet hätte, fährt fort: Die Neutöner, Fahnenträger einer heimatlosen Musik der Negation, das müsse doch auch für die Exilierten schmerzlich sein. Die Furcht vor Sentimentalität, die Adorno mit den Atonalen teile, sei eine Furcht vor etwas, das in der eigenen Brust beheimatet sei. Leider sei die Furcht vor Sentimentalität als Furcht vor sich selbst für eine oder vielleicht sogar schon zwei Generationen von Neutönern geradezu der Leitgedanke des Musizierens. Als ob das Musizieren nicht im Gegenteil Bestätigung, Jasagen zu sich selbst, sein müsse, wenn es überhaupt einen Sinn haben solle! Er selbst habe keine Angst vor Momenten wahren Ergriffenseins.

Eine ehrliche Haut, denkt Schmitt. Peinlich, so schutzlos sollte man sich nie zeigen. Nun aber will er doch noch einmal auf die Gemeinschaft zurückkommen: Die Rede von der Harmonie der Gemeinschaft lasse die Gewalt in ihrem Innern vergessen, denn auch dort gebe es Feinde – das ist es, was er in Carinhall zu erklären versucht habe.

Harmonie, entgegnet Furtwängler, sei sein Herzenswunsch. Er streckt sich in seiner ganzen Länge auf dem Sessel aus. Wo sich kein bergender Himmel mehr über den Einzelnen wölbe und die moderne Gesellschaft maßlos erkalte, sei die Gemeinschaft, die durch Musik erzeugt werden könne, die einzig verbliebene Wärmekammer unter dem Terror Himmlers.

Den dreien stockt der Atem. Ein mutiger Satz, hätte man Furtwängler nicht zugetraut.

Der spricht weiter: Wenn bei jedem britischen Bombenangriff die Kälte des Weltalls auf die Menschen niederstürzt, ist das Ideal einer glühenden deutschen Kulturgemeinschaft nur noch im Konzertsaal zu finden. Echte Gemeinschaft aber schafft man nicht durch Dissonanzen. Vielleicht gelingt das in kleinen Zirkeln von Spezialisten, aber nicht in einem großen Saal.

Das ist dem Quartett klar; ein seltener Konsens. Vielleicht aber, denkt Gründgens, wird in der Konzertsaalgemeinschaft nur eine vom Staat erlaubte und zeitlich begrenzte Lockerungsübung durchgeführt, eine ambulante Frischzellenkur sozusagen, damit sich die Kräfte erneuern können, die man draußen zum Durchhalten braucht.

Danach ist wieder Mineralwasser angesagt. Können sie sich schon nach draußen wagen?

Noch nicht, der Maestro will zum Ende hin noch einmal einen versöhnlicheren Ton anstimmen. Dass Wiesengrund die populäre Musik missbillige, sei ihm nur recht. Traumlose Kunst für präparierte Ohren des Volks, das sich in den Wiederholungsschleifen des ohnehin Vertrauten glücklich fühle – das hat Wiesengrund treffend formuliert.

Noch treffender fänden es die Herren, den Diskurs für heute abzubrechen.

Ihm sei zugetragen worden, so Furtwängler jetzt, Thomas Mann habe ihn einmal «Furchtwängler» genannt. Obwohl er doch – Sauerbruch, der ihm ein Attest ausgestellt habe, sei Zeuge – krankheitshalber einem Festakt der Partei ferngeblieben sei und gegen die Entfernung jüdischer Musiker aus seinem Orchester protestiert habe.

Diese physiologische Kränkung muss den Maestro tief getroffen haben, denkt Gründgens. Ein Trauma? Wäre übertrieben.

Sauerbruch haben die Ausführungen zur Musik mäßig berührt, und auch jetzt ist ihm nicht danach, sich zu Wort zu melden. Was ihn dagegen fesselt, ist die Überlegung, welcher Kategorie der Temperamentenlehre die drei Räte zugeordnet werden könnten: Wer entspricht dem schwarzgalligen *Melancholiker* mit seiner Vorliebe für traurige Harmonien? Ist Schmitt dem Temperament nach ein *Sanguiniker* mit Vorliebe für Vehemenz in der Musik, Furtwängler ein *Phlegmatiker* mit Neigung zu holistischem Erleben? Und was ist mit Gründgens? Nach Kretschmers «Körperbau und Charakter» müsste man Gründgens dem Typus des *Athletikers* zurechnen: breit ausladender, muskulöser Schultergürtel, schmales Becken, schlanke Beine. Auf kräftigem Hals sitzt ein derber Hochkopf mit hohem Mittelgesicht und fester Herausarbeitung von Kinn und Knochenrelief. Die Motorik wirkt auf den ersten Blick eher schwer, der Gang ist breit, etwas seitlich schwankend. Selten kommt es zu einer motorischen Totalentspannung, abrupte Kurven sind häufig. Daraus schließt Sauerbruch folgende Charaktermerkmale: Die Ausdauer, Tenazität, der Aufmerksamkeit ist groß, dieser Athlet neigt zu analytischem Denken. Eine gewisse Indifferenz gegenüber Farben kann nicht übersehen werden. Große Arbeitskraft ermöglicht Gründlichkeit bis zur Pedanterie in Fragen der Ordnungsliebe. Eisernes Training ist auf Disziplinierung der Affekte geeicht. In depressiven Phasen seiner Migräneschübe ausgesprochen introversiv. Lässt sich dann zum eigenen Schutz in migränespezifische Mürrigkeit absinken, dann wieder fließende Formen des Umgangs, listenreich und schlau, die ganze Skala der Temperamente von heiter bis schwerblütig, mal kühl und berechnend, dann wieder spontan. In dieser Bandbreite ein Virtuose.

Der *Leptosom* Furtwängler und selbst der *Pykniker* Schmitt sind für Sauerbruch leichter zu begreifen. Auf dem weißen Körperblatt des Schauspielers dagegen lassen sich je nach Situation die widerstreitendsten Merkmale beobachten.

Sauerbruch geht mit Gründgens ans Fenster, sie rauchen. Schmitt genießt die Stille nach dem Dröhnen der britischen Geschwader, schnappt nach Luft. Der Angriff scheint vorbei zu sein. Unvermittelt fragt Gründgens den Chirurgen: Und Stauffenberg?

Die Stille einer Schrecksekunde.

Doch Sauerbruch eher leutselig: Er habe dem Grafen vor Monaten schon angeboten, eine kluge Handprothese für ihn herzustellen, habe sie ihm regelrecht aufgedrängt. Der aber habe abgelehnt, offenbar weil er einer höheren Verpflichtung nachkommen wolle, die keinen Zeitaufschub dulde.

Schmitt, der sich den zwei Rauchern am Fenster genähert hat, seufzt. Ja, das hätte den Grafen wohl für einige Monate aus dem Verkehr gezogen. Bis Amputierte Lehrmeister ihrer Maschinenhand würden, dauere es ja eine Weile, wie sie damals im Garten von Sauerbruchs Villa erfahren hätten.

Und Popitz?, fragt Sauerbruch.

Es sei so still um ihn geworden, sagt Gründgens.

Schmitt zuckt resigniert mit den Schultern.

Er habe ihn vor kurzem in der Mittwochs-Gesellschaft getroffen, erzählt Sauerbruch. Ein deprimierender Abgesang auf den Staatsgedanken, wenn er sich recht erinnere.

Stille. Drei Staatsräte am Fenster haben die dunkle Empfindung: Etwas spielt sich hinter ihrem Rücken ab. Nur Furtwängler ahnt nichts.

Das Dröhnen der Bombergeschwader hätte sie jetzt entlastet. Das Schweigen wird so unerträglich, dass man sich schnell verabschiedet.

In vier Taxis durch die Trümmerstadt.

Wenige Tage später scheitert das Attentat.

# III. SCHREIBEN IN TODESZELLEN

Nach 1945 vertraute Carl Schmitt seinem Tagebuch eine verhalten-spöttische Bemerkung über die «Helden» des Widerstands an. 1944 hatte er Johannes Popitz, den Erfinder des NS-Staatsrats, Verwaltungs- und Steuerrechtsexperte, graue Eminenz des Hitler-Kabinetts, mehrmals im Gestapo-Gefängnis besucht. Ihm imponierte die klaglose Haltung des zum Tode Verurteilten: Popitz, eine Skulptur des gescheiterten preußischen Staatsgedankens. Am 2. Dezember 1947 sollte Schmitt notieren: «Dieser preußische Beamte hatte etwas von Thomas Morus, den gleichfalls die humanistische Begabung für Freundschaft auszeichnete (...), er drängte sich nicht zum Martyrium, gab nach, solange es ging, und blieb heiteren Gemüts, als der Tod unvermeidlich wurde.»[1]

Schmitt selbst hatte sein Überlebensmotto gefunden: «Das Leben kräftigt sich aus dem Born des Bösen, die Moral aber leitet ab in den Tod.»[2] Seinen Freund dagegen hatte die Moral auf die schiefe Bahn des Widerstands geführt. Für Schmitt war das Gewissen nie «eine Instanz, sondern ein Abgrund».[3] Und gemessen an Vorbildern wie Machiavelli oder den Jesuiten, war für «die Deutschen» der «Rückfall in moralische Anliegen» bedauerlich, aber typisch.[4] So deutsch war Popitz also gewesen.

In den politischen Konstellationen der dreißiger Jahre, als die Freunde zeitweilig gemeinsam im NS-Staat aufgestiegen waren, gefährdeten moralische Entscheidungen die Existenz. Sie waren einfach zu riskant – selbst für einen, der seine Theorie mit dem Pathos der riskanten Entscheidung aufgeladen hatte. Spät aufflackernde Elemente des Humanismus hatten Popitz, über ein Jahrzehnt eine zentrale Figur der NS-Funktionselite, in eine todbringende Situation gebracht.

Schmitts Charakteristik des ermordeten Freundes trifft durchaus den Kern des «echten» preußischen Beamten, dem seine Verehrung galt. Den Grundzug von Popitz' Sachlichkeit brachte Schmitt auf eine einfache Formel: «Positivistische Askese mit Innerlichkeits-Vorbehalten».[5] Als zutreffend sollte sich diese Formel noch in der Arbeit erweisen, die Popitz im Gefängnis verrichtete. Bevor Preußens letzter Finanzminister am 2. Februar 1945 hingerichtet wurde, beauftragte das Reichssicherheitshauptamt den Verwaltungsexperten, Pläne für den Wiederaufbau der deutschen Städte nach dem Krieg zu entwerfen. Popitz und sein Mitgefangener Carl Goerdeler verfassten etwa dreihundert Seiten, bis Ernst Kaltenbrunner, Chef des RSHA, und Justizminister Otto Thierak es für genug erachteten. Wenn darüber hinaus Zeit blieb, versenkte Popitz sich in die Werke von Goethe und Fontane. Er nannte sie seine «besten Freunde».[6]

In starkem Kontrast zu der ausgekühlten Verwaltungsprosa, die Popitz für die Zukunft schrieb, stehen die Schriften, die ein anderer Todeskandidat 1943/44 verfasste. Der Romanist Werner Krauss, Mitglied der Widerstandsbewegung «Rote Kapelle», schrieb in Erwartung der Hinrichtung den wissenschaftlichen Traktat «Graciáns Lebenslehre» und den Roman «PLN». Die Verhaltenslehren des spanischen Jesuiten, die Krauss mit leicht nietzscheanischem Pathos entwirft, erscheinen in bunt bengalischer Beleuchtung. Der Vergleich mit den Expertisen von Popitz zeigt, in welchem Ausmaß sie eine literarische Phantasmagorie des Bewegungsspielraums sind, den der Gefangene verloren hat. Die wirklich *kalt-preußische persona* schreibt in der Todeszelle nebenan.[7]

Die äußeren Umstände des Schreibens waren unterschiedlich. Während der prominente Todeskandidat Popitz seine Antworten bei elektrischem Licht handschriftlich verfassen durfte, bevor sie von einer Sekretärin in die Maschine getippt wurden, war Krauss auf wenige Stunden mit Tageslicht angewiesen. Er schrieb «in Fesseln», seine Schreibarbeit war offiziell verboten, wurde aber toleriert.

Zwei Schreibszenen in Extremsituationen. Beide, Popitz und Krauss, imaginieren einen Bewegungsraum außerhalb ihrer Zellen. In seinen Antworten auf die Fragen des RSHA folgt der Verwaltungsfachmann einem Duktus der Sprache, der dann die Nachkriegswirklichkeit regieren sollte. Der Wortlaut seiner Denkschrift erinnert auf verteufelte Weise an das Sprachmilieu der Architekten und Städteplaner in der jungen BRD. Das sollte indes niemanden verwundern; seit 1943 hatten sie Pläne für den Wiederaufbau in der Schublade. Krauss dagegen erfand einen Trainingsraum für ein fabelhaftes Subjekt in einem fiktiven Zwischenreich, «dem der Mord so nahe ist wie das freiatmende Glück»[8].

## SCHMITTS FREUND JOHANNES POPITZ GEHT SACHLICH IN DEN TOD

Ein Foto vom 10. März 1934. Johannes Popitz zusammen mit Hermann Göring vor dem Sitzungssaal in der alten Reichskanzlei. Popitz hat etwas von dem Schauspieler Theo Lingen in einer Filmrolle als Diener oder Kellner. Vor ihm sein ganz in speckig-schwarzes Leder gepresster, breitbeinig den Rapport erwartender Dienstherr. Der preußische Steuerexperte mit servilem Lachen. Hellgraue Gamaschen bedecken den oberen Teil seiner Lackschuhe. Popitz wringt merkwürdig die Hände vor der Hüfte.[9]

Zehn Jahre später. Popitz vor dem Volksgerichtshof. Die Arme ausgebreitet auf Höhe der unteren Rippen, die Handflächen nach oben gewandt, wie zur Preisgabe geöffnet. Komm, Herr Jesus, sei unser Gast, und segne, was du uns bescheret hast. Ungeachtet des Geschreis des Vorsitzenden Richters und Preußischen Staatsrats Roland Freisler – «der kleinste Widerspruch reizt ihn zu wahrhaft sultanischen Zornesausbrüchen»[10] –, hält der Angeklagte Verfahren und Urteil juristisch für durchaus korrekt. Nach eigener Überzeugung hat er Verrat in einem Unrechtsstaat begangen.[11]

Johannes Popitz, geboren 1884, hatte Privatrecht, römisches Zivilprozessrecht, Deutsche Rechtsgeschichte und Allgemeine Volkswirtschaftslehre in Waadt, Leipzig und Berlin studiert.[12] Er war kein Freund der Revolution von 1918. Im Preußischen Innenministerium gelang ihm eine steile Karriere, von 1921 an war er Ministerialdirektor im Reichfinanzministerium.[13] Popitz galt bald als einer der ersten Steuerexperten Deutschlands. Als Staatssekretär verschiedener Kabinette hatte er einen gewaltigen Aktionsraum, in kurzer Zeit kontrollierte er alle Abteilungen des Finanzministeriums.[14] 1929 übernahm er den Vorsitz der Gesellschaft für antike Kultur. Als Mitglied der Deutschen Gesellschaft 1914 traf er sich regelmäßig dienstags gegen Mittag mit Freunden in der Schadowstraße, von 1930 an kam er immer öfter in Begleitung des «rätselhaften Carl Schmitt»[15]. Schließlich wurde er Vorsitzender der Mittwochs-Gesellschaft.

Im Jahr 1933 scheint Popitz eine schon von Max Weber zitierte Parole der Realpolitik beherzigt zu haben: «Wer mit dem Teufel speist, muss einen langen Löffel haben.» Es ist nicht ausgeschlossen, dass er die Erneuerung des Staatsrats förderte, um aus der Pufferzone der preußischen Beamtenschaft heraus die NS-Bewegung regulieren zu können. Erstaunlich ist, dass er gegen das verrufene Personal der neuen Machthaber nichts einzuwenden hatte.

Kein Geheimnis machte Popitz 1933 aus seiner Verehrung für Hermann Göring, den Fliegerhelden, den «Mann der Tat», einen wahren Teufelskerl. Carl Schmitt war reservierter. Nach dem Krieg sollte er behaupten, dass Popitz' Affinität zum Führungspersonal des NS-Staats größer gewesen sei als die eigene. «Die Idee bemächtigt sich eines Individuums und tritt dadurch immer als fremder Gast in die Erscheinung. Der fremde Gast war Adolf. Er war fremd bis zur Karikatur. Fremd gerade durch die aseptische Reinheit seiner Ideen von Führer, Charisma, Genie und Rasse. Er war ein voraussetzungsloser Vollstrecker.» Den Gebildeten, die sich wie Popitz an Goethe orientierten, sei Hitler dagegen «als ein Genie» erschienen.[16]

Viele unter den Nationalkonservativen glaubten, mit Göring als Staatsmann den Wahnsinn der «Revolution» unter Kontrolle halten zu können. Aber, wie der englische Historiker Richard Overy anmerkt: Die «deutsche Elite hatte schlechte Karten im politischen Spiel mit den Nazis», Göring lockte sie in die Falle.[17] Er sicherte der NSDAP die Herrschaft über seinen Sicherheitsdienst (SD) und die preußische Polizei, die er im Handumdrehen gleichschaltete. Zudem verfügte er über einen eigenen Nachrichtendienst; die Schachzüge seiner Gegner wurden durch systematische Telefonüberwachung kontrolliert.

Zusammen mit Göring gelangte Popitz an den Machtpol des NS-Staats. Er überredete Carl Schmitt, den der totale Machtanspruch der Nationalsozialisten zögern ließ, zur Mitarbeit am «Reichsstatthaltergesetz» und trieb die «Säuberung» seines Ministeriums von nichtarischen Personen voran. Mit dem «Gesetz zur Wiederherstellung des Berufsbeamtentums» ging dann das Prinzip preußischer Sachlichkeit, das Popitz verkörpert hatte, endgültig zugrunde. Nur derjenige sollte Beamter werden oder bleiben können, «der neben restloser Erfüllung der allgemeinen Beamtenpflichten unter Berücksichtigung seiner früheren politischen Einstellung die unbedingte Gewähr dafür bietet und seit dem 30. Januar bewiesen hat, daß er jederzeit rückhaltlos für den nationalsozialistischen Staat eintritt und ihn wirksam vertritt». Paragraph 3 bestimmte: «Beamte, die nicht arischer Abstammung sind, sind in den Ruhestand zu versetzen; soweit es sich um Ehrenbeamte handelt, sind sie aus dem Arbeitsverhältnis zu entlassen.»

Ernst Niekisch, der als einer der führenden Köpfe des Nationalbolschewismus bis 1934 den linken Flügel der Nationalsozialistischen Deutschen Arbeiterpartei beeinflusste, nannte dieses Gesetz ein «Reinigungsgesetz».[18] Wie er berichtet, hatte es verheerende Folgen nicht nur für die Entlassenen: «Die ‹wohlerworbenen Rechte›, die ‹pensionsberechtigte Lebensstellung› waren plötzlich fragwürdig; für jeden Beamten stürzte damit der Himmel ein, den er für unerschütterlich gehalten hatte. Der Beamte war an seinem empfindlichsten Punkte getroffen; wer ihn da faßte, konnte seinen Charakter in Atome zermahlen. Der Beamte eilte, auf den Boden der neuen Tatsachen hinüberzuwechseln. Er ließ es auf keinen Konflikt mehr ankommen; er suchte den Parteiwillen zu erraten und zu befolgen, bevor sich dieser noch ausdrücklich kundgegeben hatte. Die Erledigung der Geschäfte erfolgte bald automatisch nach den Wünschen und Befehlen der Partei, nicht mehr nach Lage der Sache. Das Parteiinteresse rückte für Verwaltungsbeamte wie für Richter an die Stelle des Staatsinteresses. Bis in die beamtete Medizin fraß diese Verderbnis des öffentlichen Dienstes weiter: es fand sich schließlich kein Arzt mehr, der eine Todesursache wahrheitsgemäß attestierte, wenn SA- oder SS-Männer die Mörder gewesen waren.»[19] Der Schmitt-Schüler Ernst Rudolf Huber fasst zusammen: Der Beamte hatte die Möglichkeit zu einer «freien Entscheidung ... gemäß den politischen Grundwerten der nationalsozialistischen Rechts- und Staatsordnung».[20]

Popitz wies an, dass «nichtarische Rechtsanwälte» nicht mehr mit der Vertretung von Rechtstreitigkeiten beauftragt werden durften. Die systematische Arisierung jüdischen Eigentums wurde von ihm, wenn auch mit Gewissensbissen, unerbittlich durchgesetzt.

Schmitt und Popitz verband ihre Idee des Staats. Aber während Popitz «vom Staat nicht lassen» konnte und noch die Mordnächte am 30. Juni und 1. Juli 1934 als «Staatsnotwehr» ausreichend legitimiert fand, war für Carl Schmitt bald der Führer die höchste Rechtsquelle.[21] In Schmitts Antisemitismus mochte Popitz eine Verunreinigung der Staatsidee gesehen haben, die alle Bürger, gleich welcher Religion und «Rasse», als Staatsbürger umfassen sollte.

Am 27. April 1933 trat Carl Schmitt in Braunfels der NSDAP bei, Mitgliedsnummer 2 098 860.[22] Er sang begeistert das Horst-Wessel-Lied, hatte jedoch zugleich Angst vor dessen «chthonischer Brutalität und Wucht», wie er seinem Tagebuch anvertraute.[23] Irritationen dieser Art kennzeichneten auch sein Verhältnis zu Ernst Jünger, der sich zunehmend aus der politischen Sphäre zurückzog. Popitz wiederum verbarg seinen nach 1938 wachsenden Dissens zum NS-Staat und seine Verwicklung in die Verschwörerkreise vor Schmitt. Sein Maskenspiel als Geheimnisträger der Führungsriege spielte er so geschickt, dass man ihm noch im September 1942 eine dreiwöchige Inspektionsreise in den Bezirk Białystok genehmigte und er vorläufig seinen Platz in der Ehrenloge des NS-Staats behielt.

Die gewaltigen Staatsausgaben für das Luxusleben Hermann Görings in Carinhall könnten für Popitz ein trivialer Anlass gewesen sein, in die Opposition zu gehen. Wahrscheinlicher aber ist, dass ihn Hitlers Abrücken von den wilhelminischen Eliten unter den Generälen der Reichswehr von den Paladinen des NS-Staats getrennt hat. Die Pogrome von 1938 verschärften die Entfremdung, wobei Männer der alten Elite von entscheidendem Einfluss waren, etwa Ludwig Beck, der «Philosoph unter den Generälen», der Diplomat Ulrich von Hassell, der Jurist und Staatswissenschaftler Jens Jessen, der ehemalige Bürgermeister von Leipzig Carl Friedrich Goerdeler, Kurt Freiherr von Hammerstein-Equord, von 1930 bis 1934 Chef der Heeresleitung, und der Rechtsanwalt Carl Langbehn.

Ulrich von Hassells Tagebücher unterrichten über die Netze dieses Seniorenkreises in der Opposition und den Kern der

Verschwörung.[24] Als Gegner von Hitlers Kriegsplänen hatte von Hassell sein Amt als Botschafter in Italien aufgeben müssen, bevor er zu einer Schlüsselfigur des konservativen Widerstands wurde. Er fungierte als Vermittler zwischen der Widerstandsgruppe der Älteren um Carl Friedrich Goerdeler, Ludwig Beck und Johannes Popitz einerseits und den Jüngeren im Kreisauer Kreis um James von Moltke andererseits. Regelmäßige Auslandsreisen nach Italien und England nutzte er, um mit den Westalliierten eine Verständigung für die Zeit nach einem möglichen Staatsstreich zu suchen. Zusammen mit Goerdeler, Beck und Popitz entwarf von Hassell Pläne für die innere Ordnung Deutschlands nach einem erfolgreichen Putsch gegen Hitler. 1944 wurde er wegen seiner Beteiligung am Staatsstreich des 20. Juli von der Gestapo verhaftet. Nach zweitägiger Verhandlung verurteilte ihn der Volksgerichtshof unter Vorsitz von Roland Freisler am 8. September zum Tode durch den Strang; er wurde noch am gleichen Tag zusammen mit dem Rechtsanwalt Josef Wirmer, dem Sozialdemokraten Wilhelm Leuschner und dem Industriellen Paul Lejeune-Jung in Berlin-Plötzensee hingerichtet.

Dass von Hassell Johannes Popitz (Tarnname «Geißler») in seinen Aufzeichnungen siebenundneunzig Mal erwähnt, zeigt, dass der Finanzexperte eine wichtige Rolle in der Verschwörung spielte. Der Name Carl Schmitt fällt dagegen kein einziges Mal. Von Hassells Tagebücher eröffnen einen Blick in die Polykratie des NS-Staats; die in Fraktionen zerfallene Schar der Verschwörer war ihr Spiegelbild. Zudem verschaffen die Aufzeichnungen einen Eindruck der zivilen Bewegungsspielräume von Adel, Großbourgeoisie und Intellektuellen im Krieg: Man besucht die «Zentenarausstellung in der Orangerie für Rodin und Monet», hört 1943 eine ausgezeichnete «Tannhäuser»-Aufführung im

Opernhaus, lauscht Vorträgen in der Mittwochs-Gesellschaft, etwa über «Goethes Metamorphosen der Pflanzen», und freut sich, wenn Professor Jessen seinen Vortrag über «Krieg und Wirtschaft» mit den Worten Friedrich des Großen beschließt: «Die Bataillen gewinnt man mit die Bajonette, aber die Kriege mit die Ökonomie.»[25]

Gemeinsamer Ausgangspunkt der Opposition war nach dem Polenfeldzug die Scham über das «Terrorregime der SS»[26]. Fast zwei Jahre hoffte man, den deutschen Soldaten «die Augen über diese deutsche Schande und über diese Räuberbande» öffnen zu können. Generalfeldmarschall August Mackensen sollte als ältester Offizier an Generalfeldmarschall Walther von Brauchitsch appellieren, den «SS-Schweinereien» Einhalt zu gebieten. Da aber nicht nur Mackensen, sondern auch andere Generäle, zu denen die Widerstandsgruppe Kontakt hatte, offenbar «zu feige» waren, entschloss sich Popitz am 19. März 1940 selbst, zu Brauchitsch zu gehen, «um die Macht des Staates aus den Klauen der schwarzen Landsknechte zu reißen und die Staatsgewalt auf der Basis der Wehrmacht als einzigem Waffenträger zu stabilisieren und zu säubern».[27]

Es ging den Verschwörern zunächst darum, die Staatsgewalt in die Hände der Wehrmacht zu legen. Erst Mitte 1941 dämmerte ihnen, dass es Hitler gelungen war, das «Odium der Mordbrennerei von der bisher allein belasteten SS auf das Heer zu übertragen», und dass auch ihr Hoffnungsträger Göring «an die SS herangerückt» war.[28] Der Glaube, dass die Wehrmacht sich nicht planmäßig und bewusst am Vernichtungsfeldzug im Osten beteiligt habe, war nicht länger aufrechtzuerhalten; ihr Heer war unbestreitbar in die «Verwilderung im Osten» verstrickt.[29] Johannes Popitz, Generalmajor Hans Oster, Carl Langbehn und Reichsgerichtsrat Hans von Dohnanyi hörten von «schandbaren Schweinerein im Osten», Tausende Juden würden «ohne Scham niedergeknallt».[30] Grotesk erscheint die Rachephantasie der ehrenwerten Männer, die noch der Satisfaktionsgemeinschaft der wilhelminischen Gesellschaft entstammten: Man müsse die Mordbrenner «nackt über den Kurfürstendamm» jagen.[31] Erlosch aufgrund dieser Nachrichten der Mythos der sauberen Wehrmacht? In einem Aufruf an diese, den die Verschwörer fünf Tage vor dem Attentat formulierten, hieß es noch: «Wir müssen handeln, weil – und das wiegt am schwersten – *in Eurem Rücken* Verbrechen begangen werden, die den Ehrenschild des deutschen Volkes beflecken und seinen in der Welt erworbenen guten Ruf besudeln.» War darin das «tiefste Motiv» für den Aufstand enthalten?[32]

Popitz beließ es nicht lange dabei, nur empört zu sein; er begann zu planen. Schon im Januar 1940 hatte er Karten für eine Neueinteilung des Reichs nach einem Staatsstreich anfertigen lassen.[33] Geplant war, während des Ausnahmezustands eine Diktatur hoher Staatsbeamter zu etablieren. Parlamentarische Körperschaften waren nicht vorgesehen, der Staatsrat sollte aus Notablen zusammengestellt werden.[34]

Popitz, die Sphinx in der NS-Bürokratie mit einer ungewöhnlichen Schwäche für den preußischen Klassizismus. Als die Sanierung seines Ministeriums anstand, ließ er die Innenausstattung eines zum Abbruch bestimmten Privathauses, das auf den berühmten Baumeister Karl Friedrich Schinkel zurückging, in den Festsaal integrieren und zum «Schinkelsaal» ausbauen.[35] Die ersten Sätze seiner Festrede bei der Schinkel-Feier des Architekten- und Ingenieur-Vereins zu Berlin am 13. März 1941 sind symptomatisch: «Der große Entscheidungskampf, der für das europäische Festland geführt wird, muß nach siegreicher Beendigung die dauernde Sicherung auch der weltanschaulichen, kulturellen Werte Großdeutschlands zur Folge haben.»[36] Die mit Waffengewalt errungene Stellung Deutschlands biete die Möglichkeit, den Völkern des Kontinents die «tektonischen Gesetze, wie sie unserem Volkstum entsprechen», aufzuprägen.

Als Popitz' Festrede im Jahr darauf in Wolfgang Schadewaldts Zeitschrift «Die Antike» veröffentlicht wurde, muss sie noch großspuriger gewirkt haben. Am 3. und 4. März 1941 hatten britische Bomber Köln, am 12. März Hamburg und Bremen angegriffen; die deutsche Armee besetzte Bulgarien; der Vernichtungskrieg wurde auf Jugoslawien ausgedehnt; die deutsche Luftwaffe flog schwere Angriffe auf London, Coventry und Portsmouth; das Oberkommando der Wehrmacht erließ Richtlinien, in denen die «Sonderaufgaben» der SS in den zu besetzenden Gebieten der Sowjetunion festgelegt wurden. Popitz war über all das gut unterrichtet. Noch war das Oberkommando der Wehrmacht nicht so eingebunkert, dass keine Informationen mehr in sein Ministerium drangen.

Wer von Popitz' Verwicklung in die Kreise des Widerstands wusste, hätte seiner Festrede kritische Untertöne entnehmen können. Ehrenretter sind groß im Verstehen verborgener Subtexte. Abzulesen war dem Text etwa der Zweifel, ob das sittliche Maß des preußischen Baumeisters das «triebhaft Dunkle» des Volkes auf Dauer einhegen konnte. Schinkel vermochte es nicht, den «Absturz» aufhalten; seine Ideen waren im Laufe des 19. Jahrhunderts verloren gegangen. Die Erinnerung an den maßvollen Preußen ist dieser Lesart zufolge ein Hinweis auf den Umschlagpunkt eines «tragischen» Prozesses. Vielleicht war mit Schinkel das «Ende des Kulturwillens überhaupt» markiert.

Die Festrede mäandert zwischen zweifelsfreier Zustimmung zum aktuellen Waffengang und Trauer über den Verlust des Maßvollen. Der Schluss ist wieder linientreu. Denn was verbindet Schinkel «mit unserer waffenstarrenden Gegenwart»? «Ein soldatisches Volk wie das deutsche wird ihm nie vergessen, daß er einst mit dem eisernen Kreuz das unvergängliche Zeichen des heroischen Lebenseinsatzes für den preußischen und – gerade hierin liegt symbolhaft ein Beweis für seine wahrhaft gesamtdeutsche Persönlichkeit – für den deutschen, den großdeutschen Soldaten geschaffen hat.»[37] Der martialischen Wende der Schinkel-Ehrung fügt Popitz allerdings – vielleicht auch erst in der späteren Druckfassung – ein zur Besonnenheit mahnendes Zitat aus Goethes «Prolog zur Eröffnung des Berliner Theaters im Mai 1821» hinzu: «Denn euretwegen hat der Architekt / Mit hohem Geist so edlen Raum bezweckt; / Das Ebenmaß bedächtig abgezollt, / daß Ihr Euch selbst geregelt fühlen sollt.» Das passte nicht zur Gigantomanie der Architekturpläne Hitlers und Speers.

Wie sollte man aus dem Steuerexperten und Liebhaber der Klassik schlau werden? In den Reihen der Verschwörer hatte Popitz verständlicherweise einen schweren Stand. James von Moltke, der dem Kreisauer Kreis angehörte, hielt ihn für einen «Kerenski» – eine Anspielung auf den sozialrevolutionären russischen Kriegsminister Alexander Kerenski, der 1917 günstigere Bedingungen für Friedensverhandlungen erreichen wollte; das übliche Bild für eine gefährliche Übergangslösung. Schon 1939 hatte Hans von Dohnanyi Überlegungen, Göring als «Bewahrer des Friedens» zur Galionsfigur eines Umsturzes zu machen, als «Kerenski-Lösung» bezeichnet.[38] James von Moltke und der Kreisauer Kreis sahen darin einen Umsturzversuch, der Deutschland vom Nazi-Regen in die Traufe einer von Himmlers SS beherrschten Diktatur gebracht hätte. Damit wollten die jüngeren Kreisauer nichts zu tun haben – was für von Moltke in den letzten Monaten bedeutsam wurde, als er in der Haft nach Verteidigungsstrategien suchte und sich von der Gruppe Beck/Goerdeler/Popitz distanzierte.[39] Mit derart subtilen Differenzierungen aber konnte man die Nazis nicht beeindrucken.

Zu lange hatte Staatsrat Popitz mitgespielt, und er spielte scheinbar immer noch mit – nicht mit wechselnden Masken, sondern durchweg mit der Maske des Verwaltungsexperten und dem Goldenen Parteiabzeichen der NSDAP, das Hitler ihm 1937 verliehen hatte. Woher, fragten sich die Verschwörer, seine fixe Idee, Kontakt ausgerechnet mit Himmler aufzunehmen, um über Umsturzszenarien zu sprechen?

Am 10. Juli 1944 sprach Popitz ein letztes Mal vor der Mittwochs-Gesellschaft. Es ging, wie schon erwähnt, um den Staat. «Schwer zu begreifen», notierte von Hassell. «Stimmung ist gedrückt. Beck ist hoffnungslos.» Zehn Tage später misslang Stauffenbergs Attentat. Der Kreis um Popitz war zersprengt.[40] Bald waren alle Beteiligten in der Gewalt der Gestapo. Das Todesurteil wurde im September 1944 gefällt. Der Termin der Vollstreckung blieb vorerst ungewiss.

Das Reichssicherheitshauptamt unter Ernst Kaltenbrunner verfuhr pragmatisch. Der Jurist und Volkswirt Otto Ohlendorf, Chef des Amtes III, Inlandsnachrichtendienst, Abteilung Verfassung und Verwaltung, bewunderte Popitz aufgrund seiner finanz- und verwaltungspolitischen Kenntnisse. Vermutlich war er es, der anregte, Goerdeler und Popitz mit der Abfassung einer Denkschrift zu beauftragen, die sich mit dem Übergang von der Kriegs- zur Friedenswirtschaft, zum Wiederaufbau und zur künftigen Regionalgliederung befassen sollte. Die beiden Häftlinge gingen «sehr bereitwillig» darauf ein.[41] Man legte dem Preußischen Staatsminister a. D. Prof. Dr. Johannes Popitz und dem früheren Bürgermeister von Leipzig Carl Goerdeler einen Katalog von Fragen zur Neuordnung nach dem Krieg vor.

Es entspreche dem «natürlichen Wunsch» eines zum Tod Verurteilten, hatte Werner Krauss zuvor in einer benachbarten Zelle notiert, «die ihm verbleibende Wartezeit zu benützen, um seine nicht alltäglichen Widerfahrnisse in den Abstand einer geordneten Darstellung zu bringen».[42] Preußischer Pflichtbewusstheit und Sachlichkeit entsprach es, dass Popitz und Goerdeler ihre Vorschläge auf etwa dreihundert Seiten zu Papier brachten, um sie später einer Sekretärin in die Maschine zu diktieren. Popitz genoss die Privilegien eines Sondergefangenen, bekam auf Wunsch eine stärkere Glühlampe und genügend Schreibmaterial.[43] Oberregierungsrat Dr. Erhard Mäding war zur Bewachung der prominenten Häftlinge abgeordnet. Ihm verdanken wir, dass einige Seiten der Denkschrift erhalten geblieben sind.[44]

Popitz' Wiederaufbaupläne aus der Todeszelle erschließen raum-zeitliche Koordinaten eines Bewegungsraums nach dem Krieg. Die letzte Freiheit des Gefangenen lag im Schreiben, das ihm erlaubte, die Grenze der Zelle zu überschreiten.[45] Popitz erschrieb sich eine Zukunft, in der die preußische Ordnungsidee posthum triumphieren konnte. Nie hatte ihn die Magie des Extrems am NS-Staat fasziniert. Unauffällig und effizient hatte er seine Dienste für Göring verrichtet. Vom Pathos gefährlichen Lebens findet sich in seinen waghalsigen Aktionen im Untergrund keine Spur, ebenso wenig in seinen Widerstandsphantasien. Ein grauer Staatskristall noch in seinen Nachkriegsvisionen.

«Die Thomas-Morus-Typen schreiben heute keine Utopien mehr», bemerkte Carl Schmitt nach dem Krieg.[46] In den Antworten auf die Fragen des RSHA erfand der Verwaltungsfachmann Popitz stattdessen eine Nachkriegswirklichkeit, die für den Gehenkten zwar kein Ort sein würde, die aber auch nichts Utopisches hatte.

> *RSHA, Frage Nr. 1: Ist der Wiederaufbau ausschließlich örtlicher oder privater Initiative zu überlassen, oder bedarf es der Lenkung durch den Staat?*
>
> Popitz: Der Umfang der Zerstörung fordert staatliche Lenkung, darüber hinausgehend vielfach staatliche Leitung bis zur eigenen Bautätigkeit der öffentlichen Hand. Es ist eine Fortsetzung der bisherigen Kriegswirtschaft notwendig in der Form, daß anstelle des Rüstungszwecks der Zweck des Wiederaufbaus und der Wohnungsbeschaffung tritt (...).
>
> Bei umfangreichen Zerstörungen kann von privater Initiative keine Rede sein, vielmehr bedarf es des leitenden Eingreifens der öffentlichen Hand aus technischen – Beseitigung des Bauschutts, Einhaltung einer Rangfolge – und wirtschaftlichen Gründen: Baustoffe, Vorprodukte und Hilfsgüter sind durch Großaufträge in Serienherstellung zu beschaffen, der Einsatz der Arbeitskräfte ist zu regeln. Umstellung von Betrieben auf Baustoffproduktion vorzunehmen, eine Lenkung der Investitionen erforderlich. Zur Vermeidung einer Inflation müssen Preis- und Lohnfragen fest in der Hand des Staates bleiben.

Aktenkundige Resultate eines in Aussicht gestellten Verwaltungshandelns. Derartige Schriftstücke werden vom Verwaltungsbeamten stets «unter dem Blick des Anderen, einer stets mitlesend gedachten Öffentlichkeit» verfasst.[47] Auf diese Weise verschwindet das Subjekt des Schreibers «hinter einer Versachlichungsstrategie, die uns nicht in ‹das Herz› des Akteurs blicken lässt».[48] Der Habitus des Verwaltungsbeamten kennt keine historischen Brüche.

> *RSHA, Frage Nr. 13c: Wieweit ist die aus volksbiologischen und -psychologischen Gründen geforderte Auflockerung [des städtischen Areals] zu treiben? Genügen öffentliche Freiflächen zwischen den Wohnblocks? Sind Massenmietshäuser grundsätzlich zu beschränken – oder zu verbieten (...)?*
>
> Popitz: Für diese Frage ist entscheidend der günstige Einfluß, den das Einfamilienhaus mit Kleingärten gegenüber dem Mietshaus auf die gesundheitliche und geistige (weltanschauliche) Struktur der großen Massen der Bevölkerung ausübt. Es entspricht außerdem nicht der historischen Siedlungsform in den deutschen Städten, daß nur ein geringer Prozentsatz der Bevölkerung ein Eigenheim mit Gartenland hat. – Der Übergang zur Siedlungsform der Einfamilienreihenhäuser ist die entscheidende Aufgabe eines volksbiologisch richtig eingestellten Wiederaufbaus. (...) Zu empfehlen ist vielfach eine Dezentralisierung der Schulen bis zu einer gewissen Grenze. Der Einwand, die Fläche der Städte würde zu sehr vergrößert, entfällt gegenüber den volksbiologischen Vorteilen der Kleinsiedlung. Der Verlust von Ackerland wird durch intensiven Gartenbau ermöglicht.

Abkühlung tat not angesichts der extremen Spannung in der Todeszelle. Der Diskurs der Verwaltung, in dem die Gefangenen als Funktionäre zeitlebens Entlastung gefunden hatten, war für diese ein Zufluchtsort, wenn auch ein unheimlicher – schließlich befand er sich vorläufig immer noch auf dem Terrain der Technokraten des Reichssicherheitshauptamts.

> *RSHA, Frage Nr. 13d: Welche Konsequenzen sind aus der gegenwärtigen und zu erwartenden Entwicklung der Luftkriegstechnik zu ziehen? Totale Bebunkerung der Bevölkerung? (...)*
>
> Popitz: Totale Bebunkerung der Bevölkerung ist unmöglich, außerdem wären die Bunker schnell veraltet. Verschiedene Erfahrungen aus diesem Krieg sind zu verwerten (Massivdecken aus eisernen Trägern und Hohlsteinen statt Holzbalkendecken, zementierte Dachböden, übersichtliches Straßennetz, häufige Plätze usw.), die aufgelockerte Bauweise (13c) hat auch vom Standpunkt der Lufttechnik Vorteile (...).

Unter dem ständig zunehmenden Bombenhagel auf Berlin riss Justizminister Thierack angesichts der Tatsache, dass Goerdeler und Popitz immer noch lebten, schließlich der Geduldsfaden.[49] Am 2. Februar 1945 wurde an beiden Verschwörern und dem Jesuiten Alfred Delp das Urteil vollstreckt.

## WERNER KRAUSS ERFINDET DIE *KALTE PERSONA*

Am 31. Dezember 1942 berichtet Ulrich von Hassell von einem Ereignis, das seine Staatsstreichpläne zu durchkreuzen droht: «Eine andere große kommunistische Verschwörung ist im Luftfahrtministerium und anderen Behörden aufgedeckt worden. Scheinbar Fanatiker aus Haß gegen das System; sie scheinen es so darzustellen, als hätten sie eine Auffangorganisation für den Fall des Siegs des Bolschewismus schaffen wollen. Der Wirrkopf Harro Schulze-Boysen ist in die Sache verwickelt. Uns tut der brave Vater sehr leid.»[50] Der Widerstand reicht weit in Kreise der Elite hinein. Schulze-Boysen ist Sohn des Marineoffiziers Erich Edgar Schulze und dessen Frau Marie Luise Boysen, Großneffe des Admirals Alfred von Tirpitz und mütterlicherseits des Soziologen Ferdinand Tönnies.

Nach dem 22. Juni 1941 verzeichnete die deutsche Funkabwehr verstärkte Kontakte zwischen Funkstationen in Westeuropa und einer sowjetischen Empfangsstelle.[51] Die Spionageabwehr bezeichnete einzelne Funker als «Pianisten», und da es in diesem Fall um mehrere «Musikanten» ging, wählte die Abwehrstelle III F Belgien den Fahndungsnamen «Rote Kapelle». Es handelte sich um unterschiedliche Personen und Gruppen, die in den ersten Kriegsjahren mit sowjetischen Nachrichtendiensten in Verbindung standen. Bereits Mitte der dreißiger Jahre hatten sich in Berlin Widerstandskreise gebildet, in deren Zentrum Arvid Harnack aus dem Reichswirtschaftsministerium und der besagte Harro Schulze-Boysen standen, Referent im Reichsluftfahrtministerium und Kontaktmann zum sowjetischen Nachrichtendienst. Der Widerstand der über hundertfünfzig Frauen und Männern erwuchs aus dem Alltag im Dritten Reich, gegen den sie sich auf unterschiedliche Weise auflehnten. Zu den Aktionen des Widerstands um Harnack und Schulze-Boysen zählte Ende 1941 und Anfang 1942 die Dokumentation von NS-Verbrechen, das Verfassen und Verteilen von Flugschriften und eine Zettelklebeaktion.

Nachdem die Gruppe aufgeflogen war, wollte das Kommando Heer die Sache offenbar unter den Teppich kehren und die wichtigsten Akteure ohne Verfahren erschießen lassen. Es sollte verhindert werden, dass weitere Offizierskreise mit dem Verdacht des Landesverrats belastet wurden. Die Wehrmacht erreichte aber nur, dass das Verfahren nicht vor den Volksgerichtshof kam. Der Prozess wurde als Geheime Kommandosache durchgeführt, immerhin blieb der Fall so ohne größere Publizität. Vielleicht stimmt die Vermutung von Werner Krauss: «Schulze-Boysen hatte vorgesetzte Gönner in der Wehrmacht, die wohl mehr oder weniger über seine Ansichten Bescheid wussten und sie mindestens tolerierten.»[52]

In der neueren Forschung findet sich eine andere Version. Aufgrund der führenden Rolle des im Generalstab der Luftwaffe tätigen Oberleutnants Schulze-Boysen, so erfährt man dort, wurde die Strafverfolgung aller Angehörigen der «Roten Kapelle» dem Reichskriegsgericht übertragen. Der spektakuläre Fall von «Hoch- und Landesverrat» gefährdete die Ambitionen des Luftwaffenoberbefehlshabers Göring, der das Oberkommando der Wehrmacht übernehmen wollte. Der Oberstkriegsgerichtsrat Manfred Roeder, unter Kollegen als scharfer Hund bekannt, dem es am «normalen Gefühl für das Leiden anderer Menschen» fehlte[53], unterstützte schließlich die «Selbstreinigungskraft» der Luftwaffe, indem er gegen sechsundvierzig

Angehörige der Widerstandsgruppen – Männer wie Frauen – Todesurteile durchsetzte.

Offenbar glaubten die Verschwörer um von Hassell, Goerdeler, Dohnanyi und Popitz, dass ein öffentlicher Akt des Widerstands wie die amateurhaft durchgeführte Aktion mit Klebezetteln ihre konspirativen Kontaktaufnahmen zu Fraktionen des NS-Systems, die sie für staatsstreichwillig hielten, gefährden könnte. Zudem war ihnen jede Verbindung mit dem sowjetischen Nachrichtendienst zuwider. Auf keinen Fall wollte man in den Verdacht des Landesverrats kommen. Hochverrat dagegen war ihrem Ehrgefühl nach legitim.

Im Gegensatz zu jenen Kreisen des Widerstands, in denen über die Möglichkeit von Koalitionen mit Teilen der NS-Elite nachgedacht und eine vorerst diktatorische Lösung ins Auge gefasst wurde, konzentrierte sich die Schulze-Boysen / Harnack-Gruppe aus Sicht der Gestapo darauf, Zellen des Widerstands in allen Bevölkerungsschichten aufzubauen, Kampfeinheiten aus Fremdarbeitern zu bilden und Kontakte zur Sowjetunion herzustellen. Man schrieb diese Strategie dem kommunistischen Widerstand zu. Sicher ist, dass das Vorgehen der Gruppe den Verschwörern des 20. Juli, die einen politischen Staatsstreich planten, sehr fern lag.

Das Phantom einer kommunistischen Untergrundorganisation, das die Gestapo erfand, hatte indes wenig zu tun mit der Wirklichkeit des losen Freundschaftsgefüges, in das Werner Krauss geriet. Harro Schulze-Boysen, den von Hassell als «Wirrkopf» bezeichnete, hatte für den Romanisten charismatische Züge: «Sein äußerer Eindruck war der eines jungen intelligenten Stabsoffiziers mit offenem Urteil bei einer durchaus militärischen Haltung. (...) Die wenigsten kannten seine politische Vergangenheit als *roter Falke* und als Dozent an der

Volkshochschule. Er arbeitete an einem Werk über die Strategie des 19. Jahrhunderts, zu dem ich einige Materialien liefern konnte, da ich in der Zeit des Paktes große Bestände an sowjetrussischer Literatur bei einem ukrainischen Buchhändler in der Nürnberger Straße zusammengekauft hatte. Nur die Eingeweihten kannten den dialektischen und soziologischen Hintergrund dieser Arbeit.»[54]

Am 17. Mai 1942 hatte sich Krauss mit seiner Freundin Ursula Goetze, die Warnungen ihrer kommunistischen Freunde in den Wind schlagend, an der von Fritz Thiel und Harro Schulze-Boysen initiierten Protestaktion gegen die Propagandaausstellung «Das Sowjet-Paradies» beteiligt. Am Berliner Sachsendamm und im nördlich davon gelegenen Wohngebiet Rote Insel wurden an die hundert Aufkleber verteilt mit der Aufschrift «Ständige Ausstellung: DAS NAZI-PARADIES – Hunger, Lüge, Gestapo. Wie lange noch?». Krauss, damals als Gefreiter der Dolmetscher-Lehrkompanie in Berlin stationiert, wurde am 24. November 1942 verhaftet und am 18. Januar 1943 vom Reichsgericht zum Tode verurteilt.

Hermann Göring, dem Todesurteile zur Genehmigung vorgelegt wurden, sah in hohen Freiheitsstrafen keinen Sinn und plädierte für die «Beseitigung der Täter». «Im Falle des Professor Krauss hat der Reichsmarschall nach längerer Überlegung die Befürwortung eines Gnadenerweises abgelehnt.» Nach der Verkündung des Urteils wurde Krauss in das «Todeshaus» Plötzensee transportiert. «Unheimlich», berichtet er, «war schon die Freundlichkeit der Kommissare, die mich in einer luxuriösen Limousine beförderten, mich unterwegs durch eine Zigarette mit einem völlig vergessenen Genuss betäubten und mich immer wieder auf die Schönheit dieses Frühlingstags hinwiesen.»[55] Krauss bat den Direktor des Zuchthauses, in der

Zelle an seinem Gracián-Buch weiterarbeiten zu dürfen; dieser, «ein nicht unebener Mann», wollte nur wissen, was denn mit der Handschrift geschehen solle. «Wenn ich dann mit gefesselten Händen über dieser Arbeit saß, begriff ich das Berechtigte seiner Warnung und das Paradoxe meines Treibens. Eines Mittags würde ich unfehlbar die Arbeit unterbrechen müssen, da man den Henker nicht wohl warten lassen kann.»[56]

Die Vollstreckung des Todesurteils wurde jedoch aufgeschoben. Freunde und Förderer konnten im Dezember 1943 mithilfe eines psychiatrischen Gutachtens erreichen, dass das Verfahren wiederaufgenommen wurde. Ein zweites Gutachten, das von einem Militärpsychiater des Wehrmachtsuntersuchungsgefängnisses in Berlin ausgestellt wurde, lieferte Krauss erneut dem Todesurteil aus. Auf Grundlage eines dritten Gutachtens wurde Krauss schließlich vom Reichsgericht zu fünf Jahren Zuchthaus verurteilt.

Interventionen von Hans-Georg Gadamer, Karl Vossler, Max Kommerell und dem Rektor der Universität Marburg Rudolf Reinhardt trugen dazu bei, dass dem «extremen Sonderling» (so der renommierte Psychiater Ernst Kretschmer) eine gewisse «Nichtzurechnungsfähigkeit» attestiert wurde. Auf die Frage hin, ob an Professor Werner Krauss normabweichende Züge aufgefallen seien, berichtete der Philosoph Hans-Georg Gadamer unter anderem Folgendes: «Er unterlag zeitweise schweren seelischen Depressionen, in denen sein gesamtes Verhalten Zeichen schwerster Zerrüttung zeigte: Menschenscheu, Verfolgungswahn, Willenlosigkeit bis zur äußeren Verwahrlosung. Diese depressiven Zustände durchfärbten sein ganzes Dasein derart, daß man im Briefwechsel mit ihm (der freilich in diesen Zeiten oft ins Stocken geriet) schon an der Art, wie die Adresse geschrieben war, mit vollständiger Sicherheit das

Vorhandensein dieser Depression erkennen konnte (...). In den depressiven Zeiten fiel mir öfters auf, daß er sich beim Rasieren eine große Zahl von Schnittwunden beigebracht hatte. Da er in diesen Zeiten oft bis zur Verwilderung unrasiert blieb, schob ich es darauf – bis ich ihn einmal in Marburg (von Leipzig aus) besuchte und während einer solchen Depressionszeit bei ihm wohnte. Da beobachtete ich, daß er in einer seltsamen Verwirrung sich mit einer solchen Hast (ohne Eile zu haben) rasierte, daß er sich notwendig verletzen mußte. Es war offenbar so, daß die innere Ungeduld und Unrast ihn in diesem Zustand ganz untauglich machte. Es gelang ihm da auch nicht, irgendeine Zeiteinteilung zu wahren. Offenbar beherrschte ihn dann zeitweise eine völlige Willenlosigkeit. Ich habe selbst bemerkt, daß er dann mitunter bis spät abends überhaupt nichts aß. Seine Haushälterin erzählte, daß er zuweilen, ohne die Straßenschuhe auszuziehen, zu Bett ging.»[57]

Im dritten psychiatrischen Gutachten wurde Krauss eine «temporär auftretende Defizienz, eine sogenannte Verbalhalluzinose», diagnostiziert, die den Ausschlag dafür gab, dass das Todesurteil am 14. September 1944 in Torgau in fünf Jahre Haft umgewandelt wurde.[58] Aufgrund seines schlechten Gesundheitszustands blieb Krauss bis Kriegsende im Wehrmachtsgefängnis Fort Zinna in Torgau inhaftiert.

Während Krauss auf die Vollstreckung des Todesurteils wartete, schrieb er zwei Bücher: «Graciáns Lebenslehre» und den Roman «PLN». Sollten in ihnen die «Verbalhalluzinosen» des Gefangenen ihren Niederschlag gefunden haben? Die begutachtenden Psychiater mögen davon ausgegangen sein.

In dem Traktat «Graciáns Lebenslehre», der durch glasklare, kartesianisch anmutende wissenschaftliche Diktion besticht, versenkt sich Krauss in das Versuchsfeld gefährlichen Lebens am spanischen Hof des 17. Jahrhunderts. Das «Handorakel» des Jesuiten Balthasar Gracián aus dem Jahr 1647 wird für ihn zu einem Medium, das ihm erlaubt, Überlebenstechniken im NS-Staat zu reflektieren. Schreibend hebt Krauss die Bleigewichte seiner Haft auf, um den Idealtypus eines Mannes zu halluzinieren, der sich komplett in Form gebracht hat – ein nervöser Typus wird in die *kalte persona* transformiert. In der Scheinwelt des kriegerischen Wettbewerbs am spanischen Hof lernt man, elegant im Verhalten und messerscharf in der Reflexion, der unversöhnlichen Mitwelt die Stirn zu bieten.[59] Die *kalte persona* nimmt den «äußeren Menschen in die Zucht seines Geistes»[60]. Einen Rückzug in innere Gegenwelten lässt der Jesuit nicht zu; denn das an Innerlichkeit orientierte «Individuum» führt unweigerlich in die Falle der Ohnmacht. Krauss preist ein Prinzip, das er selbst in seinem Leben nicht beherzigt hat: «Man sollte sich nicht zu weitgehend individualisieren, weder aus Affektiertheit noch aus Unachtsamkeit.» Zu spät erkennt er: Wer durch exzentrisches Verhalten auffällt, rennt in eine Falle. «Sich individualisieren ruft nur unliebsames Aufsehen hervor.»[61]

Während Krauss sich in der Zelle mit «Graciáns Lebenslehre» eine ungeheure Weitung des Lebensraums vorspiegelt, konfrontiert uns der Roman «PLN» (kurz für «Postleitnummer»), den er zur gleichen Zeit schreibt, mit tödlicher Verengung, Todesangst und Verzweiflung.[62] Der Roman beginnt mit vier eher heiter und manieriert erzählten Episoden aus dem Leben des Verwaltungsexperten Aloys von Schnipfmeier – eines Nationalkonservativen, der als Postminister neue Postleitnummern einführt, als «Postfrevler» unter Beschuss kommt, blind durch das Labyrinth der Macht taumelt, in Kontakt mit der Widerstandsgruppe BFUL («Bund für unentwegte Lebensfreude») gerät, ahnungslos ins blutige Unheil tappt und schließlich gefoltert und entführt wird. Man erfährt nicht, wohin. Einmal heißt es über ihn, er besitze ein Repertoire charakteristischer Gesten einer vergangenen Generation, liebenswerte Züge einer Vorzeit. Liegt es fern, hier an Popitz zu denken? Viele Kombattanten von Krauss bieten sich als Vorbild an.

Im fünften Kapitel wird detailliert der Vorgang einer Hinrichtung geschildert. In der Haltung eines sachkundigen Beobachters beschreibt Krauss das festgelegte Verfahren als einen nicht ohne bürokratische Delikatesse aufgebauten «Spielzusammenhang» – bis die Gehilfen des Henkers den Delinquenten «dergestalt zu Boden werfen, daß er mit den abzutrennenden Halswirbeln genau lotrecht unter das Fallbeil gerät».[63]

Was in der fabelhaften Figur des Überlebens, der *kalten persona*, ausgespart wird, tritt in «PLN» zutage. Erst im Schutz der Romanform wagt Krauss, die Existenzangst im Zuchthaus zu Papier zu bringen. Hier packen sie den Häftling «täglich, ja stündlich an der Gurgel».[64] Das Leben von Gefangenen in Einzelzellen ist ein «fortgesetzter Versuch, die qualvolle Dauer durch seelische Kunstgriffe aller Art in einen lustvollen Ablauf umzuwandeln».[65] Die kartesianische Diktion des Gracián-Traktats dagegen ermöglicht die Transformation der Angst in die Imagination eines tollkühnen Abenteurers und eiskalten Diplomaten am spanischen Hof. Nur hier, in weiter historischer Ferne, kann Graciáns Wahlspruch «Der Mensch hat eine Bestimmung: Leben, d.h. sich bewegen»[66] mit engelsgleich transparenten Körpern versehen werden, die den amoralischen Direktiven des Jesuiten mühelos Folge leisten.

Der Jesuit lehrte, nichts zu überstürzen und den Taktschlag des Lebens selbst zu bestimmen. Er hasste das Tragen von Uhren, das bald zur Mode werden sollte. Die Zeit des Jesuiten war die unauslotbare, den Menschen gleichwohl tragende Zeit der Schöpfung.[67] In die Aktualisierung von Graciáns «Handorakel» durch den atheistischen Autor Krauss drang diese theologische Vorstellung nicht vor. Erst im Roman «PLN» erzählt Krauss von der «verwüsteten Zeit» des Wartens im Zuchthaus Plötzensee und im Berliner Wehrmachtsgefängnis, Lehrter Straße 61. Hier wird der Zeitstrom von wenigen Einschnitten mit teils harmlosem, teils beängstigendem «Ereignischarakter» unterbrochen: vom Hineinreichen des Putzeimers oder dem Auftauchen des Hausfriseurs und bis zur regelmäßigen Durchfilzung der Zelle. Zäsuren in der «grauen Masse von nutzlos wartendem Leben, das noch immer an sämtliche Stoffwechselprozesse» angeschlossen ist.[68] Wenn der Gefangene an Umstände und Folgen der Straftat denkt, belagert ihn allerdings die «Zeit als Furie und als Rächerin» – «die Zeit ist der Feind». Hört er verbotenerweise Nachrichten von einer Wende des Kriegsgeschehens, ragt «rettende Zeit» in die Zelle.[69] Das Zeitempfinden ist schwer zu greifen, wie feiner Sand. Statt aber zu verrinnen, wird die Zeit von einer unfehlbaren Uhr mechanisch durchgetaktet. Der Atheist ruht nicht auf den Rhythmen der Schöpfungszeit, die für Gracián den Pulsschlag der Welt vorgab.

Der Roman ist grundiert von der Empfindung physischer Schwerkraft. Der gefangene Körper befindet sich auf einer schiefen Ebene, sein Sturz scheint unaufhaltsam. Während Krauss dem spanischen «Handorakel» den Ratschlag entnimmt, sich nicht «zu weitgehend zu individualisieren», setzt er im Roman den Verurteilten dem «Grauen der Vereinzelung» aus.[70] Das Massensterben im Krieg oder bei Naturkatastrophen ließe sich leichter verkraften, heißt es im Roman; es bettet den Einzelnen in eine Schicksalsgemeinschaft ein. Die Verurteilten der Französischen Revolution hätten noch den «Übermut des Sterbens» im Schutz eines Gemeinschaftsgedankens gekannt. In der Zelle dagegen herrsche nichts als die «Angst vor der grundsätzlichen Zuspitzung der Vereinzelung».[71] Der Todeskandidat wartet mit flatterndem Herzschlag auf ein typisches Geräusch, darauf, dass sich mit dem «unverkennbaren und energischen Synchronismus ratternder und knarrender Geräusche die Tür auftut»[72]. «Wenn die schleifenden Geräusche auf den Gangfliesen sich wenig später verlieren», holen die Zurückgebliebenen tief Luft. Sie wissen, «daß sie heute nicht mehr an die Reihe kommen».[73] Wie Drehtüren schleusen die Figuren des Romans reale Angst in den fingierten Raum.

Im wissenschaftlichen Gracián-Traktat findet die Angst keinen Platz. Dabei ist dieser Text keineswegs abstrakt, er benennt Automatismen des Verhaltens. «Was geschieht, ist dem Gedachten immer um eine Atemlänge voraus»[74], hält Krauss fest und taucht auf den ersten Seiten des Traktats in die Abenteuerwelt des spanischen Schelmenromans im 17. Jahrhundert ein. Der Held dieses Genres, der Picaro, kommt nie auf einen grünen Zweig, weil er notorisch unfähig ist, seine Position auf dem Kraftfeld des Wettbewerbs zu bestimmen. Es will ihm nicht gelingen, einen Plan für die Zukunft zu fassen. Seine Reflexionen sind «nutzlos», er richtet sich in einem «verklärten Pessimismus» ein und behauptet sich im Schwebezustand «über einem bodenlosen Dasein»[75] – ganz wie der junge Romanist Krauss, dem die «Hingabe an das Nichtsein» ein seit jeher vertrauter Zustand war.[76] Der Picaro behilft sich auf andere Weise: Er erlernt die Spielregeln, die ihm die Mitwelt aufzwingt – recht und schlecht.

Je mehr Krauss in Graciáns Verhaltensregeln Überlebenstechniken in der Diktatur erkennt, desto weiter entfernt er sich vom spanischen Abenteurerroman. Nach dem Picaro-Kapitel geht es kaum verhohlen um Aktualität. Krauss findet in den Maximen Anleitungen zu einem Verhalten, das wehrhafter und wendiger ist, als es das eigene war. Zu spät.

Auch andere Mitglieder der «Roten Kapelle» hatten sich nicht an die Gracián-Regeln gehalten. Der Arzt John Rittmeister, der Krauss in Kontakt mit der Widerstandsgruppe gebracht hatte, tritt sozusagen «mit offener Brust» vor das Kriegsgericht. Er bekennt sich zu den Widerstandsaktionen. Als Krauss in Plötzensee eingeliefert wurde, hatte man John Rittmeister bereits hingerichtet. Ursula Goetze, mit der Krauss «Feindsender» in einer Kreuzberger Wohnung abgehört und Flugblätter der französischen Résistance übersetzt hatte, kam unters Fallbeil, während er auf die Vollstreckung des Todesurteils wartete.

Vielleicht entwarf Krauss im Gracián-Buch das Phantom eines so wendigen wie stoisch gelassenen Kämpfers, weil er eine Experimentalfigur konstruieren wollte, die, frei von den ehrenwerten Motiven seiner Kampfgefährten, nicht nur kämpfen, sondern mithilfe taktischer Finessen auch überleben, sogar zum Angriff übergehen konnte. Zudem scheint Krauss bei Gracián einen Habitus gefunden zu haben, der Stabilität in sein von Drogen, anarchistischen Neigungen und abgebrochenen Beziehungen geprägtes Leben hätte bringen können. Das lässt zumindest eine Notiz vermuten, die Krauss später, im Jahr 1964, in spanischer Sprache verfasst hat: «Beim Wiederlesen von Aufzeichnungen aus früheren Jahren Moral insanity, ein sich zuspitzender Eindruck meiner Unfähigkeit wegen, mich auf ernsthafte und fortgesetzte Arbeiten zu stützen und diese zum Gegenstand des Nachdenkens zu machen. Dennoch, schlimmer als die unmoralische Haltung, die einen sehr fruchtbaren

Aspekt hat, ist das pseudophilosophische Kauderwelsch, das alles verunstaltet. Übrig bleiben nur einige treffende Bilder. Man merkt, daß ich, als die enorme Spannung meines Lebens in Spanien nachließ, mit der Breitseite in jede Art intellektueller Verirrung fiel, angefangen mit der Astrologie bis zum Barth'schen Protestantismus. Was mich gerettet hat, war meine Verfolgung durch die Justiz wegen Hochverrat und die Verurteilung zum Tode. Aber die Gefängniszeit wurde heimgesucht durch meine Manie, auf poetische Weise die Etappen meines vergangenen Lebens herbeizurufen.»[77]

Während seiner Studienzeit in Spanien von 1922 bis 1926 kam Krauss mit Anarchisten und der Madrider Boheme in Berührung. Unter dem Regime des Diktators Primo de Rivera wurde er verhaftet. Im Rückblick beschrieb Krauss diese Jahre als «die schlimmste Zeit meines Niederbruchs, als schon die Hunde nach mir kläfften, rings zur Meute sich scharten».[78] Zwischen den Anarchisten in Madrid empfand er sich als «Untypus». Sehnsucht nach Gemeinschaft lag dem nicht Bindungsfähigen fern. Als Zufluchtsort konnte er sich nur das Abteil eines Schnellzugs vorstellen, denn dort «haben alle Entwurzelten ihre Heimat, man ist auf Gedeih und Verderb verbunden. Die Angst erweist sich auch hier als Mutter der echten Gemeinschaft. In der nichts Menschliches als lächerlich gilt.»[79] Dem Diktat, sich in Form bringen zu müssen, ist man unter Anarchisten und im Schnellzug entronnen. Das Risiko der Lächerlichkeit, in der Helmuth Plessner die schlimmste Beschämung des Mannes gesehen hat,[80] wird auf die leichte Schulter genommen.

«Wenn das Leben seinen Kampfcharakter vollständig entfaltet», schreibt später der Inhaftierte, «reduziert sich die ganze

Moral auf die taktischen Regeln zur Behauptung inmitten allgemeiner Bedrohtheit.» Der Mensch ist dann immer in eine «Entscheidung geworfen»: «Jeder Zug, den man tut, löst eine feindliche Gegenwirkung aus, den Gegenlauf hinterhältiger Kräfte, die man sofort berechnen und entwaffnen muß. Auch die idyllischen Leerräume laden nicht mehr zur Flucht ein: es sind Sumpfgelände voller Fallen und Gefahren.»[81]

In den Verhören der Gestapo konnten solche Ratschläge des Jesuiten von Nutzen sein. Man muss mit List vorgehen, dabei sollte die Täuschung allerdings als natürliche Haltung erscheinen.[82] In Anlehnung an Graciáns Spielregeln schreibt Krauss: «Im Vorfeld der menschlichen Begegnung führt man die ersten Züge durch ein lauerndes Sondieren. Durch konsequentes Widersprechen entlockt man dem Partner die Wahrheit, man reizt ihn durch ‹klug gespielte Verachtung› (*desprecio sagaz*), durch ‹vorgeschütztes Zweifeln› (*duda afectada*). (...) Der Wille, der gebeugt werden soll, ist mit größter Schonung anzufassen. Vielmehr muss man ihn so behutsam anrühren, daß er sich einbildet, immer in seiner eigenen Richtung weiterzugehen. (...) Nun heißt es, den eroberten Boden vor den Gegenzügen des Partners zu sichern.» Im Bild des Kartenspiels: «Niemals spielt der Spieler die Karte aus, die der Partner vermutet, und noch weniger natürlich die, die dieser ausgespielt haben möchte.» Aber auch diese Regel darf nicht starr befolgt werden. Letzten Endes versucht man, «mit der Wahrheit zu täuschen». Man macht dann «die Absichtslosigkeit zur Absicht und baut einen listigen Spielplan auf die größte Harmlosigkeit des Verhaltens».[83]

Graciáns Maximen sind zweischneidig: Sie können, abhängig von der jeweiligen Machtkonstellation, sowohl vom Jäger als auch vom Gejagten befolgt werden. Dabei eignen sie sich eher für den Täter, der über größere Bewegungsfreiheit verfügt.

Für den Gefangenen, der jederzeit gefoltert werden konnte, gab es kaum einen sprachlich auszumessenden Manövrierraum. Quellen weisen allerdings darauf hin, dass es Krauss gelang, in den Verhören Gracián'sche Taktiken anzuwenden.

Geleitet wurde die Untersuchung bis zur Hauptverhandlung am 14./15. Januar 1943 von dem Kriminalrat und SS-Sturmbannführer Horst Kopkow, der Leiter des Referats IV A2 für Sabotagebekämpfung der Gestapo war. Die Vernehmung von Krauss führte Kriminalkommissar Marowski durch.[84] Krauss ging davon aus, «dass wir die Wahrheit unseren Gegnern zu allerletzt schuldig» sind.[85] Mit der Agitationsform der Klebezettelaktion konfrontiert, reagierte er ostentativ indigniert. Diese sei so tollpatschig und naiv angelegt gewesen, «daß man meinen könne, die Polizei hätte diese selbst ausgeführt, um die Ohnmacht der Staatsfeinde unter Beweis zu stellen».[86] Als im Verhör seine Haltung zum Staatsfeind Thomas Mann und dessen «Hetzer-Roman» «Der Zauberberg» zur Sprache kam, erklärte Krauss, er habe an diesem Buch nichts Hetzerisches gefunden. «Vielleicht würde mir dieses bei einer erneuten Lektüre (...) ebenso einleuchten wie ihm [dem Leiter des Verhörs Marowski], der sich sicher eingehend mit diesem Buche befasst hätte.» Die Unterstellung, Thomas Mann gelesen zu haben, weist der Beamte empört von sich. «Ich erklärte, daß es vielleicht zu den abwegigen Vorurteilen der Wissenschaftler gehöre, nur Dinge zu beurteilen, die man kenne.»[87]

Man liest diese später verfasste Skizze der Verhörsituation mit gemischten Gefühlen: Erstaunlich, wie Krauss sich darin als Traumtänzer im Schatten des Galgens darstellt.

Die Empfindungen, die den Gefangenen angesichts der drohenden Hinrichtung plagen, werden von Krauss in Passagen seines surrealistisch anmutenden Romans und Entwürfe von Novellen ausgelagert. Hier finden sich etwa Vorstellungen von einem gemeinsamen Tod mit seiner Freundin Ursula Goetze, die am 5. August 1943 durch das Fallbeil hingerichtet wurde. Vielleicht, meint Krauss, würden sie beide «wie Taube und Täuberich auf demselben Pflock mit derselben Axt geköpft werden».[88] Bald sollte er erfahren, wie die Todesurteile an den sechsundvierzig Verurteilten der «Roten Kapelle» vollstreckt wurden. Männer wie Schulze-Boysen wurden gehenkt – am Fleischerhaken in Plötzensee; seine Frau Libertas kam ebenso unters Fallbeil wie Liane Berkowitz, Cato Bontjes van Beek, Eva-Maria Buch, Hilde Coppi, Else Imme, Anna Kraus, Ingeborg Kummerow, Klara Schabbel, Rose Schlösinger, Oda Schottmüller und Marie Terwiel.[89] Dass die Hinrichtungsarten nach Geschlecht variiert wurden, gehörte zur «Spielanordnung»; die Henker nahmen sie ernst.

Krauss versuchte in seinem Bericht von 1947, den makabren Szenen der Vorbereitungen für die Hinrichtung Groteskes abzugewinnen: «Einige Schließer hatten ein schreckliches Talent für das Besondere an dem alltäglich gewordenen Schauspiel. Z. B. wenn sie erzählten, wie ein anderer junger Todeskandidat (den wir auch von der Freistunde kannten) leise schluchzend in der Todeskammer beiseitestand, während die Beamten mit dem Henker sich angeregt unterhielten und erst nach einiger Zeit, mit einer freundlichen Geste um Entschuldigung bittend für ihr unhöfliches Wartenlassen, sich dem Opfer zuwandten. In Plötzensee gab es keine Geschichte ohne Pointe. (...) Ein tschechischer Oberst fürchtete zwar nicht den Tod, aber umso mehr eine Infektion durch den – wie er in einer steifen Aussprache sagte – ‹gewiss unzulänglich desinfizierten Gilette-apparat›.»[90]

Im Schlusskapitel seines Gracián-Traktats warnt Krauss vor dem Missbrauch des «Handorakels». Das strikte Befolgen der Verhaltensmaximen erzeuge Monster, und «im Monströsen erleidet die geistige Schönheit ihre heillose Niederlage».[91] Die wertfeindliche Vitalität, der die moralfernen Regeln dienen sollten, muss mit der «Tugend des Maßes» gezähmt werden.

Krauss ahnte vermutlich, dass Graciáns «Handorakel», mit Gedanken Nietzsches amalgamiert, in verschiedenen politischen Lagern als machiavellistisches Vademecum oder als Verhaltenslehre der Kälte gelesen werden konnte. Carl Schmitt etwa verband die Maximen des Jesuiten mit seinem Konzept von Freund und Feind. Nach 1945 sollte er sich neue Verwendungsweisen für Graciáns Überlebensregeln ausdenken. Im Mai 1948 verfasste er sieben Maximen frei nach «Gratians Hand-Orakel für massendemoskopische Situationen».

Wenig später setzte Schmitt eine achte hinzu: «Begreife den Machthaber, der nach Dir greift; setze seinen Griffen keine Gegengriffe gleichen Niveaus entgegen; erprobe lieber an seiner Macht Deine Kraft zu Begriffen. Auch nach Deinen Begriffen wird er greifen. Doch laß ihn nur greifen. Er wird sich die Pfoten schneiden.»[92] Konnte der Staatsrat sich in den dreißiger Jahren noch an die machiavellistischen Devisen des Jesuiten halten, nutzt er nun dessen Form der Maximen, um seine Haltung im Dritten Reich zu begründen: «Laß Dich nicht von Leuten, die draußen in Sicherheit sitzen, zum Widerstand im Inneren aufputschen. Vergiß also nie den Zusammenhang von Schutz und Gehorsam.»[93]

Schmitts dritte Nachkriegsmaxime klingt besonders makaber. Er stellt sich darin als potenzielles Opfer dar, dem das widerfahren könnte, was die Juden erlitten haben: «Geh in den Schutzraum, wenn die Signale dazu ertönen; mach Hände hoch, wenn der Befehl dazu ergeht; vergiß nicht, daß der Zusammenhang von Schutz und Gehorsam heute nicht mehr gilt und selbstverständlich ist; der Schutzraum könnte der Vergasungsraum sein.»[94]

Nein, Schmitt hätte nie verstanden, in welcher Situation Werner Krauss die *kalte persona* als Experimentalfigur der Freiheit erfunden hatte.

# IV. SCHLEUSEN DER ZUKUNFT

## GESTAUTE ZEIT. VIER ENTNAZIFIZIERUNGEN UND DER REUELOSE GÖRING

Durch diese Schleuse mussten alle vier. Sie passierten sie nach Art der Bärenwäsche: Wasch mir den Pelz, aber mach mich nicht nass. Als nass empfanden sie die aufoktroyierte Kultur der Schuld und Reue. Sauerbruch absolvierte die Prozedur ohne Komplikationen, Furtwängler immunisierte sich in der Musikblase, Gründgens genoss Freundschaften im antifaschistischen Lager. Schmitt traf es, gemessen an der Unbehelligtheit der ganzen, in Verbrechen aktiv verwickelten Juristenzunft, verhältnismäßig hart; über diese Ungerechtigkeit sollte er ausgiebig lamentieren.

Das Verfahren verzögerte den Fortgang der Karriere in der westdeutschen Republik – ein wenig; ein kleiner Zeitstau musste in Kauf genommen werden. Im Falle Schmitts verschob sich der Wirkungskreis hinter die Kulissen der Öffentlichkeit, wo der Staatsrechtler als Mann mit spitzer Zunge und unvergleichlichem Esprit in rasch improvisierten Gelehrtenzirkeln wieder an Einfluss gewann.[1]

Das Verhalten der vier Staatsräte vor den Entnazifizierungsausschüssen und ihr Comeback in der BRD ist schnell erzählt.

Am 19. April 1943 hatte Wilhelm Furtwängler dem Führer des Großdeutschen Reichs in einem Weiheakt seinen künstlerischen Gruß mit Bachs «Air» und Beethovens Neunter entboten. Hitlers Geburtstagsfeier wurde in Filmaufnahmen festgehalten. István Szabó, der 2001 in seinem Film «Taking Sides» den Fall

Furtwängler erneut aufgerollt hat, übernimmt im Schlussbild vor dem Abspann die historische Dokumentaraufnahme: der Dirigent, überflutet von Applaus – und Goebbels, der aus der ersten Reihe aufspringt, um dem Maestro mit einem Händedruck den Dank des Deutschen Reichs zu übermitteln. Szabó dehnt den Teufelspakt in Zeitlupe; wir erkennen, dass Furtwängler das Taschentuch, mit dem er sich den Schweiß von der Stirn gewischt hat, von der linken in die rechte Hand wechselt. Will er die Spuren des Hautkontakts mit Goebbels beseitigen? Der als «Gerechtigkeitsfanatiker» typisierte Leiter des Verhörs Major Steve Arnold (gespielt von Harvey Keitel), der Furtwängler in einem Schauprozess anklagen wollte, hat verloren und darf vergessen werden. Wie Phoenix aus der Asche steigt der geniale Künstler aus den gemeinen Niederungen der Moral.

In den letzten Wochen des Kriegs ließ Furtwängler sein Orchester zurück und floh in die Klinik La Prairie am Genfer See, wo er auch Richard Strauss und Franz Lehár traf (Strauss, Lehár und Furtwängler 1945 in Paul Niehans' Frischzellenklinik ergäben ein reizvolles Kammerspiel!).

Furtwänglers Fall wird am 11. März 1946 zunächst in Wien verhandelt und schnell zu seinen Gunsten entschieden. Er ist natürlich unschuldig und sieht jetzt mehr und mehr, wie richtig er «trotz allem instinktiv gehandelt» hat. Wäre er heute mit derselben Situation konfrontiert, hält Furtwängler später fest, würde er sich «in der Hauptsache ebenso» verhalten.[2] In Berlin, wo am 11. Dezember 1946 die Verhandlungen beginnen, trifft er auf härteren Widerstand. Doch inzwischen setzen sich internationale Stimmen für Furtwängler ein. Yehudi Menuhin wird ein Fürsprecher des «Magiers» in den USA. Auch Alma Mahler-Werfel ergreift energisch Partei für «den guten Wilhelm», der zu Unrecht von allen Seiten angegriffen werde; wie ihr Mann

Gustav Mahler, der immer «wie eine wehrlose Schildkröte auf dem Rücken gelegen» habe.[3] Furtwänglers Verteidigungslinie führt zum Erfolg: Kunst steht in Wahrheit über den Nationen. Opportunismus wird dem Künstler als Grundrecht zugebilligt.[4] Am 17. Dezember 1946 spricht ihn die Berliner Kommission frei.

Am 28. Mai 1947 steht Furtwängler zum ersten Mal nach dem Krieg in der deutschen Hauptstadt am Dirigentenpult. «Machtvolles Beifallsrauschen», als er die Bühne betritt. Die Tageszeitung «Der Morgen» erklärt Furtwänglers Triumph: «Es ist, als laste etwas wie Beschämung auf den Gemütern, des frivolen Mißbrauchs wegen, das ein für immer begrabenes Regime mit einer untadeligen Künstlernatur getrieben, aber auch wegen des unwürdigen peinlichen Schauspiels, zu dem man Furtwänglers Rehabilitierung ausarten ließ.»[5] Das hätte aus der Feder von Serenus Zeitblom in Thomas Manns «Doktor Faustus» stammen können. Erika Mann ist außer sich vor Wut.

Bis zu seinem Tod im Jahr 1954 geistert Furtwängler als heiliggesprochener Dirigent durch die Konzertsäle von Rom, Florenz, Hamburg, Luzern, Wien, München, London, Salzburg, Stockholm, Leipzig, Paris … und immer wieder Berlin.

Am 30. April 1945 wird Carl Schmitt in seinem Haus am Schlachtensee von einem russischen Oberleutnant festgenommen und zur Kommandantur gebracht, nach einigen Stunden des Verhörs jedoch wieder auf freien Fuß gesetzt.[6] Am 25. September verhaftet man ihn abermals, um ihn nach einem Jahr Internierung im Oktober 1946 freizulassen; am 19. März 1947 wird er erneut von den Amerikanern festgenommen, um nach Nürnberg gebracht zu werden, wo er in den geplanten Juristenprozessen als Zeuge verhört werden soll. Danach will Schmitt sich keinem zusätzlichen Entnazifizierungsverfahren unterwerfen. Er verliert die Professur an der Berliner Universität, erhält Publikationsverbot und zieht nach Plettenberg im Sauerland um.

Als kriminell bezeichnet Schmitt in den Verhören diejenigen, die – im Gegensatz zu ihm – einen unmittelbaren «Zugang zur Spitze» des Hitler-Regimes hatten; der Staatsrat sei als «Gegengewicht gegen den Parteibetrieb» gedacht gewesen, seine komplizierten Theorien zu Staats- und Völkerrecht seien durch die «Lautverstärker» der NS-Presse verfälscht worden. Sollte er, Schmitt, ideologisch für Tendenzen des Rechtsdenkens im Dritten Reich mitverantwortlich sein, bleibe es doch dabei, dass dieser Tatbestand nicht «justiziabel» sei. Außerdem zähle es zum «Berufsrisiko» jedes Staats- und Völkerrechtlers, im Bürgerkrieg zwischen die Mahlsteine des Terrors zu geraten. Die Angriffe, denen er im «Schwarzen Korps» der SS im Jahr 1936 ausgesetzt gewesen sei, bewiesen es zur Genüge.[7]

Der Hauptschachzug des Angeklagten ist nicht ohne Raffinesse. Schmitt stellt sich als «Beobachter» eines historischen Prozesses dar, der sich ohne sein Zutun («Ich habe Hitler nicht erfunden»[8]) ins schicksalhaft Totalitäre verrannte, rückblickend aber hochinteressanten Stoff für Analysen bietet. Der Amerikaner Robert Kempner, der ihn verhört und schließlich entlässt, scheint von dieser Vorstellung intellektuell fasziniert zu sein. Vielleicht besinnt sich Schmitt bei seiner quicklebendigen Verteidigung auf zwei Sätze, die er im März 1923 seinem Tagebuch anvertraut hat: «Die Legende ist wichtiger als das, was wirklich ist. Wer seine Vergangenheit nicht mehr fälschen kann, ist tot.»[9]

Von 1948 an trifft sich bei Schmitt in Plettenberg der Zirkel Academia Moralis e.V., zu Anfang «eine Kaffeetafel mit vorgängigem Referat»[10]. Hier können die «echten Gespräche» stattfinden, deren Wiederbelebung sich Friedrich Sieburg in seinem Buch «Die Lust am Untergang» wünscht: «Wofür lebt also das Gespräch? Dafür, dass die tausendsinnige Finsternis des Schweigens ende.»[11] Bald darauf wird Schmitts Haus zu einem Anziehungspunkt für Philosophen, Rechtstheoretiker, Historiker, Richter und Religionswissenschaftler.

Am 3. Mai 1946 hat Gustaf Gründgens in Carl Sternheims «Der Snob» am Deutschen Theater in Berlin seinen ersten Nachkriegsauftritt. Als sich der Vorhang öffnet, erblickt das Publikum des trotz enormer Schwarzmarktpreise ausverkauften Hauses den großen Schauspieler, der sich, halb auf einem Schreibtisch sitzend, mit der Hand aufs Knie schlägt und seinen ersten Satz spricht: «Das ist grotesk!» – minutenlanger Beifall.[12]

Sechs Mal wird Gründgens direkt nach Kriegsende von den Russen mitgenommen und wieder freigelassen. Am 6. Juni 1945 wird er erneut verhaftet und in einem Gefangenenlager interniert, bis er am 9. März 1946 aufgrund von eidesstattlichen Erklärungen bekannter antifaschistischer Theaterleute wie Ernst Busch und Gustav von Wangenheim freikommt.

1948 entlastet Gründgens Emmy Göring im Spruchkammerverfahren. Als ihn im selben Jahr ein Bekannter aus England besucht und an Brechts Song «Nur wer im Wohlstand lebt, lebt angenehm» erinnert, reagiert er verbittert: «Als ich 1946 aus dem Lager kam, besaß ich eine alte Militärhose und eine schilfleinene Jacke. Meine Berliner Wohnung war in Rauch und Flammen aufgegangen und mein kleiner Besitz, 40 km von Berlin entfernt, bis auf den letzten Stuhl und den letzten Wassertopf ausgeräubert. Unsere Berliner Bankkonten wurden beschlagnahmt und die Safes erbrochen.» Er habe sich nach dem

Krieg der Komparserie-Garderobe aus Hollywood bedient, die ihm Genia Nikolajewa und ihr Mann geschickt hätten.[13]

Am 7. November 1947 übernimmt Gründgens als Generalintendant der Städtischen Bühnen in Düsseldorf die Regie der deutschen Erstaufführung von Jean-Paul Sartres «Die Fliegen». Er selbst spielt den Orest, Marianne Hoppe die Elektra und Elisabeth Flickenschildt die Klytämnestra. Im Zentrum des Dramas steht, so heißt es, die Entscheidungsfreiheit und die Pflicht des Einzelnen zur individuellen Selbstverantwortung. Zur Zeit der deutschen Besatzung hat man das Stück in Paris als Aufruf zur Résistance verstanden, jetzt entspricht es offenbar dem Gefühl, das nach der Befreiung vom Hitler-Regime vorherrscht. Orest fühlt sich schuldig, zieht die Erinnyen auf sich und erlöst die Stadt. Er ist der «neue politische Täter, der alles neu macht kraft eigener Freiheit. Der Arbeit auf sich nimmt, sich die Hände schmutzig macht, sich für andere verwendet.»[14] Arbeit am Wiederaufbau ist die Devise.[15]

Gründgens wird 1954 mit dem Großen Verdienstkreuz mit Stern ausgezeichnet. Im Jahr darauf übernimmt er die Leitung des Deutschen Schauspielhauses in Hamburg. Als er dort 1962 ein letztes Mal «Hamlet» inszeniert, ersetzt er das Wort «Gewissen» in der Schlegel'schen Übersetzung durch das Wort «Bewusstsein»: «So macht das Bewusstsein Feige aus uns allen.»[16]

Während die Rote Armee der Reichshauptstadt immer näher rückt, ziehen Sauerbruch und seine Frau sich in den Operationsbunker der Charité zurück, um Tag und Nacht zu operieren. Nach Kriegsende setzen die sowjetischen Besatzungsbehörden Sauerbruch als Chef des Berliner Hauptgesundheitsamts ein. Nach Vorwürfen, die seine Funktion als Würdenträger des NS-Staats betreffen, muss er dieses Amt im Oktober 1945 niederlegen. Seine Position als Leiter der II. Chirurgischen Klinik der Charité wird davon nicht berührt. Die Entnazifizierungskommission bescheinigt ihm eine eher zurückhaltende Einstellung gegenüber dem NS-Staat.

Sauerbruch kannte Hitler schon aus der Zeit des Hitlerputsches, er hatte die Verletzten versorgt. 1933 begrüßte er die «Zusammenfassung aller nationalen Energien» im NS-Staat und begründete «das Recht der Regierung zu eiserner Unerbittlichkeit».[17] Das lag noch auf der Linie des nationalkonservativen Grundkonsenses, der die Staatsräte verband. Kritischer ist Sauerbruchs Position, nachdem er zum Fachspartenleiter für Medizin im Reichsforschungsrat ernannt wurde. In dieser Funktion genehmigte er, wie schon erwähnt, Experimente in Konzentrationslagern, bei denen der Tod der Versuchspersonen einkalkuliert wurde.

Umstritten und nicht hinreichend geklärt ist, inwieweit Sauerbruch Kenntnis von den Versuchen in den Lagern besaß. Er wusste nachweislich von Senfgas-Experimenten der SS-Ärzte, protestierte jedoch gegen die Prozessdokumentation «Das Diktat der Menschenverachtung» von Alexander Mitscherlich, die ihm Mitwirkung unterstellte. Im Grunde war er als Reichsforschungsrat mit dem gleichen Dilemma konfrontiert wie die Grundlagenforscher der Kaiser-Wilhelm-Gesellschaft, die es zu umgehen suchten, indem sie sich um die praktische Verwertung ihres Tuns nicht scherten.

Als Privatmann überrascht Sauerbruch: 1935 hatte er sich trotz Gestapoverbot an dem kleinen Trauerzug für den jüdischen Maler Max Liebermann beteiligt. Er setzte sich für zum Tode Verurteilte ein, verweigerte den Hitlergruß und betonte schon 1933, es sei ihm letztlich egal, ob er einen deutschen oder chinesischen Blinddarm operiere.[18] Nach dem Attentat vom

20. Juli 1944 wurde er der Mitverschwörung verdächtigt, aber als letzter Leibarzt von Hindenburg genoss er gewisse Freiheiten, selbst bei Ernst Kaltenbrunner, dem Leiter des Reichssicherheitshauptamts.

«Ich sage nichts gegen ihn aus. Er ist für mich die letzte große Renaissancegestalt.» So der frühere Staatssekretär im preußischen Innenministerium und SS-Obergruppenführer Paul Körner, als er im Nürnberger Zeugenstand zum Fall Göring aussagen soll.[19]

Zum Zeitpunkt seiner Gefangennahme ist Göring zweiundfünfzig Jahre alt.[20] Am Tag der Kapitulation, dem 7. Mai 1945, hat er «ein gutes Gefühl», wie er seiner Frau Emmy mitteilt. In einem Schreiben an das US-Oberkommando gesteht er die deutsche Niederlage ein und erbittet ein Gespräch mit General Eisenhower, um die Bündelung der Kräfte im Kampf gegen die Sowjetunion zu klären. Görings Gesundheitszustand ist schlecht, in seinem Koffer findet man zwanzigtausend Pillen Paracodin, das ein ähnliches Suchtpotenzial wie Morphium hat.[21] Er ist beglückt, dass Edgar J. Hoover, der Chef des FBI, Interesse an ihm zeigt und zwei Agenten schickt, um Erinnerungsstücke für das Verbrechermuseum in Washington abzuholen. «Stellen Sie sich das nur vor», sagt er dem amerikanischen Psychiater Douglas Kelly, «ich in dem berühmten FBI-Museum, neben der Pistole von John Dillinger und der Maske von Babyface Nelson.» Gangster wie Dillinger und Nelson sind in den frühen dreißiger Jahren durch Hollywoodfilme auch in Deutschland populär geworden; vielleicht meinte man, dass sich ihre Banküberfälle gegen das «jüdische Bankkapital» gerichtet hätten. Und nun das, nicht auszudenken: amerikanische Kinder, die zitternd vor Überresten des «bösen Reichsmarschalls» stehen.[22]

Aufgrund der unüberschaubaren Fülle von Ämtern, die Göring im NS-Staat innehatte, und dem verschlungenen Netz von Verbrechen, in das er verwickelt war, lässt sich der Schwerpunkt der Anklage nicht leicht festlegen. Göring hat die Gestapo organisiert, die Luftwaffe für den Angriffskrieg gerüstet, Kunstsammlungen des gesamten Kontinents plündern lassen und im Juli 1941 Heydrich den Befehl erteilt, die «Endlösung» der Judenfrage voranzutreiben.[23] Die Luftangriffe auf Städte in den Niederlanden und in Großbritannien klammert man aus begreiflichen Gründen, man könnte auch sagen, sinistren Hintergründen aus. Die Zerstörung Dresdens war ein Fanal, das man umgehen will.

Als Göring nach seiner Gefangennahme auf einer improvisierten Pressekonferenz gefragt wird, ob er wisse, dass sein Name auf einer Liste von Kriegsverbrechern auftauche, reagiert er mit dem Ausruf: «Nein. Das ist eine große Überraschung für mich; denn ich wüsste nicht, warum.»[24] In Nürnberg verblüfft er durch seine Faktenkenntnis. In seiner zwölfstündigen Verteidigungsrede bedient er sich, wie der Augenzeuge Walter E. Süskind berichtet, mit sonorer Eindringlichkeit «einer förmlich novellistischen Breite».[25] Er akzeptiert das Tribunal, befleißigt sich den Richtern gegenüber großer Höflichkeit und fühlt sich offenbar wie ein «Marschall vor der Pairskammer»[26]. Er ist bereit, für beinahe alles die Verantwortung zu übernehmen – und zwar «als Soldat». Während der Haft tyrannisiert und umschmeichelt er seine eingeschüchterten Mitgefangenen, tadelt sie wegen ihrer Illoyalität und Feigheit. Vor Gericht «entlastet» er die hochrangigen Mitangeklagten, indem er sie mit Hinweis auf ihre völlige Willfährigkeit als Befehlsempfänger demütigt. Zum Konflikt zwischen Hitler und General Alfred Jodl lässt der Reichsmarschall sich wie folgt aus: Weder Jodl noch Keitel hätten damals einfach aus dem Amt scheiden können. Das sei im Guten wie im Schlechten unmöglich gewesen. Aber warum? Göring: weil Hitler «sich außerordentlich schwer an neue Gesichter gewöhnte».[27]

Douglas Kelly, der Göring untersucht hat, kommt zu dem Urteil, dass dieser Mann «eine brillante, unerschrockene, rücksichtlose, habgierige, scharfsinnige Führernatur» sei, zuweilen charmant, aber zum Schrecken des Psychiaters von einem «völligen Mangel an moralischer Urteilskraft» und dem «Fehlen jeglichen Sinns für den Wert menschlichen Lebens».[28] Auf die Frage, warum er bei den Säuberungsaktionen gegen die SA am 30. Juni und 1. Juli 1934 die Ermordung seines Freundes Ernst Röhm angeordnet habe, starrt Göring den Psychiater an, «als sei er nicht ganz richtig im Kopf». Dann erwidert er: «Aber er war mir doch im Weg …»[29] Noch in seinem dramatisch inszenierten Selbstmord mithilfe einer gläsernen Zyanidkapsel, deren Herkunft er im Dunkeln lässt, will er die Sieger treffen, die sich angemaßt haben, über ihn Gericht zu halten.[30]

## DIE EHRENWERTE GESELLSCHAFT IN DER NIEDERLAGE

Hilft ein Blick auf den Ehrenkodex der Satisfaktionsgesellschaft im wilhelminischen Reich, dem alle vier Staatsräte entstammten, um zu begreifen, wie sie sich zum Thema Scham verhalten würden? Aufklärend wirkten Beschämungsrituale nach dem Krieg selten. Hielten die Staatsräte sich weiterhin an Regeln der ehrenwerten Gesellschaft, die es Ernst Jünger zwar erlaubten, in Paris mit den Offizieren des Widerstands Kontakt zu haben, die ihm aber untersagten, sich dieser Kontakte nach der Niederlage zu rühmen? Die es zuließen, dass Carl Schmitt 1940 mit seinem Freund Jünger über die Möglichkeit der Ermordung Hitlers diskutierte, die es ihm jedoch verboten, nach 1945 damit an die Öffentlichkeit zu gehen? Sauerbruch, Furtwängler und Gründgens unterließen es dagegen nicht, vor den Ausschüssen auf kleine Widerstandsakte hinzuweisen.

Erbittert waren alle vier darüber, dass sie von den Siegermächten und Emigranten nicht geachtet wurden. Monomanisch umkreist Schmitt in seinem Tagebuch diesen Punkt. Öffentliche Bekundungen der Scham sind für ihn nichts weiter als ein von den Besatzungsmächten vorgeschriebenes Ritual. Wie die Unterwerfung vonstattengeht, beobachtet er an einer ganzen «Corona» von Nachkriegsintellektuellen, etwa Karl Jaspers, Eugen Kogon, Erich Kaufmann, Gustav Radbruch, Hans Barth und Christian Graf von Krockow. Er bezeichnet diese Männer als saure «Tabu-Polypen», «Nationalmasochisten», «Buß- und Kollektiv-Scham-Schamanen», «Gesinnungs-Krokowdile», die allesamt im «Sühne-Gesuhl» der «Kollektiv-Scham-Konjunktur» mitmachen.[31] Für ihn selbst gilt die eiserne Devise, dass man in Zeiten, in denen es sich rentiert, Opfer zu sein, niemals öffentlich Buße tun darf.

Schmitts Haltung war nach Kriegsende unter den Nationalkonservativen weit verbreitet. Der Bremer Kaufmann Friedrich Wilhelm Oelze, ein Freund und Briefpartner Gottfried Benns, haut in die gleiche Kerbe. Jaspers etwa ist für den Hanseaten ein übler Flüchtling und ein ebenso unerträglicher Bußprediger wie Dolf Sternberger. Die Nürnberger Prozesse sind eine unanständige «Justizharlekinade», die «Frankfurter Hefte» indiskutabel, weil ihre Redakteure «KZ'ler, Deserteure, Antifaschisten» waren.[32] Im Januar 1956 schreibt Oelze an Benn, die neudeutsche Toleranz und Konzilianz sei gefährlich. Sie beruhe nur auf Impotenz. Während Englands Substanz erschöpft sei, habe «der Deutsche – als Mensch und Zoon Politikon – sich durch Preisgabe an das Absolute immer wieder selbst zerstörend und neusetzend – noch eine enorme geistige Substanz in Reserve».[33]

Carl Schmitt ließ nach der Niederlage keinen Zweifel daran, wem seine Sympathie galt. «Unwiderstehlich zieht es mich zu den Besiegten. Mir schaudert und ekelt, wenn ich die Triumphgesänge der siegreichen Gerechten höre ...» Da er beide, die Sieger wie die Besiegten, als gleich böse einschätzt, ist für ihn der Fall klar. «Die viehischen Greuel der Besiegten und die viehische Rache für diese Greuel, das gleicht sich wirklich aus.»[34] Er wurde nicht müde, von Plettenberg aus Bannsprüche gegen eine protestantische Schuldkultur zu schleudern, aus deren «Schauspiel einer Rauferei zwischen Bußpredigern»[35] er sich heraushalten will. Zum «Fall Jaspers» lässt er Spottverse kursieren: «Wie hat sein Bußgerede mich empört! / Wie ekelt mir vor seinen faulen Fischen! / Jetzt ist er endlich wo er hin gehört: / Im Spiegel und der Deutschen Telewischen.»[36] Seinen Aufenthalt in der amerikanischen Zelle erfährt er als erzwungene Entblößung.

Ein Wortwechsel in der Vernehmung durch Dr. Robert Kemper am 29. April 1947 hat sich Schmitt besonders eingebrannt:

> **F.** Wann haben Sie dem Teufel abgeschworen?
> **A.** 1936.
> **F.** Schämen Sie sich nicht, damals derartige Dinge geschrieben zu haben, wie z. B., daß die Rechtsprechung nationalsozialistisch sein soll?
> **A.** Ich habe das 1933 geschrieben.
> **F.** Stellt Ihnen das ein gutes oder ein schlechtes Zeugnis aus?
> **A.** Es war eine These. Der N. S. Juristenbund riß es mir gewissermaßen aus der Zunge heraus. Es war damals eine Diktatur, die ich noch nicht kannte.
> **F.** Sie kannten keine Diktatur?
> **A.** Nein. Diese totale Diktatur war in der Tat etwas Neues. Die Methode HITLERS war neu. Es gab nur eine Parallele, das war die bolschewistische Diktatur von Lenin.
> **F.** War das etwas Neues?
> **A.** Ja, sicher.
> **F.** Sie haben in Ihrer eigenen Bibliothek Schriften über die totalitäre Diktatur.
> **A.** Nicht totalitär.
> **F.** Schämen Sie sich, daß Sie damals derartige Dinge geschrieben haben?
> **A.** Heute selbstverständlich.

Ich finde es nicht richtig, in dieser Blamage, die wir da erlitten haben, noch herumzuwühlen.
**F.** Ich will nicht herumwühlen.
**A.** Es ist schauerlich, sicher. Es gibt kein Wort darüber zu reden.
**F.** Ich finde es besser, wenn wir uns draußen über solche Sachen unterhalten, nicht hier in Haft.
**A.** Das wäre mir aus gesundheitlichen Gründen angenehm. Ich finde es auch im Interesse der Sache besser. Dieses Gutachten leidet doch unter dieser Situation.
**F.** Ich will sehen, daß Sie nach Hause kommen.[37]

Vergeblich hofft der amerikanische Verhörer darauf, in der Scham einen Mittelweg zu finden, auf dem ein Austausch von Erfahrungen gelingen könnte. Nur für wenige Sekunden lässt sich Schmitt eine Scham-Maske überstreifen, als er auf die eher diskret gehaltene Frage nach seiner Reaktion auf die Verbrechen geistesgegenwärtig Zuflucht im Topos des Schweigens findet: «Es ist schauerlich, sicher. Es gibt kein Wort darüber zu reden.» Damit gibt er dem Vertreter der Siegermächte die Chance zu einer großherzigen Geste. Kempner, ganz Gentleman, lenkt ein. Die peinliche Frage lässt sich besser außerhalb des Vernehmungszimmers erörtern. Schmitt wird am 6. Mai 1947 ohne Auflagen entlassen.

# V. GEISTERGESPRÄCHE

## ZWEITER TEIL

## SECHSTER ABEND, JUNI 1955 IN DÜSSELDORF. GUSTAF GRÜNDGENS ÜBER DIE SCHAM

Schmitt empfindet es als Affront, ausgerechnet vom Schauspieler eingeladen zu werden, um in Gesellschaft über Scham nachzudenken – und das auch noch in Düsseldorf, wo Gründgens seine Karriere fortsetzt. Streitlustig hat er die Fahrt von Plettenberg mit öffentlichen Verkehrsmitteln auf sich genommen – und dann steht er wirklich im Foyer des Hotels an der Königsallee, in dem sich schon früher so viele Zelebritäten eingefunden hatten.

Auch Furtwängler hat sich herabgelassen, zum Treffen anzureisen. Gründgens hat eine Suite gemietet, die natürlich kein Äquivalent für Gut Zeesen ist – aber mehr kann er den Kollegen nicht bieten.

Also: Scham in Düsseldorf. Hat Gründgens nicht beim ersten Treffen der Staatsräte für Masken plädiert, die den Menschen unangreifbar machen sollen? Nach 1945, darin ist man sich einig, war das Tragen von Scham-Masken ein probates Mittel, um unbehelligt davonzukommen.

Einer fehlt. Sauerbruch, Poltergeist der Runde, «Titan» des Operationssaals, ist vor ein paar Jahren gestorben. Zuletzt hatten Gerüchte über seine Entlassung aus der Charité auch die drei Herren erreicht. Schwere Kunstfehler seien dem Chirurgen unterlaufen, eine Hirnsklerose soll seine Fähigkeiten untergraben haben. Nach der Entlassung, hieß es, habe Sauerbruch in seiner Wohnung weiteroperiert. Als ihm die Landesregierung Operationen in Privaträumen untersagte, soll er «Diese Schafsköpfe!» gerufen haben. Am schlimmsten sei gewesen, so ein enger Bekannter des Arztes, dass Sauerbruch ohne Rücksicht auf die angegebenen Beschwerden einfach losgeschnitten habe – irgendwo.

Gründgens trägt eine irritierend weiße Brille, die ihm etwas Professorales gibt. Grotesk ist, dass er seine «Etüden über die Scham», wie er die eigenen Ausführungen nennt, mit einem Satz beginnt, der in den Entnazifizierungsverfahren geholfen hat – vorgetragen wie eine anthropologische Weisheit: Der Mensch hat ein Recht, sich zu verhüllen!

Dagegen hat niemand etwas einzuwenden.

Schmitt sind Schamgefühle aus früheren Jahren durchaus vertraut, aber es waren damals eher Peinlichkeiten, die sich leicht verdrängen ließen. In den zwanziger Jahren hat er Peinlichkeiten der Faulheit oder der sexuellen Obsession geradezu en gros in seinem Tagebuch gesammelt. Im Dritten Reich war seine Fähigkeit zur Scham heillos blockiert. Immerhin kann er sich vorstellen, dass er bestürzt gewesen wäre, hätte sein jüdischer Freund Georg Eisler oder Franz Blei, dem er beim «Bestiarium» geholfen hat, ihn 1933 dabei beobachtet, wie er kurz nach Eintritt in die Partei im Kreis rheinischer Gauleiter das Horst-Wessel-Lied mitgrölte. Peinlich wäre ihm auch die Enthüllung, dass er 1934/35 als Wanderprediger an der Seite des berüchtigten Hans Frank durch die Lande gezogen ist, um die Säuberung der Justiz von «jüdischen Elementen» bis in den letzten Winkel des Reichs zu forcieren.

In diesen Fällen ist Schmitt jede Verdrängung recht. Und er stimmt Gründgens zu, der jetzt behauptet: Der Mensch ist für den Blick des Bemerktwerdens so empfindlich wie die fotografische Platte für das Licht. Für einen, der sich psychisch für hochkomplex und politisch für souverän halte, sei es schwer erträglich, von einem anderen als ein von rohen Impulsen gesteuertes Triebwesen beobachtet zu werden. Gott sei Dank sei der Mensch ein Verdränger. Es bleibe ihm gar nichts anderes übrig, als zu vergessen, wenn er tatkräftig handeln wolle. Scham mache bekanntlich bewegungsunfähig!

Die Stunde des Zynikers hat geschlagen. Scham als Maske biete einen ungeheuren Vorteil: Sie scheine Durchblick auf eine bestürzte Kreatur zu gewähren, verhülle jedoch lediglich die absolute Gleichgültigkeit der Person, für die diese Maske nur eine von vielen möglichen Posen ist. Der Nimbus des Verhüllten, Gründgens lehnt am Fenster, ein Knie locker auf dem Heizungsrohr abgelegt, lädt dazu ein, das Geheimnis entschleiern zu wollen. Distanz und Fremdheit sind attraktiv, weil sie ein Bedürfnis nach Nähe schaffen. Ist der Nimbus des Verhüllten aufgrund allzu großer Nähe zergangen, erlischt die Neugier. Im Intimen kommt Empathie an ihre Grenzen. Gründgens wagt sich weit hinaus: Ein Mensch ohne Keuschheitssphäre sei bekanntlich langweilig. Keuschheit und Sexualität seien miteinander verflochten! Er liebe Menschen auf der Bühne, weil sie dort, wenn es nach ihm gehe, zwei bis drei Stunden in unauflösbarer Fernnähe existieren dürften, das heißt in einer Ferne, die Sehnsucht nach Nähe auslöse, ohne dass diese je erfüllt werde. Viktorianische Erotik, in der Gegenwart außer Kurs gesetzt, finde zumindest auf seiner Bühne eine letzte Zuflucht.

Zum Glück sind Gründgens' «Etüden über die Scham» wieder nur Schauspiellehren, schmunzelt Schmitt. Da kann ihm nicht viel passieren.

Furtwängler hat die Augen geschlossen, er scheint eingenickt zu sein. Ist er dadurch der Scham enthoben? Das Problem der Kollegen berührt ihn jedenfalls kaum. Sicher, bei seinen Besuchen in Goebbels' Kabinett hätte er sich ungern beobachten lassen. Musik – er streckt sich einmal in seiner ganzen Länge – ist für ihn ein Reinigungsritual, das Scham wegwäscht wie Schaum. In sich versunken, bemerkt er nicht, dass sich die nächsten Sätze des Schauspielers mal wieder gegen seinen Kult des Echten richten.

Das Psychische, so Gründgens, brauche kein Naturkleid, es brauche künstliche Form. Trete es nackt hervor, das habe er ja immer wieder betont, trage der Mensch das Risiko des Lächerlichen. Es sei doch ganz einfach: Künstlichkeit verhindert, beschämt zu werden. Wer unentwegt echt sein will, das heißt mit offenem Visier antritt oder sich mit entblößter Brust dem Feinde stellt, weil Wert darauf gelegt wird, als authentisch zu gelten, taumelt von einer Situation der Erniedrigung in die nächste. Andererseits kann die Haltung absoluter Schutzlosigkeit auch Schutz bieten.

Schmitt trocken: Schutzlosigkeit lockt nur Feinde an.

Der tote Sauerbruch hält das alles für Kinderkram, und da auch diesmal Marianne Hoppe fehlt (sind die beiden eigentlich noch verheiratet?), reizt ihn an diesem Abend nichts. Der Blick des Arztes ist sowieso schamresistent. Ein Operateur, der sich beim Schneiden schämt, ist lebensgefährlich für den Patienten. Die schmerz- und schambefreite Prosa, mit der die Senfgasexperimente an Häftlingen dokumentiert wurden, ließ sich vom Experten routiniert überfliegen. «Das Impfverfahren war folgendes: 10 cm langer Längsschnitt über musculus peroneus longus, nach Spaltung der Faszie wurde in einem fünfmarkgroßen Bezirk der Muskel mit der Klemme gequetscht und eine anaemische Randzone durch Einspritzung von 3 ccm Adrenalin geschaffen, subfacial wurde in den Bereich des geschädigten Muskels das Impfmaterial (mit Bakterien getränkter Gazetupfer) versenkt, Faszie, subkutanes Fettgewebe und Haut schichtweise verschlossen.» Nicht zu unterschätzen, in welchem Ausmaß der Fachjargon die Einbildungskraft aushebelt.

Derweil fährt Gründgens fort: Jede Scham sucht ihr Genre, sie kann in der Tragödie zu Hause, aber auch die Antriebskraft einer Burleske sein, ein bewährter Stoff der Komödie. Der scheinheilige «Tartuffe» von Molière ist ein gerissener Schamsimulant. Ein geheuchelter Affekt ist nicht schwieriger darzustellen als ein echter Ausdruck. Die Pose der Natürlichkeit kann der Mensch ohnehin nur für begrenzte Zeit aufrechterhalten. Die europäische Komödie bietet einen reichen Fundus an Schamsituationen. Wo die Kunst der Verstellung triumphiert, ist der Reiz der Demaskierung groß. Gründgens, nicht ohne Pathos: Im Schamtheater liegt die Seele auf der Hautoberfläche!

Ein schöner Satz, wieso stimmt er die Runde heiter?

Doch es soll sich kein Wohlbehagen ausbreiten. Gründgens mit gläserner Stimme: Scham ist aber auch eine Rasierklinge, über die man jemanden springen lassen kann! Dabei hebt der Schauspieler mit unwiderstehlicher Gebärde die Hände, sie wirken spitz und gotisch.

Was maßt der sich an, denkt Schmitt, als Gründgens unbeirrt fortfährt: Der Verlust an Selbstwertgefühl, den der durch die Beschämung Isolierte erleide, könne auch tragisch enden.

Livrierte Kellner unterbrechen den Diskurs, um Champagner zu servieren. Das Gespräch verstummt. Bei heiklen Themen wirkt jede Unterbrechung wie die Intervention eines fremden Beobachters. Gereizte Stimmung, so kann das nicht weitergehen.

Gründgens gelingt es, die Scham-Séance friedlich zu beenden, indem er auf sein eigenes Feld zurückkehrt. Der Königsweg aus der Schuldkultur führt durch das Theater. Er hat eine klassische Schauspiellehre mitgebracht: Johann Jakob Engels Buch «Mimik» aus dem Jahre 1785. Ein Kapitel daraus sei der Scham gewidmet. Man verzeihe ihm den Grundkurs; Staatsrat Schmitt habe früher auch Texte vorgelesen.

Engel sei davon ausgegangen, dass die Natur der Seele nur an körperlichen Äußerungen wahrgenommen werden könne. Eines der Beispiele, das ihm, Gründgens, eingeleuchtet habe: Es gebe bekanntlich in vielen Kulturen Zeichen der Ehrerbietung – von der Entblößung des Hauptes bis zum Verhüllen des Gesichts. Auf der Oberfläche folgten alle diese Zeichen dem gleichen Grundmechanismus: einer «Verkürzung des Körpers».

Gründgens lässt es sich nicht nehmen, Engels Schauspiellehre in Gesten und Schrittfolgen zu reanimieren. Das entspannt. Die Herren lehnen sich zurück. Nichts löst besser aus der Schuldkultur als körperbetontes Schamtheater.

Schon ahmt Gründgens frei nach Engels Lehrbuch die Körpersprache der Begierde, des Horchens, der Neugierde oder der Sehnsucht in schiefer Körperhaltung nach. Gleichzeitig Engels Text zu rezitieren ist nicht ganz einfach: «Nähert sich die Begierde dem Gegenstande, es sei nun, um ihn zu besitzen oder ihn anzugreifen, so liegt Haupt und Brust und überhaupt der ganze obere Körper vor; nicht nur weil die Füße als dann um so schneller nacheilen können, sondern auch, weil der Mensch jene Teile am leichtesten in Bewegung setzt, und also mit ihnen seinen Trieb zuerst zu befriedigen strebt. Fährt der Abscheu, die Furcht, vor dem Gegenstande zurück, so beugt sich der obere Körper rückwärts über, ehe sich noch die Füße in volle Bewegung gesetzt haben.»

Es ist erstaunlich, welche Körperbeherrschung der alte Schauspieler zeigt, als er nun vorführt, wie der Neugierige oder hemmungslos Begehrende das Gleichgewicht verliert. Doch ein Gefühl der Peinlichkeit überschattet Gründgens' Darbietung der Körperschieflage. Es schert den Intendanten nicht, dass sich Personal des Breidenbacher Hofs an der Tür drängelt. Der berühmte Intendant, wer möchte da nicht Zeuge sein? Der fährt – die Kellner sind ihm lieber als seine müden Gäste – hellwach und traumverloren fort: Ein Mensch mit heftiger Begierde schlägt immer den kürzesten Weg ein, die Augen unverwandt auf den Gegenstand seiner Vereinigungslust heftend. Statt Hindernisse gefahrlos zu umgehen, arbeitet er sich lieber mit ausgefahrenen Ellbogen durch den dichtesten Haufen hindurch. Johann Jakob Engel entwirft, so Gründgens mit einem Blick auf Schmitt, Szenarien, die wir bei Kafka wiedertreffen: Ein Mensch, der heftig begehrt, wird obsessiv von Hindernissen angezogen. Hindernisse sind für den Obsessiven geradezu ein Beweis dafür, dass der verstellte Weg auch der kürzeste ist.

Ja, meint Schmitt melancholisch, das war einmal.

Scham, Gründgens nimmt Fahrt auf, gehöre bei Engel zu einem Machtspiel in geschlossenen Räumen. Engel gehe von folgenden Beobachtungen aus: «So wie die Verachtung, so hat auch die Scham, nach Verschiedenheit der Umstände, ein verschiedenes Spiel: das eine mal z. B. wird sie fliehen, das andere mal Stand halten. Das höchst unangenehme Gefühl ihrer aufgedeckten Blöße, das durch die Gegenwart des Andren immer unterhalten und geschwellt wird, macht es den Menschen äußerst wünschenswürdig, sich zu entfernen; zugleich aber fürchten sie, das nachteilige Urtheil dadurch anzuerkennen: sie möchten so gerne irgendetwas dagegen vorbringen, wenn sie nur nicht besorgen müßten, Übel ärger zu machen und durch einfältiges Benehmen der Ursache der Verachtung noch mehr zu geben. Das erhält sie dann unbeweglich in ihrer peinlichen halbverwandten Stellung, deren albernes Ansehen sie wohl empfinden, und im fruchtlosen Suchen nach Hülfsmitteln, an irgend einen Theil ihrer Kleidung zu pflücken und zu zupfen anfangen.»

Gründgens' Pantomime, die den Beschämten als heillos seiner Nervosität ausgeliefertes Lebewesen zeigt, wie er, statt die Flucht zu ergreifen, seine Kleidung zerzupft, ist nicht lustig. Das Lachen bleibt selbst den ungebetenen Zuschauern des Breidenbacher Hofs im Halse stecken.

Es sei schwer, so Gründgens weiter, sich aus dem geschlossenen Kreis der Verachtung zu entfernen. Die Augen des Beschämten als scheue, immer zur Flucht bereite Kundschafter suchten vergeblich nach einem Ausweg. Schlichtweg unmöglich sei es, in die Augen der anderen, die ihn umringen, freie, zuversichtliche Blicke zu werfen.

Furtwängler meldet sich zu Wort: Ihn lasse das alles eher an ein Horrorkabinett denken als an eine Situation in der Komödie.

Ob Engel das Reflexionsniveau der Schauspieler und ihrer Regisseure nicht heillos überschätze, fragt Schmitt.

Gründgens ist enttäuscht. Er wollte indirekt über ihre Runde sprechen. Die Scham selbst, schließt er mit matter Stimme ab, interessiere Engel im Grunde gar nicht. Interessant seien für ihn Situationen, in denen Figuren auf der Bühne an die Schamgrenze getrieben werden, wo sie wie elektrisiert verharren oder als Kippfiguren fallen und aufstehen. Für diese Grenzsituationen falle ihm, Gründgens, ein Bonmot von Gottfried Benn ein: «Die Liebe ist eine Krise der Berührungsorgane, danach handeln und wir alle sind glücklich.»

Amüsiertes Rätselraten über den Tiefsinn des Poeten und Doktors für Geschlechts- und Hautkrankheiten. Den Rest von

Gründgens' Sermon verstehen sie: Wer richtig balancieren wolle, brauche eine lange Balancierstange. Die Komödie sei Gleichgewichtstraining unter dem Gewölbe eines starren Regelwerks. Nicht jeder kippe gleich in einen Abgrund; in der Komödie gebe es vorwiegend flache Stürze.

Kein Abend nach Schmitts Geschmack.

Gläserklirren, schon fangen die Livrierten an abzuräumen, was für Entspannung sorgt. Was sagt die Schauspiellehre über Abschiedsgesten? Ist Verkürzung des Oberkörpers auch hier angesagt?

Die Männer stellen fest, dass sie alle drei einen Homburg als Hut tragen. Schmitt hat Eile, die Verbindungen von Düsseldorf nach Plettenberg sind nicht die besten. Furtwängler findet schwer in seinen Mantel. Sein Abgang hat etwas Schwebendes. Er wird bald sterben.

Als die alten Staatsratskollegen weg sind, sackt Gründgens in das Sakko des hundsnormalen Lebens.

# UNTERBRECHUNG: EIN LETZTER ATEMZUG DER HEROISCHEN MODERNE

Am 24. April 1933 verband Gottfried Benn in seinem Rundfunkvortrag «Der neue Staat und die Intellektuellen» den Hohn auf die ins Exil vertriebenen Geister «der ersten Ränge», die sich nach «Grundstücken in Ascona umsehen», mit dem Appell, sich für die Revolution des Nationalsozialismus zu entscheiden, «die Lenden zu gürten und die Wurfschaufel in die Hand zu nehmen und sich in Gefahr zu begeben, in die biologische Gefahr, ohne die Führung nicht möglich und auch vom Schicksal nicht bestimmt ist».[1] Es sei zwar schmerzlich, schrieb er seinem Freund Carl Werckshagen, sich von liberalen Werten zu trennen.[2] Jetzt aber gelte es, so der letzte Satz des Rundfunkvortrags, sich nicht mit Widerlegungen aufzuhalten: «Habe Mangel an Versöhnung, schließe die Tore, baue den Staat.»[3]

Benns Furor der Entscheidung ist von einem denkwürdigen Paradox geprägt. Einerseits verkündet er: «Wo die Geschichte spricht, haben Personen zu schweigen»; andererseits ruft er den Einzelnen auf, die «Wurfschaufel in die Hand zu nehmen», um die nationalsozialistische Revolte zu stärken.

Nichts scheint in den fünfziger Jahren so fremdartig wie das Pathos der Entscheidung. Alles schien entschieden. Es war lange her, dass verschiedene politische Avantgarden glaubten, es hänge von ihrer Stoßkraft ab, wohin die Geschichte sich wenden werde – von kraftvollen Akten eines historischen Subjekts in Gestalt einer Bewegung oder der Partei des Proletariats oder eines charismatischen Führers an der Spitze einer Volksgemeinschaft. Heinz Dieter Kittsteiner erkannte im Schlagwort der Entscheidung das Merkmal einer Epoche: der *Heroischen Moderne.* Sie folgte auf den Niedergang der klassischen Geschichtsphilosophie in ihrer Ausprägung von Kant bis Hegel. Diese sei noch eine Reaktion auf die Erfahrung gewesen, dass der Mensch trotz seiner zunehmenden technischen Beherrschung der Natur einem Entwicklungsprozess unterworfen ist, den er selbst nicht steuern kann. Die Geschichtsphilosophen überlagerten «das blinde Ungefähr der Geschichte» mit einem Endzweck, auf den alles hinauslaufen sollte.[4] Gegen Ende des 19. Jahrhunderts brach diese Fiktion zusammen. Schon Jakob Burckhardt hielt fest, dass die Weltgeschichte nicht «um unseretwillen» da ist. «Bei allen Zerstörungen läßt sich aber immer eins behaupten: die Oekonomie der Weltgeschichte im Großen bleibt dunkel.»[5] Was die Lenkung des Weltgeschehens angeht, gelte es, «die Blindheit unseres Wünschens»[6] einzusehen.

Unter dem Gewölbe der klassischen Geschichtsphilosophie mussten sich die Individuen scheinbar nur mit halber Kraft einsetzen, um die Entwicklung voranzubringen. Sie waren lediglich Zwischenträger des weltgeschichtlichen Prozesses, den Rest besorgte hinter ihrem Rücken die Geschichte. Im 20. Jahrhundert traten dann nicht nur Individuen, sondern in Form von Parteien auch Institutionen auf, die glaubten, die «Oekonomie der Weltgeschichte» zu kennen und steuern zu können. Man befreite sich von der skeptischen Resignation vor der Geschichte und stemmte sich – im Namen des «Lebens», des «Proletariats» oder des «Volkes» – gegen einen anonymen historischen Prozess, der sich nach der Niederlage von 1918 für die Deutschen nur noch als ein feindlicher begreifen ließ. Widerstand gegen den die Eigenart der Nationen nivellierenden globalen Prozess der Geschichte ging folglich nicht ohne individuellen Heroismus. Das Individuum, das souverän sein wollte, musste seine Souveränität Institutionen überantworten, die versprachen, der feindlichen «Oekonomie der Weltgeschichte» die Triebkraft einer Volkseinheit entgegenzusetzen oder sie kraft der im Marxismus geschulten Kenntnis ihrer Gesetzmäßigkeiten in die richtige Richtung zu lenken.

In der Weimarer Republik traten auch in den Künsten Akteure auf, die Müdigkeit, Nervosität und Entscheidungsschwäche ablegen wollten, um in den Prozess der Geschichte einzugreifen – Avantgardisten des linken wie des rechten Lagers. Benn wird in seinen «Statischen Gedichten» von 1948 Abschied vom Aktionismus der Heroischen Moderne nehmen: «Richtungen vertreten, / Handeln, / Zu- und Abreisen / ist das Zeichen einer Welt, / die nicht klar sieht.»[7]

Ist das Vorhaben der Staatsräte, an ihrem letzten gemeinsamen Abend im Jahr 1963 über das Problem der Entscheidung zu sprechen, ein Anachronismus? Oder liegt das Thema unverhofft in der Luft? Mit früheren Themen des Quartetts wie der Volksgemeinschaft, der Scham und dem Schmerz lässt sich kein Hund mehr hinter dem Ofen hervorlocken. Die Prothesenindustrie blüht in den Rehazentren, Feindschaft ist im Kalten Krieg auf Dauer gestellt. Bedarf es überhaupt noch einer persönlichen Entscheidung?

In den sechziger Jahren tritt eine jüngere Generation auf den Plan, die sich wieder in ein Klima der Dezision hineindenkt – um so dem Reich der Väter zu entkommen. In die gespannte Atmosphäre schleust der «neuerungssüchtige Carl Schmitt» (Alexander Kluge) 1963 seine «Theorie des Partisanen» ein und liefert damit den jungen Theoretikern ein weiteres Motiv, sich von der Kritischen Theorie, die alle Formen von riskanter Entscheidung in endlosen Schleifen der Reflexion ermüden lässt, zu trennen. Schmitts Überlegungen lösen sich von der lähmenden Statik der Blockbildung im Kalten Krieg. Irregularität und gesteigerte Mobilität sind Kennzeichen der Partisanen, faszinierend ist auch ihre Todesbereitschaft. Die Partisanen beschränken sich seit Lenin, Stalin und Mao nicht mehr auf ihre Kraft der patriotischen Selbstverteidigung, sondern schwärmen im entgrenzten Krieg geopolitisch aus. Unversehens findet sich Schmitt auf einem von Freund und Feind unter Strom gesetzten Feld wieder.

## SIEBTER ABEND, JUNI 1963 IN PLETTENBERG.
## **CARL SCHMITT ÜBER DIE ENTSCHEIDUNG**

Der «Staatsrat», wie er sich immer noch gern nennt, konnte nach seinem Rückzug aus Berlin dem Sauerland melancholische Züge abgewinnen. «Die Berge liegen erdhaft fest», schrieb Schmitt 1954 in einem Artikel für das «Merian»-Heft, «aber sie sind eingehüllt, oft in Regen, Nebel oder Schnee, oft in einen Sonnenschein von gläserner Klarheit. In manchen Stunden liegen sie wie Schildkröten da, in massiver Wucht; in anderen Stunden werden sie blass, als wären sie ein Traum des Meeres.» Schmitts Haushälterin Anni Stand sah es teils nüchterner, teils überraschend theoretisch: «Er kam hierher, als ihn globale Fragen mehr interessierten als staatrechtliche. Hier hatten Land und Meer Gewicht. Er saß auf dem Trockenen, aber unter Regen, Dunst und Wolken fühlte er sich wie in einem Unterseeboot. Es herrschte Krieg zwischen Landklima und Seeklima.»

Sein kleines Haus wird Schmitt nach Machiavellis Verbannungsort in der Toskana «San Casciano» nennen. Ganz leicht ist es nicht, einer Regenschlucht im deutschen Mittelgebirge den Charme der Toskana abzugewinnen. Aber Schmitts neues Heim wird zum Pilgerort für Gelehrte, Juristen, Historiker, Diplomaten, Philosophen, Verlagsleute, Industrielle, Journalisten, Maler und Schriftsteller. Um die Bekannteren zu nennen: Ernst-Wolfgang Böckenförde, Wilhelm Grewe, Werner Gilles, Helmut Quaritsch, Rüdiger Altmann, Hanno und Marianne Kesting, Joachim Schickel, Hermann Lübbe, Reinhart Koselleck, Roman Schnur, Johannes Gross, Hans Zehrer, Eberhard

Straub, Günther Maschke, Theodor Maunz, Arnold Gehlen, Hans Freyer, Christian Meier, Jacob Taubes, Alexandre Kojève, Helmut Schelsky, Ernst Jünger und Nicolaus Sombart.

Nun also auch Gründgens. Schmitt schenkt Scharzhofberger ein, er liebt diesen Saarwein. Die Stimmung ist angestrengt heiter. Aber warum ausgerechnet über «Entscheidung» reden? Will der Schauspieler – wie sein Hamlet der dreißiger Jahre – nicht sowieso lieber schlafen? Gründgens rüstet sich nach seinem letzten Auftritt als Hamlet im Deutschen Schauspielhaus in Hamburg zu einer Weltreise; im Oktober wird er in Manila sterben. Vielleicht hat er Schmitts Lieblingsthema zugestimmt, weil er dem ausgebooteten Staatsrechtler seine Solidarität beweisen will, nachdem Christian Graf von Krockow den Dezisionismus als schweres Vergehen der Politischen Philosophie gebrandmarkt hat.

Hat Schmitt sich jemals wirklich entschieden? Ist er nicht immer mit dem Strom der Zeit geschwommen – allerdings mit einer Miene, die vortäuschte, er selbst bestimme die Richtung? Seit dem Ende des Krieges tritt er im Gespräch gern wie ein Spieler auf. Theorien scheinen ihm überhaupt nur Gegenstände für Gesellschaftsspiele zu sein. Er glänzt als Causeur, der tiefgreifende Probleme in Spottverse fasst. Wie auch jetzt, als er den berühmten Wortlaut von Descartes zum Klingen bringt: Cogito ergo sum, summ, summ, Bienchen, brumm herum.

Erkenntnisse in eintönigem Summen verhallen zu lassen, nicht ungenial, denkt der verstorbene Furtwängler. Schmitts Witz gibt jedenfalls zu denken, man sagt dazu am besten nichts.

Gründgens schaut hinaus in den Garten am Hang. Sind die kindlichen Spottverse, die Schmitt so leicht von der Hand gehen, ist das Kinderlallen in den Gedichten des Dadaisten Hugo Ball, den er liebte, auch vor dem Horizont seines Katholizismus zu verstehen? In der Kathedrale kommt es letzten Endes aufs Wort nicht an; es reicht, wenn es im Raume hallt, egal, ob Lautgedicht oder liturgische Formel. «Dezision» hallt sicher auch gut nach; das Schneidende ist zu spüren. Der Katholizismus ist für Schmitt, denkt Gründgens, ein Gewölbe, das niemals einstürzt. Darum kann es der Staatsrechtler sich leisten, Sätze ins Blaue zu sprechen wie: «Ich bin nicht Herr dessen, was in mein Bewusstsein drängt.»

Unvermittelt bittet der Hausherr den Schauspieler, den Anfang von Kafkas Roman «Der Prozeß» vorzulesen.

Mit Kafka hat niemand gerechnet. Vor einigen Jahren hat Gründgens den Roman in einer von André Gide und Jean-Louis Barrault dramatisierten Fassung in Hamburg aufführen lassen; er selbst spielte Josef K. Staatsrat Schmitt: Er habe eine Schallplattenaufnahme mit Gründgens' Stimme gehört und vorsorglich ein Exemplar des Romans besorgt. Irritiert habe ihn an der Aufnahme von 1951, dass Gründgens die Figur Josef K. als Antihelden mit einer naiv erstaunten Stimme spreche, die an seinen blond gelockten Hamlet aus den dreißiger Jahren erinnere.

Denkt Schmitt, wenn er ausgerechnet auf Kafkas «Prozeß» zu sprechen kommt, an den Prager Schauprozess gegen Rudolf Slánský, wie es seit den Fünfzigern unter Antikommunisten durchaus üblich ist? War Schmitt nicht, wie in Ernst Niekischs Buch «Das Reich der niederen Dämonen» zu lesen war, ein «Inquisitionsknecht», der nach 1933 «in jedes jüdische Versteck» eindrang? Ein «nationalsozialistischer Weltanschauungsspürhund», der in den Bau der juristischen Wissenschaft kroch, um ihn vom «jüdischen Ungetüm» zu säubern? Ist es ein scheinheiliges Manöver, oder ist Schmitt allen Ernstes in den Bann des

Prager Schriftstellers geraten? In Sachen Antisemitismus hat er sich doch nie verstellt.

Man wundert sich zu Recht. Und da Gründgens sich weigert, als Rezitator den Abend zu beleben, verlegt Schmitt sich auf einen anderen Text. Es handele sich um ein kurzes Stück Prosa. Da man ihn fälschlicherweise immer noch einen «Dezisionisten» nenne, also im gemeinen Verständnis einen Mann, dem es auf riskante Entscheidungen ankomme, biete sich eine Skizze Kafkas an, die den Titel «Entschlüsse» trägt. Es gehe darin um das Zauberwort «Entscheidung», mit dem er, Schmitt, wie Nicolaus Sombart einmal sagte, die deutschen Männer bezaubert habe. Gründgens sieht das zweite unsittliche Ansuchen kommen. Tatsächlich: Schmitt bittet ihn ein weiteres Mal darum, den Text vorzutragen.

Und Gründgens liest. Er liest nicht mit dem «aasigen Lächeln», das Klaus Mann als sein Markenzeichen ausgemacht hat, sondern eher unbekümmert:

«Entschlüsse. Aus einem elenden Zustand sich zu erheben, muß selbst mit gewollter Energie leicht sein. Ich reiße mich vom Sessel los, umlaufe den Tisch, mache Kopf und Hals beweglich, bringe Feuer in die Augen, spanne die Muskeln um sie herum. Arbeite jedem Gefühl entgegen, begrüße A. stürmisch, wenn er jetzt kommen wird, dulde B. freundlich in meinem Zimmer, ziehe bei C. alles, was gesagt wird, trotz Schmerz und Mühe mit langen Zügen in mich hinein.»

Furtwängler hat etwas von der Stimmkultur des Theaters von Max Reinhardt erwartet. Doch Gründgens spricht eher flach wie ein Filmschauspieler, nahe am Alltagsparlando. Nur dass er ganz am Ende, bei «trotz Schmerz und Mühe mit langen Zügen in mich hinein», die Stimme bis zum Bersten zerdehnt. Muss das sein?

Schon fährt Gründgens fort:

«Aber selbst wenn es so geht, wird mit jedem Fehler, der nicht ausbleiben kann, das Ganze, das Leichte und das Schwere stocken, und ich werde mich im Kreise zurückdrehen müssen.»

Na also, denkt der tote Sauerbruch, gar nicht schwer zu verstehen.

Gründgens ist perplex. Führt uns Kafka hier hellsichtig vor, wie in einer liberalen Umwelt die Kraft zur Entscheidung notwendig erlahmt?

Damit könnte der Text fix zu Ende sein. Aber zu Sauerbruchs Überraschung folgt ein weiterer Teil, den Gründgens jetzt beinahe unhörbar leise, nahezu zischelnd rezitiert:

«Deshalb bleibt doch der beste Rat, alles hinzunehmen, als schwere Masse sich verhalten und fühle man sich selbst fortgeblasen, keinen unnötigen Schritt sich ablocken lassen, den anderen mit Tierblick anschauen, keine Reue fühlen, kurz, das, was vom Leben als Gespenst noch übrig ist, mit eigener Hand niederdrücken, d. h. die letzte grabmäßige Ruhe noch vermehren und nichts außer ihr mehr bestehen lassen.

Eine charakteristische Bewegung eines solchen Zustandes ist das Hinfahren des kleinen Fingers über die Augenbrauen.»

Furtwängler fällt auf, dass Gründgens selbst beim Vorlesen nicht aufhört zu lächeln, wenn auch nur in den Mundwinkeln. Zu gern hätte er gesehen, dass das Lächeln ganz aus dem Gesicht des Schauspielers gewichen wäre.

Zu allem Überfluss setzt der nun hinzu, er habe einmal bei «Hans Sonnenstößers Höllenfahrt» in einem auf der Bühne aufgebauten Boxring, in dem statt mit Fäusten mit Phrasen gekämpft wurde, den Satz gesprochen: «Entscheide dich für den Tod, und du darfst sogar deine Meinung sagen.» Göring sei wenig erfreut gewesen, aber das Publikum habe gejubelt.

Gründgens' Bemerkung verschärft die peinliche Stille.

Furtwängler muss an den internationalen Verbrechertyp denken, den Gründgens in Fritz Langs Film «M» dargestellt hat: ein kalter Gangsterrichter mit steifem Hut, schwarzen Handschuhen, dunklem Ledermantel und, wieder einmal, gläserner Stimme. Gangster und Richter – immer noch eine reizvolle Kombination.

Furtwängler summt mit geschlossenen Augen. Seitdem Gründgens 1936 die «Zauberflöte» mit seinem Rivalen Herbert von Karajan inszeniert hat, mag er ihn nicht besonders. Dann der Maestro unvermittelt: Wie mit dem Taktstock.

Die Herren sehen sich fragend an.

Furtwängler: Es kommt aufs Zögern an. Pause. Das Hinfahren des kleinen Fingers über die Augenbrauen – Taktstock und Partitur.

Das hat uns noch gefehlt, murmelt Schmitt: *Furtwängler & Kafka* – die humanistische Firma der jungen Bundesrepublik. Er nimmt den Faden wieder auf. Praxis heißt Fertigwerden mit Dingen und Situationen; praktische Tätigkeit ist nie nur risikofreies Zupacken; dass Entscheidungen Wagnisse sind, daran besteht kein Zweifel. In Situationen, die Entscheidungen erzwingen, setze Kafka seine Figuren auf Wege, die in die Grabesstille führten.

Ist doch auch richtig, meint Gründgens. Jeder in die Tat umgesetzte Entschluss töte viele Alternativen. Daher sei bei jeder Entscheidung auch Todesangst zu spüren. Erweise sich darin nicht die Authentizität des Vorgangs?

Gründgens liebt den Staatsrechtler, wie wir wissen, nur im Habitus des moralfernen Avantgardisten. Schmitts Amoral hat ihn früher einmal, wie so manchen Intellektuellen der Weimarer Republik, in den Bann gezogen. Sollte Schmitt jetzt, wo er schon lange nicht mehr Haustier des nationalsozialistischen Dogmas ist, die Behändigkeit und Grazie des Raubtiers auf selbst gebahnten Pfaden der Weimarer Zeit zurückgewinnen? Der Staatsrechtler, so haben es revolutionär gestimmte Intellektuelle damals empfunden, war ein Jäger, der immer wieder ein seltenes Wild von der Pirsch nach Hause brachte: Man durfte allezeit auf Überraschungen gefasst sein. In den Erscheinungsformen der Demokratie hatte er Fassaden erkannt, die er herunterriss, um den Bürgerkrieg, der dahinter tobte, zum Vorschein zu bringen. Was Walter Benjamin einmal über die Sprache der französischen Surrealisten gesagt hat, gilt wohl insbesondere für Schmitt: Sein juristischer Diskurs funktionierte wie ein «Desinfektionsapparat», der die Moral aus allen Sätzen entfernt. War das beim Juristen Kafka ähnlich?

In Kafkas Romanen – nun fängt Schmitts Vortrag erst richtig an – werde die Heimatlosigkeit des «Gesetzesvolkes» realistisch ausgemessen. Er, Schmitt, wolle es in aller Offenheit bekennen: Das «Gesetz», das gespenstisch durch Kafkas Werke geistere, jage ihm schon rein klanglich Schauder und Entsetzen ein. Vielleicht kann der Fetisch Gesetz erst mit dem Jüngsten Gericht endgültig verscharrt werden. Er wisse nicht, ob das Kafkas Hoffnung gewesen sei. Wer nie erfahren habe, dass die jüdische Religion von einem nicht enden wollenden «Wartezustand» ausgehe, dem werde in Kafkas Romanen die elende Warterei drastisch vor Augen geführt. Das entbehrt doch nicht der Komik!

Schmitts Stimme wird geschmeidig: Kafka schaffe in seinen Erzählungen faszinierende Bilder der in sich kreisenden «Verjudung» (das schon in leicht singendem rheinischem Tonfall). Trotzdem fühle er, Schmitt, sich magnetisch von Kafkas Räumen angezogen, in denen offenbar das Gesetz herrsche, ohne dass es die klare Befehlsachse eines staatlichen Gesetzgebers gebe. Kafka sei buchstäblich zum Totlachen: Die Botschafter machen sich erst dann daran, ihre geheimen Befehle zu übermitteln, wenn die Befehlshabenden – sollten sie überhaupt in den Blick geraten – soeben gestorben sind. Die Kuriere des Machthabers rufen sich gegenseitig sinnlose Parolen zu, verlieren sich in den Labyrinthen der Palastkorridore oder in verwinkelten Dachböden, im Terrain unendlich verschachtelter Vermittlungen. Unmittelbar sei bei Kafka nichts. Schärfer noch: Unmittelbar sei in den Romanen nur das Nichts selbst. Die Adressaten der Botschaften sind vom wahren Wort des Machthabers für immer abgesperrt. Das Volk ist auf Gerüchte angewiesen, die subalterne Beamte verbreiten. Im günstigsten Fall dürfen diejenigen, die meinen, eine Nachricht sei für sie bestimmt, diese selbst erträumen. Bewirken kann die ungesicherte Weisung des inzwischen verstorbenen Souveräns selbstredend nichts.

Der Staatsrechtler kommt in Fahrt: ein groteskes Stück Prosa der Handlungslähmung! Manchmal sei ihm die Polykratie der Paladine im NS-Staat ähnlich verschachtelt vorgekommen. 1933 habe er gehofft, dass mit der nationalsozialistischen Revolution der Weimarer Staatsapparat aufgelöst werden würde. In den Jahren zuvor sei ein derartiges Vermittlungsgestrüpp entstanden, dass weder der Wille eines Staatsoberhaupts noch der Wille des Volkes hindurchdringen konnte. Der Führerstaat habe dann allerdings seine eigenen Vermittlungsträgheiten entwickelt. Die moderne Telekommunikation, die die Weitergabe von Informationen beschleunigen sollte – jetzt verfällt Schmitt in einen scharf-apodiktischen Ton, und Sauerbuch fragt sich, ob dieser Monolog je ein Ende findet –, habe oft dieselben Effekte wie der komplizierte Gesetzesapparat der Bürokratie. Jede Direktive gerate in die Mühlen der Vermittlung, wo es doch auf die Unmittelbarkeit des Souveräns ankomme. Schmitt in aller Deutlichkeit: Es kommt auf Unmittelbarkeit an!

Aber die habe es doch im Ausnahmezustand gegeben, wirft Gründgens ein, und den hätten sie viele Jahre ertragen. Der Terror sei zweifellos unmittelbar gewesen.

Die Rede von der Unmittelbarkeit lässt Furtwängler aufhorchen. Ob Schmitt seinen Beethoven liebt?

Schon gegen Ende der Republik, fährt der Staatsrechtler fort, habe er erkannt und in seinen Schriften festgehalten, dass einfach zu viele Vermittlungsinstanzen existierten, umständlichste Verfahren, in deren Nischen Lobbyisten hockten, die den Staat in verschiedene Richtungen drängten. Da es im Rechtsstaat nun einmal Gesetze gebe, komme es darauf an, die Stimme des Souveräns durch deren Lücken hindurch zu vernehmen. Ein guter Richter tue das sowieso. Der Titel «Kronjurist des Dritten Reiches», den ihm, Schmitt, ein abtrünniger, in die Schweiz ausgewanderter Schüler verpasst habe, lenke im Übrigen von der Tatsache ab, dass er nie zum Führer vorgedrungen sei.

Man müsse bedenken, dass der seltsame Raum der Telekommunikation, an dem der kleine Landvermesser in Kafkas «Schloß» abpralle, auch für den Machthaber eine Qual sei. Selbst der absolute Fürst sei auf Informationen seiner Berater angewiesen. Eine Unmenge von Tatsachen und Meldungen, Vorschlägen und Vermutungen dringe Tag für Tag und Stunde für Stunde auf ihn ein. Aus dieser Flut von Wahrheit und Lüge könne auch der klügste und mächtigste Mensch höchstens einige Tropfen schöpfen.

Glanz und Elend des absoluten Fürsten, seufzt Furtwängler.

Wem es gelinge, so Schmitt, dem Machthaber einen Vortrag zu halten, der habe bereits Anteil an der Macht, gleichgültig, ob er ein verantwortlich zeichnender Minister sei oder auf andere Weise das Ohr des Machthabers zu finden wisse. So bleibt jede Macht fremden Einflüssen unterworfen. Oft sind Machthaber darüber in Zorn und Wut geraten. Sie haben versucht, sich anderweitig zu informieren, zuständige Ratgeber wurden in die Wüste geschickt. Vor jedem Raum direkter Macht bildet sich ein Vorraum indirekter Einflüsse und Gewalten, ein Korridor zur Seele des Machthabers oder ein Sperrkreis wie um die Befehlszentrale des Führerhauptquartiers, der Wolfsschanze.

Er, Schmitt, persönlich habe im Staatsrat die Chance gesehen, einen solchen Korridor zu schaffen. Immerhin habe er den Zugang zu Göring ermöglicht, der, wie es wohl auch den anderen Staatsräten erschienen sei, als Einziger das Format eines Staatsmanns besessen habe. Neidische SS-Juristen wie «SS-Höhn», dieses Arschloch, das in der Bundesrepublik als Ratgeber des Arbeitgeberverbands wieder zu hohem Ansehen gekommen sei, oder auch Otto Koellreutter hätten ihn als den einzig kompetenten Ratgeber ausgeschaltet. Hätte es einen weisen Souffleur im Ohr des Diktators und klare Befehlskanäle zur Basis des Volkes gegeben, wäre viel Unordnung verhindert worden. Er, Schmitt, habe nach 1936 nie mehr vor Staatsmikrophonen gesprochen, die seine Gedanken ohnehin nur verzerrt hätten.

Sprechen dürfen, denkt Gründgens, sprechen dürfen: Wie gern wäre der Staatsrechtler wohl Leiter der NS-Hochschullehrer im Rechtswahrerbund geblieben. Warum will dieser Mann nicht begreifen, dass sein Rausschmiss 1936 ein Glücksfall war? Andernfalls hätte man ihn womöglich wie Hans Frank in Nürnberg gehenkt.

Die Kafka-Geschichte war ein Coup des Causeurs, wie sie ihn erhofft haben. Ganz Schmitt, totaler Esprit – und wahrscheinlich hat er sogar recht.

Kafka, resümiert Schmitt: faszinierend, ja. Aber als Autor der amerikanischen *reeducation*, als Mentor der Schuldkultur, sei sein Ruf doch zweifelhaft. Er, Schmitt, habe seinem Schüler-Sekretär Armin Mohler einmal folgende Verse geschickt: «Der Deutsche hat jetzt keine Zeit, / Er muß jetzt Kafka lesen; / Er strengt sich an und ist bereit, / An Kafka zu genesen.»

Schmitt hat locker ein Bein über das andere geschlagen. Er liebt es neuerdings, sein kurzes Gestell mit feschen englischen Stoffen zu bekleiden.

Gesetze, verkündet der Staatsrechtler, um damit wirklich zum Ende zu kommen, gehörten zur Blendarchitektur des Rechtsstaats, wie man ihn heute wieder genießen dürfe. Er schlage vor, der neuen Republik mit dem Gelächter Gelimers zu begegnen.

Ratlosigkeit in der Runde. Gelimer?

Der Vandalenkönig Gelimer, bei Karthago von dem Heer Kaiser Justinians besiegt und als Gefangener in Konstantinopel vorgeführt, sei angesichts der Prachtbauten der Sieger in schallendes Gelächter ausgebrochen.

Gründgens reagiert auf die Bildungsreminiszenz mit überlegenem Lächeln. Explosives Lachen war auf seiner Bühne stets untersagt, Lächeln dagegen war ihm als Geste des Widerstands durch Anpassung lieb und teuer. Eines will er noch wissen: In Künstlerkreisen erzähle man sich, dass Schmitt seine berühmte Definition des Feindes mit einem Satz des Expressionisten Theodor Däubler zurückgenommen habe: Der Feind sei nur die eigene Frage als Gestalt, genau betrachtet, das Eigene in der Gestalt des Fremden.

Schmitt unterbricht ihn: Wieso *nur*?

Gründgens versteht diesen Satz nicht. Er klinge nach Selbsthass, rumore da etwa die Psychoanalyse?

Ausschlaggebend sei, wer den Satz lese, meint Schmitt. Er selbst habe ihn in beinahe identischem Wortlaut nicht etwa bei Sigmund Freud, sondern in Helmuth Plessners Schrift «Macht und menschliche Natur» von 1932 gelesen. Auf keinen Fall aber sei der Satz als Rücknahme seiner Freund-Feind-Definition zu verstehen, darüber ein andermal mehr, wenn es Gründgens interessiere.

Das, denkt der Schauspieler, kann nicht sein Ernst sein.

Ein kleines Haus in Plettenberg und die große Frage nach dem Feind. Ist er wirklich das Eigene in Gestalt des Fremden?

Der eine sieht tastend den anderen an, die Geister trennen sich auf Nimmerwiedersehen.

Gleich nachdem Gründgens gegangen ist – vor dem Öffnen der Tür hat er noch ein wenig mit der Schulter an der Tür gelehnt und mit einem Blick, der keinem Einzelnen mehr galt, den jetzt verlassenen Ort des Quartetts umfasst –, sucht Schmitt nach dem Schauspieler, dem Chirurgen und dem Musiker. Doch auch vor dem Haus – Schnee fällt – sieht er sie nicht.

# SCHLUSS: DIE ZWITSCHERMASCHINE

Das «Handorakel» des Jesuiten Balthasar Gracián aus dem Jahre 1647 geistert durch dieses Buch. Noch in den ersten Jahrzehnten des 20. Jahrhunderts diente das spanische Brevier vielen Männern, die sich in Form bringen wollten, als Ratgeber. Ganz anders liest Hans Blumenberg das «Handorakel» im Jahr 1982. In seinem Buch «Die Lesbarkeit der Welt» entdeckt er Gracián als ein Vorbild der Selbstverbergung. An die «Epoche des verborgenen Gottes», so Blumenberg, habe sich mit Graciáns Lehre eine Anthropologie des «verborgenen Menschen» angeschlossen: «Nicht mehr die Gottheit verbirgt sich vor ihren Geschöpfen in der Natur, sondern diese verbergen sich voreinander in ihrer Kultur.»[1] Verbergung sei für Gracián geradezu eine Wohltat, denn die Menschen «ertragen den Realismus ihrer Gegenseitigkeit nicht. Sie machen sich für einander unleserlich, um dieser Unerträglichkeit abzuhelfen.»[2]

Blumenberg zufolge nutzen Menschen ihre Sprachspiele, um eine beinahe undurchdringliche Mauer zwischen sich und der «Naturwelt» zu errichten. Sie verbergen sich in der «Vieldeutigkeit des Scheins des sozialen Austauschs»,[3] sofern dieser Austausch außerhalb der verschiedenen Künste und Wissenschaften überhaupt erwünscht ist.

Vielleicht lag darin der Grund für die Redseligkeit der vier Staatsräte bei ihren Treffen: Sie ertrugen den Realismus ihrer Gegenseitigkeit nicht und machten sich mit ihren Reden einander unleserlich.

Am 11. Oktober 1937 schickte Werner Krauss seinem Freund Erich Lissner eine Kunstpostkarte.[4] Sie stammte aus der Ausstellung «Entartete Kunst» und zeigte Paul Klees Aquarell «Die Zwitschermaschine». Die Reproduktion von Klees Bild sollte, massenhaft verbreitet, der Volksgemeinschaft die «Entartung» der modernen Künste – wahre Zersetzungsapparate des NS-Guten und NS-Schönen – vor Augen führen.

Krauss schickte die «Zwitschermaschine» ohne Kommentar. Was wollte er dem Freund mitteilen? Dass alle Propaganda, die todbringenden Gesetze zur ethnischen Säuberung der Nation, aber genauso die kleinen Inseln vernünftiger Gespräche Teile eines Zwitschersystems sind?

Alles, denke ich am Ende dieses Buchs über vier Exzentriker im NS-Staat, gerät in den Mechanismus einer «Zwitschermaschine», die ich mir wie eine Skulptur von Jean Tinguely vorstelle: die Widerstands- und Aufbauplanung des Staatrats Popitz, die Handzettel der Roten Kapelle, das Gebell des Terriers Heros, die Maximen Graciáns, die Führerhuldigungen Schmitts, die Dirigate Furtwänglers, der Roman von Krauss, das Gutachten Gadamers, die Protokolle der Senfgas-Experimente, Gründgens' Mephisto, die Stricke der Gehenkten, Akten des Reichssicherheitshauptamts, Traktate des Führerrechts, der Springbrunnen in Carinhall, Sauerbruchs Prothesen, Benns surreale Bilder, Görings pompöse Gesten … eine Text-Bild-Schädelstätte mit Namen GESCHICHTE – hinter dem Rücken der Bösen und Guten.

# ANMERKUNGEN

## Einleitung: Unheimliche Nachbarschaften

1 Gottfried Benn: Zum Thema: Geschichte. In: Ders.: Sämtliche Werke. 7 Bde. Hg. von Gerhard Schuster und Holger Hof. Bd. IV: Prosa 2 (1933–1945). Stuttgart 1989, S. 292 f.

2 Bemerkung der Redaktion zum Erstdruck von Gottfried Benn: Zum Thema: Geschichte. Ebd., S. 689.

3 Brief an Egmont Seyerlen vom 27. Februar 1933. Die beste Darstellung des Verhältnisses von Gottfried Benn zum NS-Staat findet sich in Klaus Theweleit: Buch der Könige 2x/2y. Orpheus am Machtpol. Frankfurt am Main 1994. Vgl. auch Helmut Lethen: Der Sound der Väter. Gottfried Benn und seine Zeit. Berlin 2006, S. 133–181.

4 Gottfried Benn: Briefe. 8 Bde. Bd. V: Briefe an Elinor Büller 1930–1937. Hg. von Marguerite Schlüter. Stuttgart 1992, S. 202.

5 Vgl. Eberhard Straub: Die Furtwänglers. Geschichte einer deutschen Familie. München 2008, S. 210.

6 Ein nachgelassenes Konzept aus dem Jahr 1933. Zit. n. Herbert Haffner: Furtwängler. Berlin 2003, S. 171.

7 Straub: Die Furtwänglers, S. 216.

8 Eine genaue Darstellung findet sich bei Reinhard Mehring: Carl Schmitt. Aufstieg und Fall. Eine Biographie. München 2009, S. 288–299.

9 Zit. n. ebd., S. 298.

10 Zit. n. ebd.

11 Rundfunkansprache vom 28. Oktober 1933, zit. n. Jörg Hauptmann: Ferdinand Sauerbruch und das Dritte Reich. Plädoyer für eine differenzierte Betrachtung. http://www.maik-foerster.de/pdf/joerg-hauptmann-sauerbruch_dossier.pdf, S. 15.

12 Carola Stern: Auf den Wassern des Lebens. Gustaf Gründgens und Marianne Hoppe. Köln 2005, S. 115.
13 Vgl. ebd., S. 124.
14 Ebd., S. 114.
15 Klaus Mann: Mephisto. Roman einer Karriere (1936). Reinbek bei Hamburg 1980, S. 331.
16 Pawel Pepperstein (im Interview mit Ekatarina Degot): Dialog über die Scham. In: Körpergedächtnis. Unterwäsche einer sowjetischen Epoche. Österreichisches Museum für Völkerkunde in Wien. Wien 2003, S. 58–66.

## I. Der Staatsrat

1 Anne C. Nagel: Johannes Popitz (1884–1945). Görings Finanzminister und Verschwörer gegen Hitler. Eine Biographie. Köln/Weimar/Wien 2015, S. 118 f.
2 Völkischer Beobachter, Berliner Ausgabe, 16. September 1933.
3 Vossische Zeitung, Morgen-Ausgabe, 15. September 1933.
4 Frankfurter Zeitung, 16. September 1933.
5 Völkischer Beobachter, 16. September 1933.
6 Frankfurter Zeitung, 16. September 1933.
7 Dirk Blasius: Carl Schmitt. Preußischer Staatsrat in Hitlers Reich. Göttingen 2001, S. 99.
8 Eine umfassende Darstellung der Eröffnung des Staatsrats findet sich bei Blasius: Carl Schmitt, S. 94–103.
9 Kölner Universitätsprofessor Dr. Carl Schmitt in den Preußischen Staatsrat berufen. In: Westdeutscher Beobachter, 12. Juli 1933, S. 1. Dort auch die Namen der berufenen Mitglieder.
10 Carl Schmitt: Staat, Bewegung, Volk. In: Der deutsche Staat der Gegenwart. Heft 1. Hamburg 1933, S. 35 f.
11 Völkischer Beobachter, 16. September 1933. Es finden sich unterschiedliche Angaben zur Anzahl der Staatsräte zum Zeitpunkt der Gründung. Nicht alle sind hier abgebildet.

12 Vgl. Walter Benjamin: Kleine Geschichte der Photographie. In: Ders.: Gesammelte Schriften. Hg. von Rolf Tiedemann und Hermann Schweppenhäuser. Bd. II: Aufsätze, Essays, Vorträge. Frankfurt am Main 1977, S. 381.

13 Rudolf Arnheim: Der neue Spießer-Spiegel (Weltbühne 13, 1926). In: Ders.: Zwischenrufe. Kleine Aufsätze aus den Jahren 1926–1940. Hg. von Ursula Madrasch-Groschopp. Leipzig / Weimar 1983, S. 12.

14 Die im Folgenden genannten Merkmale entnehme ich Friedrich Märker: Symbolik der Gesichtsformen. Physiognomik und Mimik. Erlenbach-Zürich 1933.

15 Reinhard Mehring: Vom Staatsrat zum Führerrat? Carl Schmitts Staatsrats-Projekt von 1933. In: Zeitschrift für neuere Rechtsgeschichte 37 (2015), S. 243.

16 Ebd., S. 249.

17 Vossische Zeitung, Morgen-Ausgabe, 15. September 1933.

18 Mehring: Vom Staatsrat zum Führerrat?, S. 243.

19 Carl Schmitt: Glossarium. Aufzeichnungen aus den Jahren 1947 bis 1958. Erweiterte, berichtigte und kommentierte Neuausgabe. Hg. von Gerd Giesler und Martin Tielke. Berlin 2015, S. 252.

20 Vossische Zeitung, Morgen-Ausgabe, 15. September 1933.

21 Andreas Koenen: Der Fall Carl Schmitt. Sein Aufstieg zum «Kronjuristen des Dritten Reiches». Darmstadt 1995, S. 447.

22 Ebd., S. 443.

23 Den Wortlaut der Rede entnehme ich dem bereits zitierten Artikel aus der «Frankfurter Zeitung» vom 16. September 1933.

24 Ebd.

25 Die genaueste Recherche findet sich bei Blasius: Carl Schmitt, S. 86 ff.

26 Ebd.

27 Koenen: Der Fall Carl Schmitt, S. 436.

28 Wortlaut von Edgar Salin, zit. n. ebd., S. 437.

29 Mehrings These in Ders.: Vom Staatsrat zum Führerrat?

30 Niklas Frank: Der Vater. Eine Abrechnung. München o. J., S. 97.

31 Oswald Spengler: Jahre der Entscheidung. Deutschland und die weltgeschichtliche Entwicklung. Graz 2007, S. 173.

32 Ebd.

33 Günther Gründel: Jahre der Überwindung. Breslau 1934, S. 65 f. Zit. n. Frank Lissons Vorwort zu Spengler: Jahre der Entscheidung, S. 19.

34 Zit. n. ebd.

35 Ich folge einer These von Richard Overy: Hermann Göring. Machtgier und Eitelkeit. München 1986, S. 46 ff.

36 Overy: Hermann Göring, S. 58 ff.

37 Manfred Overesch: Das Dritte Reich 1933–1939. Eine Tageschronik der Politik, Wirtschaft, Kultur. Düsseldorf 1982, S. 144.

38 Ebd., S. 145.

39 Mathilde Jamin: Das Ende der «Machtergreifung». Der 30. Juni 1934 und seine Wahrnehmung in der Bevölkerung. In: Wolfgang Michalka (Hg.): Die nationalsozialistische Machtergreifung. Paderborn u. a. 1984, S. 207–219, S. 213. Zit. n. Koenen: Der Fall Carl Schmitt, S. 600.

40 Vgl. Schmitt: Tagebücher 1930 bis 1934, S. 461.

41 Carl Schmitt: Der Leviathan in der Staatslehre des Thomas Hobbes. Sinn und Fehlschlag eines politischen Symbols (1938). Hg. von Günter Maschke. Stuttgart 1982, S. 47.

42 Nicolaus Sombart: Jugend in Berlin 1933–1943. München 1984, S. 252.

43 Otto Koellreutter: Leviathan und totaler Staat. In: Reichsverwaltungsblatt, 17. September 1938, S. 805 f. Zit. n. Günter Maschkes Nachwort in Schmitt: Der Leviathan in der Staatslehre des Thomas Hobbes, S. 196.

44 Gerhard Stadelmaier: Gottvaters Bühne in entleerten Himmeln. In: Frankfurter Allgemeine Zeitung, 13. Oktober 1998, S. 43. Vgl. dazu auch Helmut Lethen: Über das Spiel von Infamien. In: Ulrich Ott / Roman Luckscheiter (Hg.): Belles lettres / Graffiti. Soziale Phantasien und Ausdrucksformen der Achtundsechziger. Göttingen 2001, S. 53–66.

45 Stadelmaier: Gottvaters Bühne in entleerten Himmeln.
46 Klaus Völker: Mit irrem Lachen in eisiger Stille. In: Der Tagesspiegel, 13. Oktober 1998, S. 25.
47 Ebd.
48 Dieter Dorn in: Stimmen zum Tode von Bernhard Minetti. In: Der Tagesspiegel, 13. Oktober 1998, S. 25.
49 Völker: Mit irrem Lachen in eisiger Stille.
50 Joachim Kaiser: Ganz Sprachgebärde, wilde Emphase. In: Süddeutsche Zeitung, 13. Oktober 1998, S. 15.
51 Sibylle Wirsing: Kein Held und doch der König. In: Die Zeit, 15. Oktober 1998, S. 57.
52 Stadelmaier: Gottvaters Bühne in entleerten Himmeln.
53 Stern: Auf den Wassern des Lebens, S. 121.
54 Marianne Hoppe in: Stimmen zum Tode von Bernhard Minetti. In: Der Tagesspiegel, 13. Oktober 1998, S. 25.
55 Mitteilung von Hanns Zischler im Oktober 2016.
56 Wirsing: Kein Held und doch der König.
57 Stadelmaier: Gottvaters Bühne in entleerten Himmeln.
58 Ebd.
59 Vgl. Helmut Lethen: Verhaltenslehre der Kälte. Lebensversuche zwischen den Kriegen. Frankfurt am Main 1994, S. 75–95.
60 Vgl. Helmuth Plessner: Grenzen der Gemeinschaft. Eine Kritik des sozialen Radikalismus (1924). In: Ders.: Gesammelte Schriften. 10 Bde. Hg. von Günter Dux, Odo Marquard und Elisabeth Ströker. Bd. V: Macht und menschliche Natur. Frankfurt am Main 1981, S. 7–134, S. 113–134.
61 Ebd., S. 82.
62 Helmuth Plessner: Macht und menschliche Natur (1931). In: Ders.: Gesammelte Schriften. Bd. V, S. 135–234, S. 147.
63 Ebd., S. 102.
64 Marcel Mauss: Der Begriff der Technik des Körpers (1934). In: Ders.: Soziologie und Anthropologie. Bd. II. Frankfurt am Main/Berlin/Wien 1978, S. 199–220, S. 219.

65 Plessner: Macht und menschliche Natur, S. 141.
66 Ebd., S. 225.
67 Christoph Dejung: Plessner. Ein deutscher Philosoph zwischen Kaiserreich und Bonner Republik. Zürich 2003, S. 343.
68 Plessner: Grenzen der Gemeinschaft, S. 124.
69 Dieter Wellershoff: Nachwort des Herausgebers. In: Gottfried Benn: Gesammelte Werke. 4 Bde. Hg. von Dieter Wellershoff. Bd. I: Autobiographische Schriften. Wiesbaden 1961, S. 643.
70 Gottfried Benn: Rede auf Stefan George. In: Ders.: Sämtliche Werke. Bd. IV, S. 100–112, S. 108.
71 Martin Heidegger: Sein und Zeit (1927). In: Ders.: Gesamtausgabe. Abt. 1, Bd. 2. Hg. von Friedrich-Wilhelm von Herrmann. Frankfurt am Main 1978, S. 244 f.
72 Günter Gaus im Gespräch mit Gustaf Gründgens (1963). https://www.youtube.com/watch?v=jvMo9U8Lxdo.
73 Gottfried Benn: Von Uexküll (1944). In: Ders.: Sämtliche Werke. 7 Bde. Hg. von Gerhard Schuster und Holger Hof. Bd. IV: Prosa 2 (1933–1945). Stuttgart 1989, S. 350.
74 Carl Schmitt: Der Schatten Gottes. Introspektionen, Tagebücher und Briefe 1921 bis 1924. Hg. von Gerd Giesler, Ernst Hüsmert und Wolfgang H. Spindler. Berlin 2014, S. 519.
75 Haffner: Furtwängler, S. 196.
76 Michael Custodis: Kunst als politisches Vakuum? Anmerkungen zu Wilhelm Furtwänglers Musikverständnis. Beitrag auf der Konferenz «Das brillante Quartett des Preußischen Staatsrats 1933–1945. Carl Schmitt, Ferdinand Sauerbruch, Gustaf Gründgens, Wilhelm Furtwängler» des Internationalen Forschungszentrums Kulturwissenschaften in Wien vom 16. bis 18. November 2015.
77 Straub: Die Furtwänglers, S. 255.
78 Ebd., 247.
79 Einwurf von Ulrich Herbert auf der oben genannten IFK-Konferenz.
80 Carl Schmitt: Ex captivitate salus. Erfahrungen der Zeit 1945/47. Berlin 2015, S. 16.

81 Ich folge Hans Dieter Schäfer: Das gespaltene Bewusstsein. Vom Dritten Reich bis zu den langen Fünfziger Jahren. München 1981. Ich zitiere nach der erweiterten Auflage Göttingen 2009.

82 Heimito von Doderer: Ein Mord, den jeder begeht. Roman (1938). München 2016, S. 202.

83 Schäfer: Das gespaltene Bewusstsein, S. 9. Zitat aus Richard Grunberger: Das zwölfjährige Reich. Der Deutschen Alltag unter Hitler. Wien 1972.

84 Schäfer: Das gespaltene Bewusstsein, S. 66. Zitat aus Hilde Thurnwald: Gegenwartsprobleme der Berliner Familien. Eine soziologische Untersuchung an 498 Familien. Berlin 1948, S. 146.

85 Schäfer: Das gespaltene Bewusstsein, S. 321. Zitat aus Imre Kertész: Galeerentagebuch. Berlin 1993, S. 270.

86 Schäfer: Das gespaltene Bewusstsein, S. 36.

87 Ulrich Herbert: Geschichte Deutschlands im 20. Jahrhundert. München 2014, S. 466 ff.

88 Ebd., S. 466.

89 Ebd., S. 485 ff.

90 Ebd., S. 486.

91 Ulrich Herbert bezieht sich auf Knud von Harbou: Wege und Abwege. Franz Josef Schöningh, der Mitbegründer der Süddeutschen Zeitung. Eine Biografie. München 2013, S. 137.

92 Herbert: Geschichte Deutschlands im 20. Jahrhundert, S. 486 f.

93 Vgl. Fritz Breithaupt: Die dunklen Seiten der Empathie. Berlin 2017.

94 Ebd., S. 131.

95 Straub: Die Furtwänglers, S. 234.

96 Die Resultate der Forschung zur Kaiser-Wilhelm-Gesellschaft im Nationalsozialismus wurden von 2002 bis 2008 in siebzehn Bänden im Wallstein Verlag publiziert. Zum Teil wurden die Ergebnisse auch in Online-Artikeln dargelegt. 2010 veröffentlichte der US-amerikanische Historiker Mitchell G. Ash eine Rezension aller Bände der Monographiereihe: Die Kaiser-Wilhelm-Gesellschaft im

Nationalsozialismus. In: Zeitschrift für Geschichte der Wissenschaften, Technik und Medizin 18 (2010), S. 79–118.

97 Eckart Henning: Max Planck im «Dritten Reich». In: Lorenz Friedrich Beck (Hg.): Max Planck und die Max-Planck-Gesellschaft zum 150. Geburtstag am 23. April 2008. Aus den Quellen zusammengestellt vom Archiv der Max-Planck-Gesellschaft. Berlin 2008, S. 35–60, S. 45.

98 Astrid von Pufendorf: Die Plancks. Eine Familie zwischen Patriotismus und Widerstand. Berlin 2006, S. 459. Zit. n. Henning: Max Planck im «Dritten Reich», S. 55.

99 Ebd.

100 Ebd., S. 49.

101 Ich orientiere mich an der oben erwähnten Monographienreihe zur Kaiser-Wilhelm-Gesellschaft im Nationalsozialismus. Hilfreich waren auch die vorab im Internet präsentierten Abstracts der verschiedenen noch in Arbeit befindlichen Monographien.

102 Vgl. Rüdiger Hachtmann: Wissenschaftsmanagement im «Dritten Reich». Geschichte der Generalverwaltung der Kaiser-Wilhelm-Gesellschaft. Göttingen 2007. Zit. n. Ash: Die Kaiser-Wilhelm-Gesellschaft im Nationalsozialismus, S. 110.

103 Ebd.

104 Joseph Goebbels: Tagebücher aus den Jahren 1942–1943. Hg. von Louis Paul Lochner. Zürich 1948, S. 342.

105 Vgl. Helmut Maier (Hg.): Rüstungsforschungen im Nationalsozialismus. Göttingen 2002.

106 Ash: Die Kaiser-Wilhelm-Gesellschaft im Nationalsozialismus, S. 90.

107 Vgl. Hans-Walter Schmuhl (Hg.): Rassenforschung an den Kaiser-Wilhelm-Instituten vor und nach 1933. Göttingen 2003.

108 Ash: Die Kaiser-Wilhelm-Gesellschaft im Nationalsozialismus, S. 84.

109 Vgl. Heiko Stoff: Adolf Butenandt in der Nachkriegszeit, 1945–1956. Reinigung und Assoziierung. In: Wolfgang Schieder / Achim Trunk

(Hg.): Adolf Butenandt und die Kaiser-Wilhelm-Gesellschaft. Wissenschaft, Industrie und Politik im ‹Dritten Reich›. Göttingen 2004, S. 368–402.

110 Schäfer: Das gespaltene Bewusstsein, S. 51.

111 Armin Mohler: Der Nasenring. Im Dickicht der Vergangenheitsbewältigung, Essen 1989, S. 61 f.

112 Ebd., S. 76.

113 Scholder, Klaus (Hg.): Die Mittwochs-Gesellschaft. Protokolle aus dem geistigen Deutschland 1932 bis 1944. Berlin 1982, S. 11. Eine hervorragende Dokumentation, die, um alle Gesprächsprotokolle erweitert, wiederaufgelegt werden sollte. Am 25. September 1996 trafen sich in einer neuen Mittwochs-Gesellschaft unter Federführung von Marion Gräfin Dönhoff wiederum sechzehn Persönlichkeiten, um die Tradition fortzusetzen. Vgl. Die neue Mittwochsgesellschaft (Hg.): Gespräche über Probleme von Bürger und Staat. Stuttgart 1998.

114 Scholder (Hg.): Die Mittwochs-Gesellschaft, S. 14.

115 Paul Fechter: Menschen und Zeiten. Begegnungen aus fünf Jahrzehnten. Gütersloh 1949, S. 381.

116 Scholder (Hg.): Die Mittwochs-Gesellschaft, S. 15.

117 So kennzeichnet Werner Krauss die Haltung der Romanisten in Marburg während des Dritten Reichs. Vgl. Werner Krauss: Marburg unter dem Nazi-Regime. In: Peter Jehle, Peter-Volker Springborn (Hg.): Werner Krauss. Ein Romanist im Widerstand. Briefe an die Familie und andere Dokumente. Berlin 2004, S. 63–70; außerdem das Vorwort von Peter Jehle, S. 15.

118 Fechter: Menschen und Zeiten, S. 371.

119 Ebd., S. 355.

120 Ebd., S. 347.

121 Scholder (Hg.): Die Mittwochs-Gesellschaft, S. 21.

122 Zit. n. Werner Weisbach: Geist und Gewalt (Lebenserinnerungen 1902–1940). Wien 1956, S. 340.

123 Hauptmann: Ferdinand Sauerbruch und das Dritte Reich, S. 20.

124 Scholder (Hg.): Die Mittwochs-Gesellschaft, S. 56.
125 Weisbach: Geist und Gewalt, S. 339.
126 Scholder (Hg.): Die Mittwochs-Gesellschaft, S. 38.
127 Scholder (Hg.): Die Mittwochs-Gesellschaft, S. 212–214.
128 Fechter: Menschen und Zeiten, S. 349.
129 Ebd., S. 350.
130 Scholder (Hg.): Die Mittwochs-Gesellschaft, S. 349.
131 Ebd.
132 Vgl. Michael Wildt: Die Generation des Unbedingten. Das Führungskorps des Reichssicherheitshauptamtes. Hamburg 2002.
133 Oswald Spengler: Der Mensch und die Technik. Beitrag zu einer Philosophie des Lebens. München 1931, S. 69.

## II. Geistergespräche, *Erster Teil*

1 Gottfried Benn in: Ders.: Sämtliche Werke. Bd. III, S. 89, 65.
2 Ebd., S. 89.
3 Die Zahl der Opfer schwankt in der Forschung zwischen neunzig und zweihundert.
4 Zit. n. Koenen: Der Fall Carl Schmitt, S. 608.
5 Carl Schmitt: Der Führer schützt das Recht (1934). In: Ders.: Positionen und Begriffe. Berlin 1994, S. 227–238, S. 228.
6 Heinrich Henkel: Strafrichter und Gesetz im neuen Staat. Die geistigen Grundlagen. Herausgegeben in der Schriftenreihe «Der deutsche Staat der Gegenwart» vom preußischen Staatsrat Prof. Dr. Carl Schmitt. Hamburg 1934.
7 Zit. n. Koenen: Der Fall Carl Schmitt, S. 603.
8 Zit. n. ebd., S. 622.
9 Zit. n. ebd.
10 Horst Bredekamp: Der Behemoth. Metamorphosen des Anti-Leviathan (Carl-Schmitt-Vorlesungen). Berlin 2016, S. 76.
11 Schmitt: Der Leviathan in der Staatslehre des Thomas Hobbes, S. 69.

12 Schmitt: Glossarium, S. 149.
13 Ebd., S. 111.
14 Kretschmer: Körperbau und Charakter, S. 302 (Die Mordtat eines Athletischen), S. 351 (Die Mordtat eines Leptosomen) und S. 352 (Die Mordtat eines Pyknikers).
15 Zit. n. Max Kaindl-Hönig (Hg.): Resonanz. 50 Jahre Kritik der Salzburger Festspiele. Salzburg 1971, S. 145.
16 Benn: Zum Thema: Geschichte, S. 292.
17 Beobachtung von Ingo Zechner, Wien.
18 Völkischer Beobachter, 8. Dezember 1942.
19 Haffner: Furtwängler, S. 252.
20 Vgl. Winfried Meyer: Nachwort. In: Hans von Dohnanyi: «Mir hat Gott keinen Panzer ums Herz gegeben». Briefe aus Militärgefängnis und Gestapohaft 1943–1945. Hg. von Winfried Meyer. München 2015, S. 210 f.
21 Vgl. Yrsa von Leistner: Ich erlebte Sauerbruch. Tatsachenbericht. In: Der Tagesspiegel, 13. Dezember 1953–8. Januar 1954. Hinweis von Winfried Meyer.
22 Schmitt: Tagebücher 1930 bis 1934, S. 310.
23 Ebd., S. 277 f.
24 Ernst Niekisch: Das Reich der niederen Dämonen. Hamburg 1953, S. 67.
25 Schmitt: Tagebücher 1930 bis 1934, S. 283.
26 Ebd., S. 278.
27 Ebd., S. 279.
28 Ebd.
29 Ebd., S. 280.
30 Ebd.
31 Carl Schmitt: Eröffnung der wissenschaftlichen Vorträge durch den Reichsgruppenverwalter Staatsrat Prof. Dr. Carl Schmitt. In: Das Judentum in der Rechtswissenschaft. Ansprachen, Vorträge und Ergebnisse der Tagung der Reichsgruppe Hochschullehrer des NSRB am 3. und 4. Oktober 1936. 1. Die deutsche Rechtswissen-

schaft im Kampf gegen den jüdischen Geist. Berlin 1936, S. 14–17, S. 14.

32 Vgl. Noack: Carl Schmitt, S. 203 ff.

33 Schmitt: Eröffnung der wissenschaftlichen Vorträge, S. 16.

34 Walter Benjamin: Notizen Svendborg Sommer 1934. In: Ders.: Gesammelte Schriften. Bd. VI: Fragmente vermischten Inhalts. Autobiographische Schriften. Hg. von Hermann Schweppenhäuser und Rolf Tiedemann. Frankfurt am Main 1985, S. 523–532, S. 528.

35 3. Paralleltagebuch, 26. Juli 1930. In: Schmitt: Tagebücher 1930 bis 1934, S. 451.

36 Aus unveröffentlichten Notizen, mitgeteilt von Gerd Giesler.

37 Schmitt: Der Schatten Gottes, S. 409.

38 Vgl. Peter Sloterdijk: Das Schelling-Projekt. Berlin 2016, S. 135.

39 Schmitt: Tagebücher 1930 bis 1934, S. 258.

40 Ebd., S. 259.

41 In Anlehnung an Heimito von Doderer: Repertorium. Ein Begreifbuch von höheren und niederen Lebens-Sachen, München 1994, S. 24.

42 Schmitt: Tagebücher 1930 bis 1934, S. 77.

43 Ebd., S. 286.

44 Schmitt: Der Schatten Gottes, S. 462.

45 Ebd., S. 238.

46 Schmitt: Tagebücher 1930 bis 1934, S. 449.

47 Ebd., S. 109.

48 Schmitt: Der Schatten Gottes, S. 176.

49 Schmitt: Tagebücher 1930 bis 1934, S. 209.

50 Ebd., S. 277, 230, 253, 261, 264, 269.

51 Schmitt: Der Schatten Gottes, S. 475.

52 Ebd., S. 431.

53 Eine Formel, mit der Martin Mosebach den Verfall der Formen römischer Liturgie in der katholischen Kirche bezeichnet hat. Vgl. Martin Mosebach: Häresie der Formlosigkeit. Die römische Liturgie und ihr Feind. München 2007.

54 Ebd., S. 176.
55 Heimito von Doderer: Repertorium. Ein Begreifbuch von höheren und niederen Lebens-Sachen. München 1994, S. 43.
56 Schmitt: Der Schatten Gottes, S. 461.
57 Henning Ritter: Der Körper ist mein erster Feind. Carl Schmitt in seinen Tagebüchern von 1912 bis 1915. In: Frankfurter Allgemeine Zeitung, 8. Dezember 2008, S. 15.
58 Schmitt: Tagebücher 1930 bis 1934, S. 450.
59 Schmitt: Der Schatten Gottes, S. 493.
60 Carl Schmitt: Politische Romantik (1919). Berlin 1982, S. 25.
61 Gottfried Benn / Friedrich Wilhelm Oelze: Briefwechsel 1932–1956. Hg. von Harald Steinhagen, Stephan Kraft und Holger Hof. Bd. 1. Göttingen 2016, S. 168.
62 Schmitt: Tagebücher 1930 bis 1934, S. 113.
63 Ebd., S. 322.
64 Ebd.
65 Ernst Jünger: Das Abenteuerliche Herz. Figuren und Capriccios. Stuttgart 1979, S. 140 f.
66 Jakob von Uexküll / Georg Kriszat: Streifzüge durch die Umwelten von Tieren und Menschen. Ein Bilderbuch unsichtbarer Welten. Frankfurt am Main 1983.
67 Jünger: Das Abenteuerliche Herz, S. 141.
68 Ebd.
69 Ebd., S. 143.
70 Konrad Lorenz: Die Rückseite des Spiegels. Versuch einer Naturgeschichte menschlichen Erkennens. München 1977, S. 18.
71 Jünger: Das Abenteuerliche Herz, S. 144 f.
72 Martin Heidegger: Die Grundbegriffe der Metaphysik. Welt – Endlichkeit – Einsamkeit. In: Ders.: Gesamtausgabe. Abt. 2, Bd. 29/30: Vorlesungen 1923–1944. Frankfurt am Main 1992, S. 383.
73 Ebd., S. 377.
74 Ernst Jünger: Kaukasische Aufzeichnungen. In: Ders.: Strahlungen I. Stuttgart 1980, S. 409–495, S. 443.

75 Jens Wehner: Stalingrad. In: Stalingrad. Hg. von Gorch Pieken, Matthias Rogg, Jens Wehner, Militärhistorisches Museum der Bundeswehr. Dresden 2013, S. 11–35, S. 13.

76 Vgl. Aristotle A. Kallis: Der Niedergang der Deutungsmacht. In: Das Deutsche Reich und der Zweite Weltkrieg. 10 Bde. Bd. 9/2: Die deutsche Kriegsgesellschaft 1939 bis 1945. München 2005, S. 221. Zit. n. Wehner: Stalingrad, S. 29.

77 Vgl. Helmut Lethen: Stalingrad als Geschichtszeichen. In: Heinz Dieter Kittsteiner (Hg.): Geschichtszeichen. Köln/Weimar/Berlin 1999, S. 153–180.

78 Noack: Carl Schmitt, S. 214.

79 Ebd., S. 219.

80 Heinz Dieter Kittsteiner: Einleitung. In: Ders. (Hg.): Geschichtszeichen. Köln/Weimar/Berlin 1999, S. 7–14.

81 Alle Angaben nach Wehner: Stalingrad, S. 254 ff.

82 Ebd.

83 Ich folge Michael Kumpfmüller: Die Schlacht von Stalingrad. Metamorphosen eines deutschen Mythos. München 1995.

84 Theodor Plievier: Stalingrad. Berlin 1946, S. 98.

85 Kumpfmüller: Die Schlacht von Stalingrad, S. 118 ff.

86 Diesen Aspekt betonten Volkhard Knigge und Sabine Behrenbeck in den Diskussionen auf einer Tagung über Geschichtszeichen im Künstlerhaus Schloss Wiepersdorf (1997), die Heinz Dieter Kittsteiner konzipiert hatte.

87 Kumpfmüller: Die Schlacht von Stalingrad, S. 27.

88 Ebd., S. 31.

89 Ebd., S. 36.

90 Ernst Jünger: Strahlungen II. Stuttgart 1980, S. 13.

91 Wehner: Stalingrad, S. 254 ff.

92 Zit. n. Overesch: Das Dritte Reich 1933–1939, S. 343.

93 Rudolf Bilz: Die Intention zur motorischen Verkürzung und Elevation der Extremitäten im Zwangserleben. In: Der Nervenarzt 27 (1956), S. 104.

94 Plievier: Stalingrad, S. 255.
95 Michael Rohrwasser: Theodor Plieviers Kriegsbilder. In: Ursula Heukenkamp (Hg.): Schuld und Sühne? Kriegserlebnis und Kriegsdeutung in deutschen Medien der Nachkriegszeit (1945–1961). Amsterdam / Atlanta 2001, S. 139–153.
96 Rohrwasser: Theodor Plieviers Kriegsbilder, S. 152.
97 Plievier: Stalingrad, S. 378.
98 Wehner: Stalingrad, S. 18.
99 Rohrwasser: Theodor Plieviers Kriegsbilder, S. 151.
100 Blubacher: Gustaf Gründgens, S. 62–66.
101 Stern: Auf den Wassern des Lebens, S. 195.
102 Zit. n. ebd., S. 197.
103 Blubacher: Gustaf Gründgens, S. 65.
104 Stern: Auf den Wassern des Lebens, S. 206.
105 Gründgens: Briefe, Aufsätze, Reden, S. 73.
106 Noack: Carl Schmitt, S. 207.
107 Ebd., S. 222.
108 Ebd., S. 223.
109 Mehring: Carl Schmitt, S. 410–418.
110 Ebd., S. 411.
111 Zit. n. Noack: Carl Schmitt, S. 234.
112 Hauptmann: Ferdinand Sauerbruch und das Dritte Reich, S. 22.
113 Ebd., S. 20.
114 Vgl. Straub: Die Furtwänglers, S. 233–247.
115 Zit. n. Haffner: Furtwängler, S. 251.
116 Ebd., S. 273.
117 Ebd., S. 278.
118 Bernd W. Wessling: Furtwängler. Eine kritische Biographie. Stuttgart 1981, S. 373.
119 Haffner: Furtwängler, S. 297.
120 Wolfgang Schwiedrzik hat mich auf Marianne Feuersengers Aufzeichnungen aufmerksam gemacht: Mein Kriegstagebuch. Führerhauptquartier und Berliner Wirklichkeit. Freiburg 1982.

121 Felix Hartlaub: Im Sperrkreis. Aufzeichnungen aus dem Zweiten Weltkrieg. Frankfurt am Main 1984, S. 168.
122 Wolfram Pyta: Hitler. Der Künstler als Politiker und Feldherr. Eine Herrschaftsanalyse. München 2015, S. 323.
123 Feuersenger: Mein Kriegstagebuch, S. 124.
124 Vgl. Ebd., S. 103 ff.
125 Vgl. Pyta: Hitler, S. 342.
126 Feuersenger: Mein Kriegstagebuch, S. 98.
127 Ebd., S. 106.
128 Ebd., S. 135.
129 Felix Hartlaub: Aufzeichnungen aus dem Führerhauptquartier. In: Ders.: In den eigenen Umriss gebannt. Kriegsaufzeichnungen, literarische Fragmente und Briefe aus den Jahren 1939 bis 1945. Hg. von Gabriele Lieselotte Ewenz. Frankfurt am Main 2007, S. 198.
130 Percy Ernst Schramm: Hitler als militärischer Führer. Erkenntnisse und Erfahrungen aus dem Kriegstagebuch des Oberkommandos der Wehrmacht. Frankfurt am Main 1962. Zit. n. Monika Marose: Unter der Tarnkappe. Felix Hartlaub. Eine Biographie. Berlin 2005, S. 162.
131 Hartlaub: Aufzeichnungen aus dem Führerhauptquartier, S. 200.
132 Hartlaub: Im Dickicht des Südostens. In: Ders.: In den eigenen Umriss gebannt, S. 167–216, S. 199.
133 Ebd., S. 169, 199.
134 Man vergleiche die offizielle Version «Die Entwicklung im Südosten vom 1. April bis 31. Dezember 1944» im Band 7.1 des Kriegstagebuchs, S. 632–727. Zit. n. Hartlaub: In den eignen Umriss gebannt, Bd. 2, S. 84.
135 Marose: Unter der Tarnkappe, S. 134.
136 Hartlaub: Aufzeichnungen aus dem Führerhauptquartier, S. 190.
137 Ebd., S. 190.
138 Ebd., S. 184.
139 Ebd., S. 219.
140 Ebd., S. 185.

141 Felix Hartlaub: Don Juan d'Austria und die Schlacht bei Lepanto (1940). Hg. von Wolfram Pyta und Wolfgang M. Schwiedrzik. Neckargemünd/Wien 2017.

142 Marianne Feuersenger: Im Vorzimmer der Macht. Aufzeichnungen aus dem Wehrmachtsführungsstab und dem Führerhauptquartier. München 1999, S. 207. Auf diesen Aspekt macht Wolfgang Schwiedrzik aufmerksam: Hartlaub: Don Juan d'Austria und die Schlacht bei Lepanto, S. 22 ff.

143 Hartlaub: Don Juan d'Austria und die Schlacht bei Lepanto, S. 200.

144 Hartlaub: Aufzeichnungen aus dem Führerhauptquartier, S. 155.

145 Ebd., S. 162.

146 Gottfried Benn: Züchtung (1933). In: Ders.: Sämtliche Werke. 7 Bde. Hg. von Gerhard Schuster und Holger Hof. Bd. IV: Prosa 2 (1933–1945). Stuttgart 1989, S. 38 f.

147 Hartlaub: Aufzeichnungen aus dem Führerhauptquartier, S. 184.

148 Ebd., S. 206.

149 Ebd., S. 207.

150 Benn: Züchtung, S. 38.

151 Benn: Züchtung, S. 40.

152 Feuersenger: Im Vorzimmer der Macht, S. 118.

153 Ebd., S. 134.

## III. Schreiben in Todeszellen

1 Schmitt: Glossarium, S. 42.

2 Ebd., S. 132. Schmitt zitiert aus Walter Schubart: Dostojewski und Nietzsche. Luzern 1939, S. 35. Die Herausgeber des «Glossariums» machen darauf aufmerksam, dass Schmitt das Originalzitat von Schubart Nietzsche zuschreibt und es verändert. Der zweite Teil des Satzes heißt bei ihm: «lieber das Böse, als das Bürgerliche, die Mitte». Vgl. Schmitt: Glossarium, S. 454.

3 Ebd., S. 350.

4 Erstes Paralleltagebuch, 6. Dezember 1931. In: Schmitt: Tagebücher 1930 bis 1934, S. 384.
5 Schmitt: Glossarium, S. 39.
6 Nagel: Johannes Popitz (1884–1945), S. 10.
7 Die Schreibsituation im Gefängnis ist intensiv beschrieben bei Ottmar Ette: Der Romanist als Romancier. Eine Lebenslehre als Überlebenswissen. In: Ders.: Überlebenswissen. Die Aufgabe der Philologie. Berlin 2004, S. 97–122.
8 Peter Härtling: Nachwort. In: Werner Krauss: PLN. Die Passionen der halykonischen Seele (1946). Frankfurt am Main 1983, S. 317.
9 Das Foto findet sich in Nagel: Johannes Popitz (1884–1945), S. 117.
10 Hanns Lilje: Im finsteren Tal. Rechenschaft einer Haft. Hamburg 1963, S. 122.
11 Auch dieses Foto findet sich bei Nagel, a. a. O., S. 190.
12 Ich folge hier weitgehend der Biographie von Anne C. Nagel.
13 Nagel: Johannes Popitz (1884–1945), S. 35 f.
14 Vgl. Florian Meinel: Der Beamtenpolitiker Johannes Popitz. In: Zeitschrift für Ideengeschichte XI / 1 (2017), S. 118–127, S. 124.
15 Nagel: Johannes Popitz (1884–1945), S. 83.
16 Schmitt: Glossarium. S. 151.
17 Overy: Hermann Göring, S. 129.
18 Niekisch: Das Reich der niederen Dämonen, S. 89.
19 Ebd., S. 90.
20 Zit. n. ebd., S. 92.
21 Schmitt: Tagebücher 1930 bis 1934, S. 461.
22 Ebd., S. 287.
23 Ebd., S. 288.
24 Hassell, Ulrich von: Die Hassell-Tagebücher 1938–1944. Aufzeichnungen vom Anderen Deutschland. Hg. von Friedrich Freiherr Hiller von Gaertringen. Nach der Handschrift revidierte und erweiterte Ausgabe unter Mitarbeit von Peter Reiß. Berlin 1988.
25 Ebd., S. 317.
26 Ebd., S. 328.

27 Ebd., S. 197.

28 Ebd., S. 328.

29 Ebd., S. 294.

30 Ebd., S. 311, 369.

31 Ebd., S. 308.

32 Peter Hoffmann: Ludwig Beck. Oberhaupt der Verschwörer. In: Klemens von Klemperer / Enrico Syring / Rainer Zitelmann (Hg.): Das Attentat. Die Männer des 20. Juli 1944. Berlin 1994, S. 26–43, S. 39.

33 Hassell: Die Tagebücher 1938–1944, S. 178.

34 Gerhard Ritter: Carl Goerdeler und die deutsche Widerstandsbewegung. München 1964, S. 330.

35 Nagel: Johannes Popitz (1884–1945), S. 140.

36 Johannes Popitz: Dem Gedächtnis Karl Friedrich Schinkels. In: Die Antike. Zeitschrift für Kunst und Kultur des Klassischen Altertums. Hg. von Wolfgang Schadewaldt, Bernhard Schweitzer und Johannes Stroux. 18. Band. Berlin 1942, S. 1–9. Für den Hinweis und die Kopie des Artikels danke ich Julia Hell, University of Michigan, Ann Arbor.

37 Ebd., S. 9.

38 Winfried Meyer: Kampf gegen das «Ende Deutschlands» und Verteidigung der «ewigen Güter Europas». Hans von Dohnanyis Opposition im Reichsjustizministerium und Widerstand aus dem Amt Ausland / Abwehr. Unveröffentlichtes Manuskript 2015.

39 Nach einer Mitteilung von Johannes von Moltke, Ann Arbor, 2. Februar 2017.

40 Hassell: Die Tagebücher 1938–1944, S. 470.

41 Nagel: Johannes Popitz (1884–1945), S. 191.

42 Jehle / Springborn (Hg.): Werner Krauss, S. 101.

43 Nagel: Johannes Popitz (1884–1945), S. 10.

44 Anne C. Nagel hat mir sechzig Seiten der Abschriften zur Verfügung gestellt.

45 Vgl. Ette: Der Romanist als Romancier.

46 Schmitt: Glossarium, S. 42.

47 Cornelia Vismann: Akten. Medientechnik und Recht. Frankfurt am Main 2001, S. 299.

48 Wolfram Pyta: Verwaltungskulturen im NS. In: Zeitschrift für Ideengeschichte IX/1 (2017), S. 41–46, S. 46.

49 Ritter: Carl Goerdeler und die deutsche Widerstandsbewegung, S. 464.

50 Hassell: Die Tagebücher 1938–1944, S. 383.

51 Vgl. zum Folgenden Hans Coppi: Die «Rote Kapelle» im Spannungsfeld von Widerstand und nachrichtendienstlicher Tätigkeit. Der Trepper-Report vom Juni 1943. In: Vierteljahrshefte für Zeitgeschichte 44/Heft 3 (1996), S. 431–458.

52 Werner Krauss: Bericht über meine Beteiligung an der Aktion Schulze-Boysen. In: Jehle/Springborn (Hg.): Werner Krauss, S. 71–129, S. 77.

53 Zit. n. Winfried Meyer: Unternehmen Sieben. Eine Rettungsaktion für vom Holocaust Bedrohte aus dem Amt Ausland/Abwehr im Oberkommando der Wehrmacht. Frankfurt am Main 1993, S. 376.

54 Krauss: Bericht über meine Beteiligung an der Aktion Schulze-Boysen, S. 77.

55 Ebd., S. 100.

56 Ebd., S. 111.

57 Lendemains 69/70 (1993), S. 147.

58 Vgl. ebd., S. 145–150.

59 Vgl. Lethen: Verhaltenslehren der Kälte, S. 53–71.

60 Werner Krauss: Graciáns Lebenslehre. Frankfurt am Main 1947, S. 110.

61 Ebd., S. 113.

62 Heinrich Böll schrieb 1983 eine eindrucksvolle Würdigung des Romans. Heinrich Böll: Werner Krauss: « PLN – Die Passionen der halykonischen Seele». In: Die Zeit, Nr. 42/1983.

63 Ebd., S. 31 f.

64 Ebd., S. 279.

65 Ebd., S. 276.

66 Krauss: Graciáns Lebenslehre, S. 86.
67 Vgl. ebd., S. 99.
68 Krauss: PLN, S. 279.
69 Ebd., S. 277 f.
70 Ebd., S. 28.
71 Ebd., S. 27.
72 Ebd., S. 28.
73 Ebd., S. 29.
74 Werner Krauss: Aufzeichnungen aus dem Nachlass. In: Vor gefallenem Vorhang. Aufzeichnungen eines Kronzeugen des Jahrhunderts. Hg. von Manfred Naumann. Frankfurt am Main 1995, S. 87.
75 Graciáns Lebenslehre, S. 20.
76 Krauss an seine Schwester Hilde von Alberti am 24. August. Zit. n. Jehle / Springborn (Hg.): Werner Krauss, S. 45.
77 Krauss: Vor gefallenem Vorhang, S. 19.
78 Ebd., S. 71.
79 Ebd., S. 87.
80 Vgl. Plessner: Grenzen der Gemeinschaft, S. 58–78.
81 Krauss: Graciáns Lebenslehre, S. 19.
82 Ebd., S. 93.
83 Ebd., S. 134 ff.
84 Krauss: Bericht über meine Beteiligung an der Aktion Schulze-Boysen, S. 88.
85 Ebd., S. 89.
86 Ebd.
87 Ebd.
88 Krauss: Vor gefallenem Vorhang, S. 151.
89 Heinz Höhne: Kennwort: Direktor. Die Geschichte der roten Kapelle. Frankfurt am Main 1972, S. 235.
90 Krauss: Bericht über meine Beteiligung an der Aktion Schulze-Boysen, S. 109.
91 Krauss: Graciáns Lebenslehre, S. 150.
92 Schmitt: Glossarium, S. 145.

93 Ebd., S. 144.
94 Ebd.

## IV. Schleusen der Zukunft

1 Vgl. Dirk van Laak: Gespräche in der Sicherheit des Schweigens. Carl Schmitt in der politischen Geistesgeschichte der frühen Bundesrepublik. Berlin 2002.
2 Zit. n. Wessling: Furtwängler, S. 408.
3 Ebd., S. 423.
4 Vgl. ebd., S. 409.
5 Zit. n. ebd., S. 416.
6 Nach einer Mitteilung von Gerd Giesler, notiert in Schmitts Tagebuch vom März bis September 1945. Vgl. Laak: Gespräche in der Sicherheit des Schweigens.
7 Carl Schmitt: Antworten in Nürnberg. Hg. von Helmut Quaritsch. Berlin 2000, S. 68–71.
8 Interview mit Anni Stand und Ernst Hüsmert zu Carl Schmitts Aufenthalt in Plettenberg. In: Ingeborg Villinger: Verortung des Politischen. Carl Schmitt in Plettenberg. Hagen 1990, S. 42–61, S. 49.
9 Schmitt: Der Schatten Gottes, S. 176.
10 Laak: Gespräche in der Sicherheit des Schweigens, S. 53.
11 Zit. n. ebd., S. 66.
12 Blubacher: Gustaf Gründgens, S. 70 f.
13 Gründgens: Briefe, Aufsätze, Reden, S. 73.
14 Günther Rühle, zit. n. Blubacher: Gustaf Gründgens, S. 75.
15 Vgl. ebd., S. 76.
16 Vgl. Peter Michalzik: Gustaf Gründgens. Der Schauspieler und die Macht. München 2001, S. 161 f.
17 Ebd., S. 15.
18 Vgl. ebd., S. 29.
19 Zit. n. Walter E. Süskind: Die Mächtigen vor Gericht. Nürnberg 1945/46 an Ort und Stelle erlebt. München 1963, S. 87.

20 In großen Zügen folge ich der Darstellung in Richard Overy: Verhöre, S. 137–148, 281–312; außerdem Jack El-Hai: Der Nazi und der Psychiater. Berlin 2014.
21 Vgl. El-Hai: Der Nazi und der Psychiater, S. 25 ff.
22 Ebd., S. 26.
23 Vgl. Overy: Verhöre, S. 144.
24 Ebd., S. 140.
25 Süskind: Die Mächtigen vor Gericht, S. 87.
26 Ebd., S. 89.
27 Ebd., S. 90.
28 Zit. n. Overy: Verhöre, S. 142 f.
29 Ebd., S. 143.
30 Vgl. ebd., S. 200.
31 Brief von Carl Schmitt an Armin Mohler vom 26. September 1965. In: Schmitt: Briefwechsel mit einem seiner Schüler, S. 375 f. Der Begriff «Gesinnungs-Krokowdile» spielt auf Christian Graf von Krockows kritische Darstellung des Dezisionismus an.
32 Gottfried Benn / Friedrich Wilhelm Oelze: Briefwechsel 1932–1956. Hg. von Harald Steinhagen, Stephan Kraft und Holger Hof. Göttingen 2016. Bd. 3, S. 78, Bd. 2, S. 309.
33 Ebd., Bd. 3, S. 92.
34 Schmitt: Glossarium, S. 296.
35 Ebd., S. 30.
36 Brief von Carl Schmitt an Armin Mohler vom 31. August 1960. In: Schmitt: Briefwechsel mit einem seiner Schüler, S. 289.
37 Schmitt: Antworten in Nürnberg, S. 66.

## V. Geistergespräche, *Zweiter Teil*

1 Gottfried Benn: Der neue Staat und die Intellektuellen. In: Ders.: Sämtliche Werke. 7 Bde. Hg. von Gerhard Schuster und Holger Hof. Bd. IV: Prosa 2 (1933–1945). Stuttgart 1989, S. 12–20, S. 16, 19.
2 Benn: Sämtliche Werke, Bd. IV, S. 503.

3 Benn: Der neue Staat und die Intellektuellen, S. 20.

4 Vgl. Heinz Dieter Kittsteiner: Jacob Burckhardt als Leser Hegels. In: Out of Control. Über die Unverfügbarkeit des historischen Prozesses. Berlin/Wien 2004, S. 75–102.

5 Zit. n. ebd., S. 90.

6 Ebd.

7 Gottfried Benn: Gedichte in der Fassung der Erstdrucke. Hg. von Bruno Hillebrand. Frankfurt am Main 1982, S. 323.

## Schluss: Die Zwitschermaschine

1 Vgl. Hans Blumenberg: Die Lesbarkeit der Welt. Frankfurt am Main 1982, S. 119.

2 Ebd., S. 114.

3 Ebd., S. 117.

4 Vgl. Die «Zwitschermaschine» oder Erinnerung an einen anderen Krauss. In: Lendemains 69/70 (1993), S. 151–156.

# LITERATURHINWEISE ZU DEN GEISTERGESPRÄCHEN

## Erster Abend, September 1936 auf Gut Zeesen. Gustaf Gründgens über den Schein

*Erich Ebermayer* (S. 85 f.): zit. n. Klaus Völker: Mephistos Landhaus. Frankfurt 2008, S. 9 f.

*im Erdgeschoss, entlang der Glasveranda* (S. 86 f.): vgl. Stern: Auf den Wassern des Lebens, S. 188.

*Charme des Gemeinen* (S. 87): Jean Améry, zit. n. ebd., S. 71.

*Franz Blei* (S. 87): Vgl. Ders.: Talleyrand oder der Zynismus. München 1984. Die Widmung lautet: «Für Carl Schmitt in Freundschaft und Verehrung.»

*Nicolas Faret* (S. 87): Allgemeine Maximen der Konversation. Zit. n. Claudia Schmölders: Die Kunst des Gesprächs. München 1986, S. 148–153, S. 149.

*Görings Auftritt* (S. 88 f.): in Anlehnung an Mann: Mephisto, S. 229 ff.

*Hermann Göring, dieser* (S. 89): folgende Zitate aus Riess: Gustaf Gründgens, S. 142.

*Wenn ich einfach bin* (S. 89): zit. n. Richard Overy: Verhöre. Die NS-Elite in den Händen der Alliierten 1945. München 2001, S. 230.

*Zobelmantel* (S. 90): vgl. Overy: Hermann Göring, S. 393.

*den jungen Löwen* (S. 90): vgl. Riess: Gustaf Gründgens, S. 142.

*Erich Zacharias-Langhans* (S. 90): vgl. Stern: Auf den Wassern des Lebens, S. 183.

*für die jüdischen Ehefrauen seiner Kollegen* (S. 90): vgl. ebd., S. 205 ff.

*drohende Schweigsamkeit* (S. 91): zit. n. Thomas Blubacher: Gustaf Gründgens. Berlin 1999, S. 55.

*Das geringschätzige Urteil von Klaus Mann* (S. 91): vgl. Mann: Mephisto, S. 333, 335.

*Die vernichtende Kritik* (S. 92): vgl. Carl Schmitt: Briefwechsel mit einem seiner Schüler. Hg. von Armin Mohler in Zusammenarbeit mit Irmgard Huhn und Piet Tommissen. Berlin 1995, S. 222.

*Direkt und echt* (S. 94): vgl. Plessner: Grenzen der Gemeinschaft, S. 106.

*Hoppe, Hoppe Gründgens* (S. 94 f.): zit. n. Stern: Auf den Wassern des Lebens, S. 157.

*Ein einsamer Intellektueller* (S. 95): zit. n. Thomas Blubacher: Gustaf Gründgens. Berlin 1999, S. 63.

*Wo die Natürlichkeit anfängt* (S. 95): zit. n. Gustaf Gründgens: Briefe, Aufsätze, Reden. Hg. von Rolf Badenhausen und Peter Gründgens-Gorski. München 1970, S. 423.

*Der Film, so Gründgens weiter* (S. 95): zit. n. Gründgens: Briefe, Aufsätze, Reden, S. 177.

*Im Indirekten zeigt sich* (S. 96): vgl. Plessner: Grenzen der Gemeinschaft, S. 106.

*die kalte Luft der Diplomatie* (S. 99): vgl. Plessner: Grenzen der Gemeinschaft, S. 104.

*Naturrecht auf Wärme* (S. 100): vgl. ebd., S. 125.

*Schläfen heißen im Englischen «temples»* (S. 101 f.): Alle Bemerkungen über Körperbau und Charakter stammen aus dem Buch von Friedrich Märker: Symbolik der Gesichtsformen. Physiognomik und Mimik. Erlenbach-Zürich 1933. Darin werden die Typologien von Ernst Kretschmer (Körperbau und Charakter, 1922) popularisiert.

*Bericht von Hans Thomsen* (S. 103): zit. n. Ulrich von Hassell: Die Hassell-Tagebücher 1938–1944. Aufzeichnungen vom Anderen Deutschland. Hg. von Friedrich Freiherr Hiller von Gaertringen. Nach der Handschrift revidierte und erweiterte Ausgabe. Berlin 1988, S. 191.

## Zweiter Abend, Oktober 1937 in Carinhall. Carl Schmitt über den Feind

*Eta Harich-Schneider* (S. 123): zit. n. Gerd Giesler: Schmitt privat in Berlin. Adressen, Wohnungen und Gäste. Berlin 2005, S. 21.

*Die Straßen wurden zu Schluchten* (S. 124): vgl. Schäfer: Das gespaltene Bewusstsein, S. 61.

*einen gewaltigen, zweigeschossigen Mittelbau* (S. 125): Alle Details entnehme ich dem Buch von Volker Knopf und Stefan Martens: Görings Reich. Selbstinszenierungen in Carinhall. Berlin 2015, S. 53.

*Ihre Augen schwimmen* (S. 125 f.): in Anlehnung an das Porträt von Frau Blümerant in: Von Doderer: Ein Mord, den jeder begeht (1938), S. 10.

*Im Magazin «Silberspiegel»* (S. 126): Der Silberspiegel, Heft 17, 1938, S. 25–36.

*Die eigentlich politische Unterscheidung* (S. 128 f.): Alle Zitate stammen aus der 3. Auflage der Schrift «Der Begriff des Politischen», Berlin 1933.

*Denn die Kindlein* (S. 130 f.): Sigmund Freud: Das Unbehagen in der Kultur und andere kulturtheoretische Schriften (1930). Frankfurt am Main 1994, S. 247 f.

*Das deutsche Volk hat soldatische Qualitäten* (S. 133): Carl Schmitt: Staatsgefüge und Zusammenbruch des zweiten Reiches. Der Sieg des Bürgers über den Soldaten (1934). Hg. von Günter Maschke. Berlin 2011, S. 5.

*der hohe Herr* (S. 135): in Anlehnung an Gottfried Benn: Kunst und Drittes Reich. In: Ders.: Sämtliche Werke. 7 Bde. Hg. von Gerhard Schuster und Holger Hof. Bd. IV: Prosa 2 (1933–1945). Stuttgart 1989, S. 282.

*frech und unverschämt* (S. 138 f.): Schmitt: Tagebücher 1930 bis 1934, S. 284. Die Rezension der Schrift «Der Begriff des Politischen» (Fassung von 1932) von Helmut Kuhn erschien in den Kant-Studien, Bd. 38, 1933, S. 190–196. Den Hinweis auf diesen Artikel verdanke ich Michael Großheim.

*von «verborgenem Nihilismus» die Rede* (S. 138): vgl. Mehring: Carl Schmitt, S. 278.

*Reichsstraßensammlungen* (S. 141): Schäfer: Das gespaltene Bewusstsein, S. 57 ff.

*die volle Wucht* (S. 142): Koenen: Der Fall Carl Schmitt, S. 757.

*Das deutsche Volk* (S. 143): Ernst Fraenkel: Der Doppelstaat. Recht und Justiz im Dritten Reich (1941). Frankfurt am Main 1984, S. 236.

*Vom Standpunkt der Volksgemeinschaft* (S. 143): Fraenkel: Der Doppelstaat, S. 233.

*Rudolf Jaensch* (S. 143): vgl. Benn: Sämtliche Werke. Bd. IV, S. 690 f.

*Der Mensch ist* (S. 144): in Anlehnung an Doderer: Repertorium, S. 231.

*Für mich existiert* (S. 144): zit. n. Wolfgang Bialas / Manfred Gangl: Intellektuelle im Nationalsozialismus. Frankfurt am Main 2000, S. 69.

*Methamphetamin* (S. 145): vgl. Norman Ohler: Der totale Rausch. Drogen im Dritten Reich. Köln 2015.

*Entschlossenheit zu allem wie nichts* (S. 146): zit. n. Heinrich Meier: Carl Schmitt, Leo Strauss und der Begriff des Politischen. Zu einem Dialog unter Abwesenden. Stuttgart 1988, S. 73.

*Hang zur Anarchie* (S. 146): vgl. Thomas Mann: Betrachtungen eines Unpolitischen. Frankfurt am Main 1963, S. 395.

*Lineament des Handbuchs* (S. 147 f.): Wiederum dient hier als Referenz Märker: Symbolik der Gesichtsformen.

*Erlass Himmlers* (S. 149): vgl. Overesch: Das Dritte Reich 1933–1939, S. 395.

## Dritter Abend, August 1939, Villa am Wannsee. Ferdinand Sauerbruch über Prothesen

*Er werde im Garten sprechen* (S. 156): eine Szene, wie sie Werner Weisbach geschildert hat. Vgl. Scholder (Hg.): Die Mittwochs-Gesellschaft, S. 98.

*Aber es konnte auch hin und wieder vorkommen* (S. 157): in Anlehnung an Benn: Gehirne, S. 30 ff.

Alle Informationen zum *Thema Prothesen* entnehme ich Karin Harrasser: Prothesen. Figuren einer lädierten Moderne. Berlin 2016, S. 130 ff.

*von einem Traum* (S. 161 f.): vgl. Ferdinand Sauerbruch: Das war mein Leben. Autobiographie. München 1957, S. 195.

*Er sei in einer Villa in Malibu* (S. 162 f.): vgl. Gunzelin Schmid Noerr: Adornos Erschaudern. Variationen über den Händedruck. In: Willem van Reijen / Gunzelin Schmid Noerr: Vierzig Jahre Flaschenpost:

«Dialektik der Aufklärung» 1947 bis 1987. Frankfurt am Main 1987, S. 233–241.

*Gründgens hat die «Times» gelesen* (S. 163): Hier folge ich Ulrich Herbert: Best. Biographische Studien über Radikalismus, Weltanschauung und Vernunft 1903–1989. Bonn 1996, S. 271 f.

## Vierter Abend, April 1943 in der Charité. Ferdinand Sauerbruch über den Schmerz

*neuen Sturmes der eigenen Wehrmacht gegen die russischen Horden* (S. 178 f.): in Anlehnung an Redefiguren von Serenus Zeitblom in Thomas Mann: Doktor Faustus. Das Leben des deutschen Tonsetzers Adrian Leverkühn erzählt von einem Freunde. Berlin 1947, S. 185 ff.

*Hier in den verschlammten Wäldern* (S. 180 f.): Ernst Jünger / Carl Schmitt: Briefwechsel. Hg. von Helmuth Kiesel. Stuttgart 1999, S. 152 ff.

*minderwertige Rasse* (S. 181): Sombart: Jugend in Berlin, S. 253.

*Jüngers Stilfiguren seien* (S. 182): vgl. Marcel Beyer: XX. Lichtenberg-Poetikvorlesungen. Göttingen 2015, S. 45.

*Irrgarten aus Licht* (S. 182): Jünger, Ernst: Kaukasische Aufzeichnungen. In: Ders.: Strahlungen I. Stuttgart 1980, S. 409–495, S. 462.

*Die Bomben, die zur Verwendung kommen* (S. 182): Jünger / Schmitt: Briefwechsel, S. 156.

*Seine Frau Duschka sei nach Carinhall* (S. 183): nach einer Mitteilung von Gerd Giesler am 9. Januar 2017.

*Wundstupor* (S. 184): vgl. Ferdinand Sauerbruch / Hans Wenke: Wesen und Bedeutung des Schmerzes. Berlin 1936, S. 110.

*Der Philosoph habe über Jüngers Schmerz-Abhandlung* (S. 187): vgl. Martin Heidegger: Zu Ernst Jünger. In: Ders.: Gesamtausgabe. Abt. 4, Bd. 90. Frankfurt am Main 2004, S. 436 ff.

*Der Held Aias* (S. 188): vgl. Gründgens: Briefe, Aufsätze, Reden, S. 375.

*eine Nadel unter dem Revers* (S. 189): vgl. Thomas Hettche: Er war nicht kalt, nur gepanzert. Michael Klett über seinen Autor Jünger. In: Frankfurter Allgemeine Zeitung am Sonntag, 19. September 2010.

## Fünfter Abend, Juli 1944 im Dirigentenzimmer der Staatsoper. Wilhelm Furtwängler über Gemeinschaft

*Reichspressechef* (S. 201): Overesch: Das Dritte Reich 1939–1945, S. 491.

*Die verdienstvollste Aufgabe im Gespräch* (S. 202): zit. n. Schmölders: Die Kunst des Gesprächs, S. 146.

*Ein Schlager von Klasse* (S. 202): Gottfried Benn: Altern als Problem für Künstler. In: Ders.: Sämtliche Werke. Bd. VI, S. 141; zum Folgenden S. 131.

*Ein prunkvoller Film* (S. 203): vgl. Wessling: Furtwängler, S. 387 ff.

*Furtwänglers linker Arm* (S. 205): vgl. ebd., S. 207.

*Wir brauchen den gehegten Klangraum* (S. 206): vgl. Jost Trier: Zaun und Mannring. In: Beiträge zur Geschichte der deutschen Sprache und Literatur 66 (1942), S. 232–264; Jost Trier: Rhythmus. In: Studium Generale 2 (1949), S. 135–141. Für den Hinweis danke ich Jürgen Brokoff.

*nicht an eine Nation gebunden* (S. 206): Wilhelm Furtwängler: Gespräche über Musik. Aufgezeichnet 1938. Zürich 1949, S. 81 ff.

*Auditive Stammeseinheit* (S. 206): So wird Marshall McLuhan später das deutsche Volk im Dritten Reich bezeichnen. Ders.: Die Gutenberg-Galaxis. Das Ende des Buchzeitalters. Bonn 1997, S. 94 f.

*Im rhythmischen Wechsel* (S. 207): Trier: Rhythmus, S. 138.

*Die Reife der Spätwerke* (S. 208): Theodor W. Adorno: Der Spätstil Beethovens (1937). In: Ders.: Moments musicaux. Frankfurt am Main 1964, S. 13–17, S. 13.

*verschworene Gemeinschaft* (S. 209): zit. n. Noack: Carl Schmitt, S. 224.

*Alle Energie ist bei der Dissonanz* (S. 209): Theodor W. Adorno: Versuch über Wagner (1937/38). München / Zürich 1964, S. 67.

*Hans Pfitzner* (S. 210): zit. n. Lorenz Jäger: Walter Benjamin. Das Leben eines Unvollendeten. Berlin 2017, S. 95.

*im Stande der Unschuld!* (S. 210): Furtwängler: Gespräche, S. 94 ff.

*Wolfgang Wagner* (S. 211): zit. n. Haffner: Furtwängler, S. 296.

*Jasagen zu sich selbst* (S. 211): ebd., S. 103.

*Furchtwängler* (S. 213): vgl. Straub: Die Furtwänglers, S. 258.

*Typus des Athletikers* (S. 213 f.): Hier folge ich der physiognomischen Charakterisierung, die Michael Winzenried, Professor für Neurologie und Psychiatrie an der Universität Hamburg, von seinem Patienten Gründgens aufgezeichnet hat. Vgl. Gründgens: Briefe, Aufsätze, Reden, S. 415–421.

*eine kluge Handprothese* (S. 214): vgl. Sauerbruch: Das war mein Leben, S. 552 ff.

## Sechster Abend, Juni 1955 in Düsseldorf. Gustaf Gründgens über die Scham

*Gerüchte über seine Entlassung* (S. 273): vgl. Jürgen Thorwald: Die Entlassung. Das Ende des Chirurgen Ferdinand Sauerbruch. München / Zürich 1960.

*Blick des Bemerktwerdens* (S. 274): vgl. Plessner: Grenzen der Gemeinschaft, S. 65.

*Nimbus des Verhüllten* (S. 275): vgl. ebd., S. 67.

*Das Impfverfahren* (S. 276 f.): zit. n. Fred Mielke / Alexander Mitscherlich: Medizin ohne Menschlichkeit. Dokumente des Nürnberger Ärzteprozesses. Frankfurt am Main 1960, S. 134 ff. (Kapitel «Klinische Versuche im FKL Ravensbrück, Experimente mit Gasbrand»)

*Ein Kapitel daraus* (S. 278): Johann Jakob Engel: Ideen zu einer Mimik. Erster Theil. In: Ders.: Johann Jakob Engels Schriften. 8 Bde. 7. Bd. Berlin 1804. Nachdruck Frankfurt am Main 1971, S. 320–328.

*Verkürzung des Körpers* (S. 278): Engel: Ideen zu einer Mimik, S. 40.

*Nähert sich die Begierde* (S. 278): Engel: Ideen zu einer Mimik, S. 187.

*Die Liebe ist eine Krise* (S. 280): Gottfried Benn: Prosaische Fragmente 1935. In: Ders.: Sämtliche Werke. 7 Bde. Hg. von Gerhard Schuster und Holger Hof. Bd. IV: Prosa 2 (1933–1945). Stuttgart 1989, S. 459.

## Siebter Abend, Juni 1963 in Plettenberg. Carl Schmitt über die Entscheidung

*Die Berge liegen erdhaft fest* (S. 286): Carl Schmitt: Welt großartiger Spannung. In: Merian-Heft «Sauerland», 7. Jg. / Heft 9 (1954), S. 3–9, S. 6.

*Er kam hierher* (S. 286): Interview mit Anni Stand und Ernst Hüsmert zu Carl Schmitts Aufenthalt in Plettenberg 1947–1985. In: Ingeborg Villinger: Verortung des Politischen. Carl Schmitt in Plettenberg. Hagen 1990.

*Dezisionismus als schweres Vergehen* (S. 287): Vgl. Christian Graf von Krockow: Die Entscheidung. Eine Untersuchung über Ernst Jünger, Carl Schmitt, Martin Heidegger. Stuttgart 1958.

*Gegenstände für Gesellschaftsspiele* (S. 287): Vgl. Sombart: Jugend in Berlin 1933–1943, S. 243.

*Cogito ergo sum* (S. 287): Schmitt: Glossarium, S. 7.

*Ich bin nicht Herr dessen* (S. 288): ebd., S. 180.

*Ernst Niekisch* (S. 288): Zitate aus ders.: Das Reich der niederen Dämonen, S. 201.

*Er liest nicht mit dem «aasigen Lächeln»* (S. 289): Mann: Mephisto, S. 46.

*Hans Sonnenstößers Himmelfahrt* (S. 290 f.): vgl. Blubacher: Gustaf Gründgens, S. 30.

*Praxis heißt Fertigwerden mit Dingen und Situationen* (S. 291): vgl. Plessner: Grenzen der Gemeinschaft, S. 114.

*Haustier des nationalsozialistischen Dogmas* (S. 292): vgl. Niekisch: Das Reich der niederen Dämonen, S. 200.

*Oft sind Machthaber darüber* (S. 295): vgl. Carl Schmitt: Gespräch über die Macht und den Zugang zum Machthaber. Berlin 1994, S. 17 ff.

*Der Deutsche hat jetzt keine Zeit* (S. 296): Schmitt: Briefwechsel mit einem seiner Schüler, S. 147.

*Macht und menschliche Natur* (S. 297): Vgl. Plessner: Gesammelte Schriften, Bd. V, S. 193.

# LITERATUR

Adorno, Theodor W.: Der Spätstil Beethovens (1937). In: Ders.: Moments musicaux. Frankfurt am Main 1964, S. 13–17.

Adorno, Theodor W.: Versuch über Wagner (1937/38). München / Zürich 1964.

Arnheim, Rudolf: Der neue Spießer-Spiegel (Weltbühne 13, 1926). In: Ders.: Zwischenrufe. Kleine Aufsätze aus den Jahren 1926–1940. Hg. von Ursula Madrasch-Groschopp. Leipzig / Weimar 1983.

Ash, Mitchell G.: Die Kaiser-Wilhelm-Gesellschaft im Nationalsozialismus. In: Zeitschrift für Geschichte der Wissenschaften, Technik und Medizin 18 (2010), S. 79–118.

Benjamin, Walter: Kleine Geschichte der Photographie. In: Ders.: Gesammelte Schriften. Hg. von Rolf Tiedemann und Hermann Schweppenhäuser. Bd. II. Frankfurt am Main 1977, S. 368–385.

Benjamin, Walter: Notizen Svendborg Sommer 1934. In: Ders.: Gesammelte Schriften. Bd. VI: Fragmente vermischten Inhalts. Frankfurt am Main 1985, S. 523–532.

Benn, Gottfried / Friedrich Wilhelm Oelze: Briefwechsel 1932–1956. Hg. von Harald Steinhagen, Stephan Kraft und Holger Hof. Göttingen 2016.

Benn, Gottfried: Briefe. 8 Bde. Bd. V: Briefe an Elinor Büller 1930–1937. Hg. von Marguerite Schlüter. Stuttgart 1992.

Benn, Gottfried: Der neue Staat und die Intellektuellen. In: Ders.: Sämtliche Werke. 7 Bde. Hg. von Gerhard Schuster und Holger Hof. Bd. IV: Prosa 2 (1933–1945). Stuttgart 1989.

Benn, Gottfried: Gedichte in der Fassung der Erstdrucke. Hg. von Bruno Hillebrand. Frankfurt am Main 1982.

Benn, Gottfried: Gehirne. In: Ders.: Sämtliche Werke. Bd. III: Prosa 1 (1910–1932). Stuttgart 1989.

Benn, Gottfried: Kunst und Drittes Reich. In: Ders.: Sämtliche Werke. Bd. IV: Prosa 2 (1933–1945). Stuttgart 1989.

Benn, Gottfried: Rede auf Stefan George. In: Ders.: Sämtliche Werke. Bd. IV: Prosa 2 (1933–1945). Stuttgart 1989.

Benn, Gottfried: Von Uexküll. In: Ders.: Sämtliche Werke. Bd. IV: Prosa 2 (1933–1945). Stuttgart 1989.

Benn, Gottfried: Züchtung. In: Ders.: Sämtliche Werke. Bd. IV: Prosa 2 (1933–1945). Stuttgart 1989.

Benn, Gottfried: Zum Thema: Geschichte. In: Ders.: Sämtliche Werke. Bd. IV: Prosa 2 (1933–1945). Stuttgart 1989.

Beyer, Marcel: XX. Lichtenberg-Poetikvorlesungen. Göttingen 2015.

Beyer, Wilhelm Raimund: Stalingrad. Unten, wo das Leben konkret war. In: Wolfram Wette (Hg.): Der Krieg des kleinen Mannes. Eine Militärgeschichte von unten. München / Zürich 1985, S. 240–255.

Bialas, Wolfgang / Manfred Gangl: Intellektuelle im Nationalsozialismus. Frankfurt am Main 2000.

Bilz, Rudolf: Die Intention zur motorischen Verkürzung und Elevation der Extremitäten im Zwangserleben. In: Der Nervenarzt 27 (1956).

Blasius, Dirk: Carl Schmitt. Preußischer Staatsrat in Hitlers Reich. Göttingen 2001.

Blei, Franz: Briefe an Carl Schmitt (1917–1933). Hg. von Angela Reinthal. Heidelberg 1995.

Blei, Franz: Talleyrand oder der Zynismus. München 1984.

Blubacher, Thomas: Gustaf Gründgens. Berlin 1999.

Blumenberg, Hans: Die Lesbarkeit der Welt. Frankfurt am Main 1982.

Böddeker, Günter: Der Untergang des Dritten Reiches. Frankfurt am Main / Berlin 1995.

Bredekamp, Horst: Der Behemoth. Metamorphosen des Anti-Leviathan (Carl-Schmitt-Vorlesungen). Berlin 2016.

Breithaupt, Fritz: Die dunklen Seiten der Empathie. Berlin 2017.

Coppi, Hans: Die «Rote Kapelle» im Spannungsfeld von Widerstand und nachrichtendienstlicher Tätigkeit. In: Vierteljahrshefte für Zeitgeschichte 44 / Heft 3 (1996), S. 431–458.

Dejung, Christoph: Plessner. Ein deutscher Philosoph zwischen Kaiserreich und Bonner Republik. Zürich 2003.

Die «Zwitschermaschine» oder Erinnerung an einen anderen Krauss. In: Lendemains 69/70 (1993), S. 151–156.

Die neue Mittwochsgesellschaft (Hg.): Gespräche über Probleme von Bürger und Staat. Stuttgart 1998.

Doderer, Heimito von: Ein Mord, den jeder begeht. Roman (1938). München 2016.

Doderer, Heimito von: Repertorium. Ein Begreifbuch von höheren und niederen Lebens-Sachen. München 1994.

Dohnanyi, Hans von: «Mir hat Gott keinen Panzer ums Herz gegeben». Briefe aus Militärgefängnis und Gestapohaft 1943–1945. Hg. von Winfried Meyer. München 2015.

El-Hai, Jack: Der Nazi und der Psychiater. Berlin 2014.

Engel, Johann Jakob: Ideen zu einer Mimik. Erster Theil. In: Ders.: Johann Jakob Engels Schriften. 8 Bde. 7. Bd. Berlin 1804. Nachdruck Frankfurt am Main 1971.

Enzensberger, Hans Magnus: Hammerstein oder der Eigensinn. Eine deutsche Geschichte. Frankfurt am Main 2008.

Ette, Ottmar: Der Romanist als Romancier. Eine Lebenslehre als Überlebenswissen. In: Ders.: Überlebenswissen. Die Aufgabe der Philologie. Berlin 2004, S. 97–122.

Faret, Nicolas: Allgemeine Maximen der Konversation. In: Die Kunst des Gesprächs. Texte zur Geschichte der europäischen Konversationstheorie. Hg. von Claudia Schmölders. München 1979, S. 148–153.

Fechter, Paul: Menschen und Zeiten. Begegnungen aus fünf Jahrzehnten. Gütersloh 1949.

Fest, Joachim: Staatsstreich. Der lange Weg zum 20. Juli. München 1997.

Feuersenger, Marianne: Im Vorzimmer der Macht. Aufzeichnungen aus dem Wehrmachtsführungsstab und dem Führerhauptquartier. München 1999.

Feuersenger, Marianne: Mein Kriegstagebuch. Führerhauptquartier und Berliner Wirklichkeit. Freiburg 1982.

Flickenschildt, Elisabeth: Kind mit roten Haaren. Ein Leben wie ein Traum. Hamburg 1971.

Fraenkel, Ernst: Der Doppelstaat. Recht und Justiz im Dritten Reich (1941). Frankfurt am Main 1984.

Frank, Niklas: Der Vater. Eine Abrechnung. München o. J.

Frank, Niklas: Dunkle Seele, Feiges Maul. Wie skandalös und komisch sich die Deutschen beim Entnazifizieren reinwaschen. Bonn 2016.

Freud, Sigmund: Das Unbehagen in der Kultur und andere kulturtheoretische Schriften (1930). Frankfurt am Main 1994.

Furtwängler, Wilhelm: Briefe. Hg. von Frank Thiess. Wiesbaden 1964.

Furtwängler, Wilhelm: Gespräche über Musik. Aufgezeichnet 1938. Zürich 1949.

Giesler, Gerd: Carl Schmitt privat in Berlin. Adressen, Wohnungen und Gäste. Berlin 2014.

Giesler, Gert/Ernst Hüsmert (Hg.): Schmitt und Plettenberg. Der 90. Geburtstag. Plettenberg 2008.

Goebbels, Joseph: Tagebücher aus den Jahren 1942–1943. Hg. von Louis Paul Lochner. Zürich 1948.

Gross, Raphael: Anständig geblieben. Nationalsozialistische Moral. Frankfurt am Main 2010.

Grunberger, Richard: Das zwölfjährige Reich. Der Deutschen Alltag unter Hitler. Wien 1972.

Gründel, Günther: Jahre der Überwindung. Breslau 1934.

Gründgens, Gustaf: Briefe, Aufsätze, Reden. Hg. von Rolf Badenhausen und Peter Gründgens-Gorski. München 1970.

Hachtmann, Rüdiger: Wissenschaftsmanagement im «Dritten Reich». Geschichte der Generalverwaltung der Kaiser-Wilhelm-Gesellschaft. Göttingen 2007.

Haffner, Herbert: Furtwängler. Berlin 2003.

Hampe, Michael: Tunguska oder Das Ende der Natur. München 2011.

Harbou, Knud von: Wege und Abwege. Franz Josef Schöningh, der Mitbegründer der Süddeutschen Zeitung. Eine Biografie. München 2013.

Harrasser, Karin: Prothesen. Figuren einer lädierten Moderne. Berlin 2016.

Hartlaub, Felix: Aufzeichnungen aus dem Führerhauptquartier. In: Ders.: In den eigenen Umriss gebannt. Kriegsaufzeichnungen, literarische Fragmente und Briefe aus den Jahren 1939 bis 1945. Hg. von Gabriele Lieselotte Ewenz. Frankfurt am Main 2007.

Hartlaub, Felix: Don Juan d'Austria und die Schlacht bei Lepanto (1940). Hg. von Wolfram Pyta und Wolfgang M. Schwiedrzik. Neckargemünd / Wien 2017.

Hartlaub, Felix: Im Sperrkreis. Aufzeichnungen aus dem Zweiten Weltkrieg. Frankfurt am Main 1984.

Hassell, Ulrich von: Die Hassell-Tagebücher 1938–1944. Aufzeichnungen vom Anderen Deutschland. Hg. von Friedrich Freiherr Hiller von Gaertringen. Nach der Handschrift revidierte und erweiterte Ausgabe unter Mitarbeit von Peter Reiß. Berlin 1988.

Hauptmann, Jörg: Ferdinand Sauerbruch und das Dritte Reich. Plädoyer für eine differenzierte Betrachtung. http://www.maik-foerster.de/pdf/joerghauptmann-sauerbruch_dossier.pdf.

Heidegger, Martin: Die Grundbegriffe der Metaphysik. Welt – Endlichkeit – Einsamkeit. In: Ders.: Gesamtausgabe. Abt. 2, Bd. 29/30: Vorlesungen 1923–1944. Frankfurt am Main 1992.

Heidegger, Martin: Sein und Zeit (1927). In: Ders.: Gesamtausgabe. Abt. 1, Bd. 2. Hg. von Friedrich-Wilhelm von Herrmann. Frankfurt am Main 1978.

Heidegger, Martin: Zu Ernst Jünger. In: Ders.: Gesamtausgabe. Abt. 4, Bd. 90. Frankfurt am Main 2004.

Henkel, Heinrich: Strafrichter und Gesetz im neuen Staat. Die geistigen Grundlagen. Hg. von Carl Schmitt. Hamburg 1934.

Henning, Eckart: Max Planck im «Dritten Reich». In: Lorenz Friedrich Beck (Hg.): Max Planck und die Max-Planck-Gesellschaft zum 150. Geburtstag am 23. April 2008. Aus den Quellen zusammengestellt vom Archiv der Max-Planck-Gesellschaft. Berlin 2008, S. 35–60.

Herbert, Ulrich: Best. Biographische Studien über Radikalismus, Weltanschauung und Vernunft 1903–1989. Bonn 1996.

Herbert, Ulrich: Geschichte Deutschlands im 20. Jahrhundert. München 2014.

Herzfeld, Friedrich: Wilhelm Furtwängler. Weg und Wesen. München 1950.

Hoffmann, Peter: Ludwig Beck. Oberhaupt der Verschwörer. In: Klemens von Klemperer/Enrico Syring/Rainer Zitelmann (Hg.): Das Attentat. Die Männer des 20. Juli 1944. Berlin 1994, S. 26–43.

Höhne, Heinz: Kennwort: Direktor. Die Geschichte der Roten Kapelle. Frankfurt am Main 1972.

Jäger, Lorenz: Walter Benjamin. Das Leben eines Unvollendeten. Berlin 2017.

Jamin, Mathilde: Das Ende der «Machtergreifung». Der 30. Juni 1934 und seine Wahrnehmung in der Bevölkerung. In: Wolfgang Michalka (Hg.): Die nationalsozialistische Machtergreifung. Paderborn u. a. 1984, S. 207–219.

Jehle, Peter/Peter-Volker Springborn (Hg.): Werner Krauss. Ein Romanist im Widerstand. Briefe an die Familie und andere Dokumente. Berlin 2004.

Jünger, Ernst/Carl Schmitt: Briefwechsel. Hg. von Helmuth Kiesel. Stuttgart 1999.

Jünger, Ernst: Das Abenteuerliche Herz. Stuttgart 1979.

Jünger, Ernst: Kaukasische Aufzeichnungen. In: Ders.: Strahlungen I. Stuttgart 1980, S. 409–495.

Jünger, Ernst: Strahlungen II. Stuttgart 1980.

Kaindl-Hönig, Max (Hg.): Resonanz. 50 Jahre Kritik der Salzburger Festspiele. Salzburg 1971.

Kallis, Aristotle A.: Der Niedergang der Deutungsmacht. In: Das Deutsche Reich und der Zweite Weltkrieg. 10 Bde. Bd. 9/2: Die deutsche Kriegsgesellschaft 1939 bis 1945. München 2005.

Karlsch, Rainer: Hitlers Bombe. Die geheime Geschichte der deutschen Kernwaffenversuche. München 2005.

Kertész, Imre: Galeerentagebuch. Berlin 1993.

Kittsteiner, Heinz Dieter: Jacob Burckhardt als Leser Hegels. In: Out of Control. Über die Unverfügbarkeit des historischen Prozesses. Berlin / Wien 2004.

Klemperer, Klemens von / Enrico Syring / Rainer Zitelmann (Hg.): Das Attentat. Die Männer des 20. Juli 1944. Berlin 1994.

Knopf, Volker / Stefan Martens: Görings Reich. Selbstinszenierungen in Carinhall. Berlin 2015.

Knuth, Gustav: Mit einem Lächeln im Knopfloch. Frankfurt am Main 1966.

Koenen, Andreas: Der Fall Carl Schmitt. Sein Aufstieg zum «Kronjuristen des Dritten Reiches». Darmstadt 1995.

König, Joel: Den Netzen entronnen. Die Aufzeichnungen. Göttingen 1967.

Koppenfels, Martin von: Schwarzer Peter. Der Fall Littell, die Leser und die Täter. Göttingen 2012.

Krauss, Werner: Aufzeichnungen aus dem Nachlass. In: Ders.: Vor gefallenem Vorhang. Aufzeichnungen eines Kronzeugen des Jahrhunderts. Hg. von Manfred Naumann. Frankfurt am Main 1995.

Krauss, Werner: Graciáns Lebenslehre. Frankfurt am Main 1947.

Krauss, Werner: Marburg unter dem Nazi-Regime. In: Peter Jehle / Peter-Volker Springborn (Hg.): Werner Krauss. Ein Romanist im Widerstand. Briefe an die Familie und andere Dokumente. Berlin 2004, S. 63–70.

Krauss, Werner: PLN. Die Passionen der halykonischen Seele. Roman (1946). Frankfurt am Main 1983.

Kretschmer, Ernst: Körperbau und Charakter. Würzburg 1955.

Krockow, Christian Graf von: Die Entscheidung. Eine Untersuchung über Ernst Jünger, Carl Schmitt, Martin Heidegger. Stuttgart 1958.

Kuhn, Helmut: Rezension von Carl Schmitts «Begriff des Politischen». In: Kant-Studien 38 (1933), S. 190–196.

Kumpfmüller, Michael: Die Schlacht von Stalingrad. Metamorphosen eines deutschen Mythos. München 1995.

Laak, Dirk van: Gespräche in der Sicherheit des Schweigens. Carl Schmitt in der politischen Geistesgeschichte der frühen Bundesrepublik. Berlin 2002.

Lethen, Helmut: Anleitung zur Schlaflosigkeit. Über den Formzwang in der Politischen Anthropologie von Helmuth Plessner und Arnold Gehlen. In: Joachim Fischer/Hans Joas (Hg.): Kunst, Macht und Institution. Studien zur Philosophischen Anthropologie, soziologischen Theorie und Kultursoziologie der Moderne. Festschrift für Karl-Siegbert Rehberg. Frankfurt am Main/New York 2003, S. 80–103.

Lethen, Helmut: Der Schmerz hat keine Bedeutung (Paul Valéry). Vortrag ETH Zürich. 19. Mai 2011.

Lethen, Helmut: Der Sound der Väter. Gottfried Benn und seine Zeit. Berlin 2006.

Lethen, Helmut: Die Rückseite des Spiegels. Ernst Jünger zwischen Tierverhaltensforschung und Philosophischer Anthropologie. In: Günter Figal/Georg Knapp (Hg.): Verwandtschaften. Tübingen 2003, S. 156–168.

Lethen, Helmut: Im reißenden Strom der Translationen. Der Gracián-Kick im 20. Jahrhundert. In: Giulia Radaelli/Johanna Schumm (Hg.): Graciáns Künste. Berlin o. J., S. 188–204.

Lethen, Helmut: Stalingrad als Geschichtszeichen. In: Heinz Dieter Kittsteiner (Hg.): Geschichtszeichen. Köln/Weimar/Berlin 1999, S. 153–180.

Lethen, Helmut: Über das Spiel von Infamien. In: Ulrich Ott/Roman Luckscheiter (Hg.): Belles lettres/Graffiti. Soziale Phantasien und Ausdrucksformen der Achtundsechziger. Göttingen 2001, S. 53–66.

Lethen, Helmut: Unheimliche Nachbarschaften. Essays zum Kälte-Kult und der Schlaflosigkeit der Philosophischen Anthropologie im 20. Jahrhundert. Freiburg/Berlin/Wien 2009.

Lethen, Helmut: Unheimliche Nachbarschaften. In: Jahrbuch zur Literatur der Weimarer Republik 1. Hg. von Sabina Becker. St. Ingbert 1995, S. 76–92.

Lethen, Helmut: Verhaltenslehren der Kälte. Lebensversuche zwischen den Kriegen. Frankfurt am Main 1994.

Lethen, Helmut: Zeitspeicher der Entleerung. Carl Schmitts Tagebücher als Quelle der Werkdeutung. In: Sinn und Form 66/Heft 3 (2014), S. 293–303.

Lilje, Hanns: Im finsteren Tal. Rechenschaft einer Haft. Hamburg 1963.

Lorenz, Konrad: Die Rückseite des Spiegels. Versuch einer Naturgeschichte menschlichen Erkennens. München 1977.

Lottmann, Joachim: Alles Lüge. Köln 2017.

Maier, Helmut (Hg.): Rüstungsforschungen im Nationalsozialismus. Göttingen 2002.

Mann, Klaus: Mephisto. Roman einer Karriere (1936). Reinbek bei Hamburg 1980.

Mann, Thomas: Betrachtungen eines Unpolitischen. Frankfurt am Main 1963.

Mann, Thomas: Doktor Faustus. Das Leben des deutschen Tonsetzers Adrian Leverkühn erzählt von einem Freunde. Berlin 1947.

Märker, Friedrich: Symbolik der Gesichtsformen. Physiognomik und Mimik. Erlenbach-Zürich 1933.

Marose, Monika: Unter der Tarnkappe. Felix Hartlaub. Eine Biographie. Berlin 2005.

Mauss, Marcel: Der Begriff der Technik des Körpers (1934). In: Ders.: Soziologie und Anthropologie. Bd. II. Frankfurt am Main/Berlin/Wien 1978, S. 199–220.

McLuhan, Marshall: Die Gutenberg-Galaxis. Das Ende des Buchzeitalters. Bonn 1997.

Mehring, Reinhard: Carl Schmitt zur Einführung. Hamburg 1992.

Mehring, Reinhard: Carl Schmitt. Aufstieg und Fall. Eine Biographie. München 2009.

Mehring, Reinhard: Vom Staatsrat zum Führerrat? Carl Schmitts Staatsrats-Projekt von 1933. In: Zeitschrift für neuere Rechtsgeschichte 37 (2015).

Meier, Heinrich: Carl Schmitt, Leo Strauss und der Begriff des Politischen. Zu einem Dialog unter Abwesenden. Stuttgart 1988.

Meier, Heinrich: Die Lehre Carl Schmitts. Stuttgart / Weimar 1994.

Meinel, Florian: Der Beamtenpolitiker Johannes Popitz. In: Zeitschrift für Ideengeschichte XI / 1 (2017), S. 118–127.

Meyer, Winfried: Kampf gegen das «Ende Deutschlands» und Verteidigung der «ewigen Güter Europas». Hans von Dohnanyis Opposition im Reichsjustizministerium und Widerstand aus dem Amt Ausland / Abwehr. Unveröffentlichtes Manuskript 2015.

Meyer, Winfried: Unternehmen Sieben. Eine Rettungsaktion für vom Holocaust Bedrohte aus dem Amt Ausland / Abwehr im Oberkommando der Wehrmacht. Frankfurt am Main 1993.

Michalzik, Peter: Gustaf Gründgens. Der Schauspieler und die Macht. München 2001.

Mielke, Fred / Alexander Mitscherlich: Medizin ohne Menschlichkeit. Dokumente des Nürnberger Ärzteprozesses. Frankfurt am Main 1960.

Mohler, Armin: Der Nasenring. Im Dickicht der Vergangenheitsbewältigung. Essen 1989.

Mohler, Armin: Liberalenbeschimpfung. Drei politische Traktate. Essen 1990.

Mohler, Armin: Lieber Chef. Briefe an Ernst Jünger 1947–1961. Hg. von Erik Lehnert. Schnellroda 2016.

Mosebach, Martin: Häresie der Formlosigkeit. Die römische Liturgie und ihr Feind. München 2007.

Nagel, Anne C.: Johannes Popitz (1884–1945). Görings Finanzminister und Verschwörer gegen Hitler. Eine Biographie. Köln / Weimar / Wien 2015.

Neitzel, Sönke: Abgehört. Deutsche Generäle in britischer Kriegsgefangenschaft 1942–1945. Berlin 2007.

Neumärker, Uwe / Robert Conrad / Cord Woywodt: Wolfsschanze. Hitlers Machtzentrale im Zweiten Weltkrieg. Berlin 2012.

Niekisch, Ernst: Das Reich der niederen Dämonen. Hamburg 1953.

Noack, Paul: Carl Schmitt. Eine Biographie. Berlin 1993.

Ohler, Norman: Der totale Rausch. Drogen im Dritten Reich. Köln 2015.

Overesch, Manfred: Das Dritte Reich 1933–1939/1939–1945. Eine Tageschronik der Politik, Wirtschaft, Kultur. Düsseldorf 1982.

Overy, Richard: Hermann Göring. Machtgier und Eitelkeit. München 1986.

Overy, Richard: Verhöre. Die NS-Elite in den Händen der Alliierten 1945. München 2001.

Pepperstein, Pawel (im Interview mit Ekatarina Degot): Dialog über die Scham. In: Körpergedächtnis. Unterwäsche einer sowjetischen Epoche. Österreichisches Museum für Völkerkunde in Wien. Wien 2003, S. 58–66.

Pleschinski, Hans: Königsallee. München 2013.

Plessner, Helmuth: Macht und menschliche Natur (1931). In: Ders.: Gesammelte Schriften. 10 Bde. Hg. von Günter Dux, Odo Marquard und Elisabeth Ströker. Bd. V: Macht und menschliche Natur. Frankfurt am Main 1981, S. 135–234.

Plessner, Helmuth: Grenzen der Gemeinschaft. Eine Kritik des sozialen Radikalismus (1924). In: Ders.: Gesammelte Schriften. Bd. V: Macht und menschliche Natur. Frankfurt am Main 1981, S. 7–134.

Plievier, Theodor: Stalingrad. Berlin 1946.

Popitz, Johannes: Dem Gedächtnis Karl Friedrich Schinkels. In: Die Antike. Zeitschrift für Kunst und Kultur des Klassischen Altertums. Hg. von Wolfgang Schadewaldt, Bernhard Schweitzer und Johannes Stroux. 18. Band. Berlin 1942, S. 1–9.

Primavera-Lévy, Elisa: Die Bewahrer der Schmerzen. Figurationen körperlichen Leids in der deutschen Literatur und Kultur (1870–1945). Berlin 2012.

Pufendorf, Astrid von: Die Plancks. Eine Familie zwischen Patriotismus und Widerstand. Berlin 2006.

Pyta, Wolfram: Hitler. Der Künstler als Politiker und Feldherr. Eine Herrschaftsanalyse. München 2015.

Pyta, Wolfram: Verwaltungskulturen im NS. In: Zeitschrift für Ideengeschichte IX/1 (2017), S. 41–46.

Riess, Curt: Gustaf Gründgens. Hamburg 1965.

Ritter, Gerhard: Carl Goerdeler und die deutsche Widerstandsbewegung. München 1964.

Ritter, Henning: Der Körper ist mein erster Feind. Carl Schmitt in seinen Tagebüchern von 1912 bis 1915. In: Frankfurter Allgemeine Zeitung, 8. Dezember 2008.

Rohrwasser, Michael: Theodor Plieviers Kriegsbilder. In: Ursula Heukenkamp (Hg.): Schuld und Sühne? Kriegserlebnis und Kriegsdeutung in deutschen Medien der Nachkriegszeit (1945–1961). Amsterdam/Atlanta 2001, S. 139–153.

Rürup, Reinhard/Wolfgang Schieder (Hg.): Geschichte der Kaiser-Wilhelm-Gesellschaft im Nationalsozialismus. 17 Bde. Göttingen 2008.

Rüthers, Bernd: Carl Schmitt im Dritten Reich. Wissenschaft als Zeitgeist-Verstärkung?. München 1990.

Sauerbruch, Ferdinand/Hans Wenke: Wesen und Bedeutung des Schmerzes. Berlin 1936.

Sauerbruch, Ferdinand: Das war mein Leben. Autobiographie. München 1957.

Schäfer, Hans Dieter: Berlin im Zweiten Weltkrieg. Der Untergang der Reichshauptstadt in Augenzeugenberichten. München/Zürich 1985.

Schäfer, Hans Dieter: Das gespaltene Bewusstsein. Vom Dritten Reich bis zu den langen Fünfziger Jahren. München 1981. Neuauflage Göttingen 2009.

Schmid Noerr, Gunzelin: Adornos Erschaudern. Variationen über den Händedruck. In: Willem van Reijen/Gunzelin Schmid Noerr: Vierzig Jahre Flaschenpost: «Dialektik der Aufklärung» 1947 bis 1987. Frankfurt am Main 1987, S. 233–241.

Schmitt, Carl/Ernst Rudolf Huber: Briefwechsel. Hg. von Ewald Grothe. Berlin 2014.

Schmitt, Carl: Antworten in Nürnberg. Hg. von Helmut Quaritsch. Berlin 2000.

Schmitt, Carl: Briefwechsel mit einem seiner Schüler. Hg. von Armin Mohler in Zusammenarbeit mit Irmgard Huhn und Piet Tommissen. Berlin 1995.

Schmitt, Carl: Der Begriff des Politischen. 2. Aufl. (1927). Berlin 1963.

Schmitt, Carl: Der Führer schützt das Recht (1934). In: Ders.: Positionen und Begriffe. Berlin 1994, S. 227–238.

Schmitt, Carl: Der Leviathan in der Staatslehre des Thomas Hobbes. Sinn und Fehlschlag eines politischen Symbols (1938). Hg. von Günter Maschke. Stuttgart 1982.

Schmitt, Carl: Der Schatten Gottes. Introspektionen, Tagebücher und Briefe 1921 bis 1924. Hg. von Gerd Giesler, Ernst Hüsmert und Wolfgang H. Spindler. Berlin 2014.

Schmitt, Carl: Eröffnung der wissenschaftlichen Vorträge durch den Reichsgruppenverwalter Staatsrat Prof. Dr. Carl Schmitt. In: Das Judentum in der Rechtswissenschaft. Ansprachen, Vorträge und Ergebnisse der Tagung der Reichsgruppe Hochschullehrer des NSRB am 3. und 4. Oktober 1936. 1. Die deutsche Rechtswissenschaft im Kampf gegen den jüdischen Geist. Berlin 1936.

Schmitt, Carl: Ex captivitate salus. Erfahrungen der Zeit 1945/47. Berlin 2015.

Schmitt, Carl: Gespräch über die Macht und den Zugang zum Machthaber. Berlin 1994.

Schmitt, Carl: Glossarium. Aufzeichnungen aus den Jahren 1947 bis 1958. Erweiterte, berichtigte und kommentierte Neuausgabe. Hg. von Gerd Giesler und Martin Tielke. Berlin 2015.

Schmitt, Carl: Politische Romantik (1919). Berlin 1982.

Schmitt, Carl: Staat, Bewegung, Volk. In: Der deutsche Staat der Gegenwart. Heft 1. Hamburg 1933.

Schmitt, Carl: Staatsgefüge und Zusammenbruch des zweiten Reiches. Der Sieg des Bürgers über den Soldaten (1934). Berlin 2011.

Schmitt, Carl: Tagebücher 1930 bis 1934. Hg. von Wolfgang Schuller in Zusammenarbeit mit Gerd Giesler. Berlin 2010.

Schmölders, Claudia: Die Kunst des Gesprächs. München 1986.

Schmuhl, Hans-Walter (Hg.): Rassenforschung an den Kaiser-Wilhelm-Instituten vor und nach 1933. Göttingen 2003.

Schneider, Manfred: Die erkaltete Herzensschrift. Der autobiographische Text im 20. Jahrhundert. München 1995.

Scholder, Klaus (Hg.): Die Mittwochs-Gesellschaft. Protokolle aus dem geistigen Deutschland 1932 bis 1944. Berlin 1982.

Schramm, Percy Ernst: Hitler als militärischer Führer. Erkenntnisse und Erfahrungen aus dem Kriegstagebuch des Oberkommandos der Wehrmacht. Frankfurt am Main 1962.

Sloterdijk, Peter: Das Schelling-Projekt. Berlin 2016.

Sloterdijk, Peter: Was geschah im 20. Jahrhundert?. Berlin 2016.

Sombart, Nicolaus: Die Deutschen Männer und ihre Feinde. München 1991.

Sombart, Nicolaus: Jugend in Berlin 1933–1943. München 1984.

Spengler, Oswald: Der Mensch und die Technik. Beitrag zu einer Philosophie des Lebens. München 1931.

Spengler, Oswald: Jahre der Entscheidung. Deutschland und die weltgeschichtliche Entwicklung. Graz 2007.

Steinmetz, Willibald: Anbetung und Dämonisierung des «Sachzwangs». Zur Archäologie einer deutschen Redefigur. In: Michael Jeismann (Hg.): Obsessionen. Kollektive Gewissheiten im wissenschaftlichen Zeitalter. Frankfurt am Main 1995.

Stern, Carola: Auf den Wassern des Lebens. Gustaf Gründgens und Marianne Hoppe. Köln 2005.

Stoff, Heiko: Adolf Butenandt in der Nachkriegszeit, 1945–1956. Reinigung und Assoziierung. In: Wolfgang Schieder/Achim Trunk (Hg.): Adolf Butenandt und die Kaiser-Wilhelm-Gesellschaft. Wissenschaft, Industrie und Politik im ‹Dritten Reich›. Göttingen 2004, S. 368–402.

Straub, Eberhard: Die Furtwänglers. Geschichte einer deutschen Familie. München 2008.

Süskind, Walter E.: Die Mächtigen vor Gericht. Nürnberg 1945/46 an Ort und Stelle erlebt. München 1963.

Theweleit, Klaus: Buch der Könige 2x/2y. Orpheus am Machtpol. Frankfurt am Main 1994.

Thorwald, Jürgen: Die Entlassung. Das Ende des Chirurgen Ferdinand Sauerbruch. München/Zürich 1960.

Thurnwald, Hilde: Gegenwartsprobleme der Berliner Familien. Eine soziologische Untersuchung an 498 Familien. Berlin 1948.

Tielke, Martin (Hg.): Schmitt und Sombart. Der Briefwechsel von Carl Schmitt mit Nicolaus, Corina und Werner Sombart. Berlin 2015.

Trier, Jost: Rhythmus. In: Studium Generale 2 (1949), S. 135–141.

Trier, Jost: Zaun und Mannring. In: Beiträge zur Geschichte der deutschen Sprache und Literatur 66 (1942), S. 232–264.

Uexküll, Jakob von/Georg Kriszat: Streifzüge durch die Umwelten von Tieren und Menschen. Ein Bilderbuch unsichtbarer Welten. Frankfurt am Main 1983.

Villinger, Ingeborg: Verortung des Politischen. Carl Schmitt in Plettenberg. Hagen 1990.

Vismann, Cornelia: Akten. Medientechnik und Recht. Frankfurt am Main 2001.

Völker, Klaus: Mephistos Landhaus. Frankfurt 2008.

Weckel, Ulrike: Beschämende Bilder. Deutsche Reaktionen auf alliierte Dokumentarfilme über befreite Konzentrationslager. Stuttgart 2012.

Wehner, Jens: Stalingrad. In: Stalingrad. Hg. von Gorch Pieken, Matthias Rogg, Jens Wehner, Militärhistorisches Museum der Bundeswehr. Dresden 2013, S. 11–35.

Weisbach, Werner: Geist und Gewalt (Lebenserinnerungen 1902–1940). Wien 1956.

Wessling, Bernd W.: Furtwängler. Eine kritische Biographie. Stuttgart 1981.

Wildt, Michael: Die Generation des Unbedingten. Das Führungskorps des Reichssicherheitshauptamtes. Hamburg 2002.

Winzenried, Michael: Gründgens Physionomie. In: Gustaf Gründgens: Briefe, Aufsätze, Reden. München 1970, S. 415–421.

# DANK

Vom 18. bis zum 20. November 2015 veranstaltete ich zusammen mit Andreas Munninger am Internationalen Forschungszentrum Kulturwissenschaften in Wien, einem Zentrum der Kunstuniversität Linz, die Tagung «Das brillante Quartett des Preußischen Staatsrats 1933–1945. Carl Schmitt, Ferdinand Sauerbruch, Gustaf Gründgens, Wilhelm Furtwängler». Die Konferenz wurde eröffnet mit einem Vortrag von Raphael Gross über «Die Moralität des Bösen». Es sprachen Michael Custodis («Kunst als politisches Vakuum? Anmerkungen zu Wilhelm Furtwänglers Musikverständnis»), Karin Harrasser («Vitalistische Intuitionen, mechanische Hände. Warum mit Prothesen kein Staat zu machen ist»), Ulrich Herbert («Der deutsche Professor im Dritten Reich»), Reinhard Mehring («Vom Staatsrat zum Führerrat? Carl Schmitts Zugang zum Machthaber»), Anne C. Nagel («Der Fünfte im Bunde: Görings Finanzminister Johannes Popitz 1884–1945)», Elisa Primavera-Lévy («Der gute Arzt. Ferdinand Sauerbruch im Dritten Reich»), Ines Steiner («Gründgens' Masken») und Dieter Thomä («Hanns Johst, Carl Schmitt, Martin Heidegger»). Stephan Schlak moderierte die Tagung, Hartmut Böhme und Lorenz Jäger mischten sich energisch ein. Ihnen allen verdanke ich viele Anregungen.

Die Konferenz führte mir die überwältigende Vielfalt der Fachkompetenzen vor Augen, die mein Unternehmen bündeln sollte; resigniert ließ ich die Arbeit am Buch für Monate liegen, weil ich glaubte, die Vorstellung dieses nicht existierenden «Quartetts» höchstens in Form eines Puppenspiels realisieren zu können. Eine Dokufiktion muss eine Masse an Quellen, Wortlauten und Gesten verschmelzen und zwangsläufig anachronistisch verfahren – wozu eigentlich nur ein Romancier fähig ist. Reinhard Mehring ermutigte mich dann, das Buch als einen Gegenentwurf zu den «Verhaltenslehren der Kälte» zu konzipieren. Und wie sich zeigt, ist damit, wenn man das Gottfried-Benn-Buch «Der Sound der Väter» in die Reihe einbezieht, tatsächlich eine Trilogie der Zwischenkriegszeit abgeschlossen.

Nachdem ich Ende Februar 2016 die Leitung des IFK abgegeben hatte, ermöglichte mir eine Gastprofessur an der Kunstuniversität Linz, die ich dem Rektor Reinhard Kannonier verdanke, das Buch weiterzuentwickeln; Karin Harrasser machte es mir leicht, meinen Verpflichtungen in Linz nachzukommen. Ein Gastaufenthalt als Fellow am Forscherkolleg «Bildevidenz» der Freien Universität Berlin auf Einladung von Peter Geimer und Klaus Krüger bot im Oktober und November 2016 eine weitere Ruhephase für mein Schreiben; ein Workshop zum Thema Anachronismus gab mir Gelegenheit, mein Vorgehen bei der Erfindung der «Geistergespräche» zu erläutern. Katja Müller-Helle, Dominik Hagel und Hiroko Hashimoto danke ich für Hinweise und weiterführende Fragen. Jonas Skell half mir bei der Recherche im Zeitschriftenarchiv am Berliner Westhafen; als erster Leser der Entwürfe war er ein Glücksfall. Erste Fassungen lasen und kommentierten Reinhard Mehring, Gerd Giesler, Winfried Meyer und Mario Wimmer. Gerd Giesler verdanke ich den Einblick in unveröffentlichte Teile von Carl Schmitts Tagebüchern. Hanns Zischler, dem ich eine frühe Fassung vorstellte, meinte, er könne sich Udo Samel als Carl Schmitt in einer dramatischen Lesung vorstellen. Ellen Schultze-Keusen und Roman Pohl stellten mir für die Berliner Monate großherzig ihr Gästezimmer zur Verfügung. Für kritische Einwände danke ich Michael

Rohrwasser. Vorschläge zur Dramaturgie der Gespräche kamen von Hanna Engelmeier und Hans Thies Lehmann. Andreas Munninger versorgte mich fortwährend mit Literatur; seine Hinweise waren von unschätzbarem Wert. Manfred Ebert überließ mir die «Tageschronik des Dritten Reichs». Der Rowohlt Berlin Verlag entsandte wieder großzügig seinen Lektor Frank Pöhlmann nach Usedom, wo wir uns im Ferienhaus von Katrin Fiebig und Thomas Prehn auf die Fertigstellung des Buchs konzentrieren konnten. Ein kluger Lektor scheint mir ein Geschenk des Himmels. Gespräche mit meinem Antifa-Freund Frank Schneider auf Strandwanderungen waren unverzichtbar. Auseinandersetzungen mit Caroline Sommerfeld setzten das Buch unter Strom.

Marcel Beyer fragte mich, ob ich im Buch eher auf eine Verankerung im Jetzt und in der «Welt um uns» abziele oder ob ich mich als höflicher Torero gewissermaßen ganz darauf konzentriere, den Figuren in die Augen zu sehen. Eine schwierige Frage. Man wird sehen, wie ich sie gelöst habe.

Das für dieses Buch verwendete Papier ist FSC®-zertifiziert.